支持单位：浙江外国语学院城市国际化研究院
　　　　　中国社会科学院城市与竞争力研究中心
　　　　　浙江大学区域协调发展研究中心
项目来源：浙江外国语学院2021年度博达教师科研提升
　　　　　专项计划高端智库培育项目

大国
强省

浙江城市开放引领共同富裕示范区建设研究

黄宝连　马新生　钱晨　著

中国社会科学出版社

图书在版编目（CIP）数据

大国强省：浙江城市开放引领共同富裕示范区建设研究 / 黄宝连等著.
—北京：中国社会科学出版社，2021.12
　ISBN 978 - 7 - 5203 - 9407 - 9

　Ⅰ.①大…　Ⅱ.①黄…　Ⅲ.①区域经济发展—研究—浙江
Ⅳ.①F127.55

　中国版本图书馆 CIP 数据核字（2021）第 261926 号

出 版 人	赵剑英
责任编辑	张　潜
责任校对	党旺旺
责任印制	王　超

出　　版	中国社会科学出版社
社　　址	北京鼓楼西大街甲 158 号
邮　　编	100720
网　　址	http://www.csspw.cn
发 行 部	010 - 84083685
门 市 部	010 - 84029450
经　　销	新华书店及其他书店

印刷装订	北京君升印刷有限公司
版　　次	2021 年 12 月第 1 版
印　　次	2021 年 12 月第 1 次印刷

开　　本	710×1000　1/16
印　　张	20.5
字　　数	322 千字
定　　价	119.00 元

凡购买中国社会科学出版社图书，如有质量问题请与本社营销中心联系调换
电话：010 - 84083683
版权所有　侵权必究

序 一

作为从浙江一路走来的学者，我一直比较关注浙江的开放发展，十余年前即著有《浙江的开放模式：内源主导型》一书。改革开放以来，浙江尊重和保护民众致富的天然合理性，顺理成章地激活和推动了市场化取向的地方改革，激活了民营经济内源内生发展动力；坚持依托绿水青山，大力发展生态经济、数智经济、人文经济，突破资源约束，以市场换空间大力发展外向经济，实现了资源小省向经济大省、数字强省的成功转变，跃居为市场经济、民营经济最发达地区之一的改革开放前沿阵地。浙江通过推进农村工业化，大力发展乡镇企业和个体私营经济，积极培育专业市场并形成了以工业化支撑城镇化、城镇化提升工业化的发展格局，形成了充满活力的"百姓经济"和以县城、中心镇为依托的块状特色经济，在开放实践中形成了特色鲜明的温州模式、义乌模式、宁波模式与杭州模式等城市发展之路，为千百万人民群众的创业致富搭建平台、提供载体，为多种所有制经济发展提供平台，在探索解决发展不平衡不充分问题方面取得了明显成效，孕育了共同富裕示范区的基础和优势。

城市可持续发展是联合国 21 世纪议程重要内容之一。以黄宝连博士为核心的研究团队，自主构建发展评价体系，率先开展浙江城市开放与可持续发展测度，创造性地将浙江各地城市发展分类阐述，凝练发展模式并以城市发展促进共同富裕示范区建设，这是一件具有开创性的工作，具有积极的理论意义和鲜明的实践意义。细阅书稿，著作从三个维度进行分析，第一篇以实证方法进行发展水平测度，按城市等级和特征分类进行分析；第二篇以理论研究进行阐述，不同学者从不同领域进行研究，以试图阐明城市带动城乡一体化发展，在集聚中实现均衡发展，在均衡发展中走向共同富裕，在共同富裕中实现精神富有；第三篇以历史视角进行城市发展路径提炼，对头部特大城市、区域中心城市、特色县级城市分类进行阐述。同时，也可看出，书稿形成时间较紧，有些地方存在一定的提升空间：测度指标体系的有效性没有实证；数据获取及处理交代不清；城市发展路径的提炼不是以实证分析为依据而带有较强的主观性。

  作为师者，我看到这一创新性研究工作，甚是欣慰。若假以时日，望能持续完善之，亦望能形成系列，助力高质量发展共同富裕示范区建设。

浙江大学副校长

序　　二

2020年末，我国城镇化水平超过60%，城乡二元向城乡融合一体化加快推进，广大城乡居民的生活方式、就业渠道、保障水平、文明程度发生了历史性变化。城市在区域高质量发展中扮演越来越重要的角色，成为城乡融合发展的基本推动力量。

在区域经济一体化发展过程中，浙江的城市走在全国前列，城乡收入差距全国最低，区域发展最均衡，被赋予高质量发展建设共同富裕示范区的光荣使命，打造新时代全面展示中国特色社会主义制度优越性的重要窗口。回顾改革开放以来浙江的发展实践，得益于对民众致富的尊重和保护，推动了市场化取向的改革，激活了民营经济内生发展动力；得益于积极扩大开放，大力发展外向型经济，实施市场换空间战略，由资源小省发展成为经济大省，成为经济最发达的地区之一；得益于积极培育专业市场，形成了充满活力的"百姓经济"和区域化特色经济，造就了一大批强县、强镇，以"农民造城"著称的龙港市也乘势崛起，形成了以工业化支撑城镇化、城镇化提升工业化的发展格局。

以黄宝连博士为核心的团队编撰了《大国强省：浙江城市开放引领共同富裕示范区建设研究》一书，率先开展浙江城市开放与可持续发展测度，分类评述浙江各地城市发展特征。一方面，自主构建发展评价体系，以实证方法进行发展水平测度，按城市等级和特征分类进行分析；另一方面，以历史视角凝练发展模式，对特大城市、区域中心城市、县级城市分层分类开展研判，探索城市发展路径，阐述城市带动城乡一体化发展的功能作用。本书揭示了城市发展促进共同富裕示范区建设的内在作用机理：在集中集聚中实现协调发展，在协调发展中走向共同富裕，在共同富裕中实现精神升华。书中也存在有待完善的地方，如测度指标体系的有效性，数据获取及处理的科学性，发展路径选择的客观性。

作为长期关注区域经济与城市发展的学者，乐见后辈所成，作序以鼓励。

2021 年 10 月 27 日

目 录

第一篇　浙江城市开放与可持续发展测度

第一章　孕育共同富裕的浙江 ……………………………………… 3
　第一节　开放奋进的浙江 …………………………………………… 3
　第二节　共同富裕示范引领的浙江 ………………………………… 5

第二章　发展测度模型的构建 ……………………………………… 7
　第一节　指标体系 …………………………………………………… 7
　第二节　综合评价模型 ……………………………………………… 10

第三章　中心城市开放与可持续发展 ……………………………… 13
　第一节　头部城市开放与可持续发展 ……………………………… 14
　第二节　中心城市开放与可持续发展 ……………………………… 16

第四章　县级城市开放与可持续发展分类评析 …………………… 20
　第一节　千亿县城市开放与可持续发展 …………………………… 21
　第二节　山区县城市开放与可持续发展 …………………………… 24
　第三节　平丘县城市开放与可持续发展 …………………………… 27

· 1 ·

第四节　沿海县城市开放与可持续发展 …………………… 30

第五章　县级城市开放与可持续发展分项评析 ……………… 32
　　第一节　城市开放水平评析 ……………………………… 32
　　第二节　城市活力指数评述 ……………………………… 34
　　第三节　城市公平指数评析 ……………………………… 35
　　第四节　城市"双碳"指数评析 ………………………… 37

第二篇　以城市开放发展引领共同富裕示范区建设

第六章　区域协调发展推动共同富裕 ………………………… 41
　　第一节　以更平衡更充分的区域协调发展推动共同富裕 …… 41
　　第二节　新发展格局下全力提升浙江县域城市国际化水平 …… 46

第七章　城乡统筹发展带动共同富裕 ………………………… 52
　　第一节　如何以高质量发展促浙江共同富裕 …………… 52
　　第二节　全面擘画浙江高水平推进乡村振兴新蓝图 …… 55

第八章　城市国际化赋能共同富裕 …………………………… 65
　　第一节　打造"一带一路"丝绸文化交流浙江枢纽 …… 65
　　第二节　浙江建设"一带一路"国际争端解决机构及机制 …… 69
　　第三节　以科教交流增进"一带一路"国家城市联动 …… 74
　　第四节　长三角地区城市国际化水平研究 ……………… 86

第三篇　以城市可持续发展促进共同富裕示范区建设

第九章　万亿城市的发展路径 ………………………………… 109
　　第一节　新时代大杭州的名城之路 ……………………… 109
　　第二节　迈向海洋城市的宁波探索 ……………………… 131

目 录

第十章　勇立潮头的中心城市 … 138
- 第一节　温州：往何处前行？ … 138
- 第二节　嘉兴：全力打造五彩之城 … 145
- 第三节　湖州：太湖之滨崛起的万亿级城市 … 156
- 第四节　绍兴：国家创新型城市建设之路 … 165
- 第五节　金华：新发展格局下强县弱市的突围 … 174
- 第六节　丽水：新时代全域山水花园城市 … 185
- 第七节　衢州：四省边际物流枢纽新秀 … 192
- 第八节　台州：在和合中建设共富城市 … 199
- 第九节　舟山：彰显"重要窗口"海岛风景线 … 212

第十一章　别样精彩的县域城市 … 216
- 第一节　义乌："世界商贸城"的任性与张扬 … 216
- 第二节　桐庐：最美县叠加最强快递 … 224
- 第三节　安吉：坚定"两山"转化路 … 231
- 第四节　德清：数字赋能县域治理现代化的做法与启示 … 238
- 第五节　慈溪：浙江强县的崛起之路 … 242
- 第六节　青田：以侨为媒融贯中西 … 248
- 第七节　龙港：真正小政府大社会的县域治理样板 … 265
- 第八节　仙居：国家公园携手共同富裕示范区 … 273
- 第九节　诸暨：别有志向的个性城市 … 282
- 第十节　浦江：以文化传承创新推进高质量发展 … 286

第十二章　传承创新的千年镇村 … 292
- 第一节　浙江千年古镇的包容与开放 … 292
- 第二节　浙江千年名村的保护与彰显 … 301

附录一：地方首部城市国际化工作立法 … 308

附录二：首个特大城市国际化发展规划 ·· 314

后　记 ·· 318

第一篇

浙江城市开放与可持续发展测度
——城市发展引领共同富裕示范区建设研究

诚然，任何指标体系的构建及测度都是某些方面的反映，不是真实原貌的呈现，既有一定的科学合理性，也有天然的局限性。本部分构建一套相对科学合理的浙江城市开放与可持续发展指标体系并进行测度，与第三篇的浙江城市发展经验的路径凝练形成一个互为支撑、相得益彰的表里关系，共同完成浙江城市发展带动城乡融合一体化、实现共同富裕的路径及内在机理，提炼城市发展引领共同富裕示范区建设的浙江路径，回答好在通往共同富裕道路上浙江做了什么、示范了什么、传播了什么。

第一章 孕育共同富裕的浙江

第一节 开放奋进的浙江

浙江是中国革命红船起航地、改革开放先行地、习近平新时代中国特色社会主义思想重要萌发地，是我国市场经济、民营经济最发达地区之一，是中国改革开放的前沿阵地。

习近平总书记在浙江工作期间，提出了进一步发挥八个方面优势、推进八个方面的战略举措，形成了"八八战略"重大决策部署。其中，"进一步发挥浙江的区位优势，主动接轨上海、积极参与长江三角洲地区合作与交流，不断提高对内对外开放水平"，是浙江开放强省战略的总体方向。浙江"八八战略"等一系列重大决策部署，成为延续至今的发展路线指引，也是历届浙江省委、省政府坚持富民强省，对"富裕"的认识不断深化的体现，是在省域层面对中国特色社会主义进行的理论创新和实践创新。

浙江开放发展是中国改革开放发展历史轨迹的缩影[①]。改革开放以来，浙江依靠自己的力量发展乡镇经济富裕起来，其经济开放与城市发展走在中国前列，为全国发展提供了有益的借鉴与启示。浙江原省委副书记、省长吕祖善认为，和其他省份不一样，浙江的改革开放一开始就根据自然禀

---

① 柴燕菲：《浙江改革开放40年口述历史（1978—2018）之柴松岳：浙江的发展是中国改革开放的缩影》，浙江科技出版社2018年版。

赋走出了一条"百万人的创业带动千万人的就业"的路子。浙江历届省委省政府通过鼓励和保护人民群众创业致富的积极性，形成了充满活力的"百姓经济"，使民营经济成为主力军；通过推进农村工业化，以县城、中心镇为依托，大力发展乡镇企业和个体私营经济，积极培育专业市场和块状特色经济发展，加快小城镇建设，为千百万人民群众的创业致富搭建平台、提供载体，为多种所有制经济发展提供平台，使县域经济成为吸纳农村劳动力转移、富裕农民的主战场，并形成了以工业化支撑城镇化、城镇化提升工业化的发展格局。[①] 尤其在民营经济方面，中央和地方一致认同浙江发展模式。黄先海等（2008）较早研究了浙江开放发展模式[②]，认为浙江是内源主导型开放发展模式，其基本特征是民营经济为主体、顺比较优势的开放路径、贸易结构与产业结构高度吻合、以"块状经济"为依托、重市场拓展轻要素汲取。

进入新发展时期，浙江经济发展质量有新提升，综合经济实力和财政收入多年来处在全国前列。2020年，浙江人均生产总值超过10万元，达到高收入经济体水平，数字经济领跑全国，创新能力跻身全国第一方阵。城乡区域协调发展，美丽浙江建设有新面貌，建成全国首个生态省，"千万工程"获联合国地球卫士奖，绿水青山成为浙江最亮丽的名片。农民人均纯收入成为全国各省（市区）第一，这一记录截至2020年已保持了36年，城镇居民人均可支配收入第一已连续保持20年，城乡居民收入倍差缩小至1.96，为全国最低，为新时期高质量发展共同富裕示范区建设展提供了坚实基础和改革经验。

简言之，改革开放以来，浙江充分用好市场"看不见的手"和政府"看得见的手"，形成了市场作用和政府作用的有机统一，极大地解放了生产力，成为我国开拓进取的省域范例，孕育了高质量发展建设共同富裕示范区的各项条件。

---

① 柴燕菲：《浙江改革开放40年口述历史（1978—2018）之吕祖善：民富强省四十年》，浙江科技出版社2018年版。

② 黄先海、叶建亮：《浙江的开放模式：内源主导型》，浙江大学出版社2008年版。

第二节 共同富裕示范引领的浙江

在世界百年未有之大变局背景下，在统筹推进疫情防控和社会经济发展的关键时期，2020年3月底，习近平总书记亲临浙江视察，赋予浙江省"努力成为新时代全面展示中国特色社会主义制度优越性的重要窗口"的新定位新使命。在建党一百周年之际、在开创中华民族伟大复兴第二个百年奋斗目标的关键时刻，国家明确支持浙江建设共同富裕示范区。

2021年6月10日，中共中央国务院发布《关于支持浙江高质量发展建设共同富裕示范区的意见》（以下简称《意见》），为全国推动共同富裕提供省域范例。《意见》指出，浙江省在探索解决发展不平衡不充分问题方面取得了明显成效，具备开展共同富裕示范区建设的基础和优势，具有广阔的优化空间和发展潜力，但也存在一些短板弱项。支持浙江高质量发展建设共同富裕示范区，有利于通过实践进一步丰富共同富裕的思想内涵，有利于探索破解新时代社会主要矛盾的有效途径，有利于为全国推动共同富裕提供省域范例，有利于打造新时代全面展示中国特色社会主义制度优越性的重要窗口。

依据《意见》制定的《浙江高质量发展建设共同富裕示范区实施方案（2021—2025）》，紧紧围绕高质量发展高品质生活先行区、城乡区域协调发展引领区、收入分配制度改革试验区、文明和谐美丽家园展示区四大战略定位，坚持国家所需、浙江所能、群众所盼、未来所向，创造性系统性落实示范区建设各项目标任务，率先探索建设共同富裕美好社会。随后，浙江省委召开共同富裕重大改革第一次专题会，研究重大改革特别是"扩中""提低"改革。召开思想理论和文艺工作者座谈会，确立在共同富裕中实现精神富有，在现代化先行中实现文化先行，努力为高质量发展建设共同富裕示范区塑形铸魂赋能。

在2021年世界互联网大会乌镇峰会上，习近平主席发来贺电，为浙江更好迈向数字文明新时代指明了方向、提供了遵循。浙江省委书记袁家军在会上指出,浙江正努力从整体上推动省域经济社会发展和治理能力的质量变革、效率变革、动力变革,走出一条数字文明建设的新路子,加速迈向一个全新的数字文明时代。为此,浙江将奋力打造数字中国示范区、全球数字变革高地,率先构建引领发展、面向未来、充分彰显中国特色社会主义制度优越性的数字文明,不断为高质量发展、建设共同富裕示范区增添新动力。一是构建以数字经济为核心的现代化经济体系。以产业大脑为支撑,以数据供应链为纽带,让数字空间成为重塑物理空间与社会空间的新载体,推动产业链、创新链、供应链深度融合,全面优化数字生产关系、激发未来社会生产发展活力,形成全要素、全产业链、全价值链贯通的数字经济运行系统。二是完善以数字赋能为支撑的共同富裕体制机制。通过科技创新、数字化与绿色低碳的融合聚变,推动以缩小区域、城乡、收入三大差距为标志的社会变革,以人的全面发展和社会的全面进步为核心,打造数字化场景下的社会保障高效协同机制,完善教育体育、卫生健康、社会保障等数字化公共服务体系,加快形成区域一体化新格局、城乡新格局和以中等收入群体为主体的橄榄形社会结构。三是形成以数字变革为引领的全省域整体智治、高效协同。重塑政府、社会、企业和个人的关系,打造适应时代、引领时代的社会关系新规则新政策新机制,对传统理念、制度、体系和手段进行系统性重塑,深化"城市大脑+未来社区+未来乡村"建设,推进风险闭环管控大平安体系建设,不断提升省域治理体系和治理能力的现代化水平。

一句话,"浙江的今天,就是中国的明天"。作为扎根浙江改革开放实践沃土的我们,立志于凝练并推广浙江开放发展经验、城市转型模式,回答好:浙江做了什么、向全国示范什么、向世界讲好什么的新时代之问,为浙江成为"新时代全面展示中国特色社会主义制度优越性的重要窗口"添砖加瓦。

尽我们绵薄之力,同筑共富之路。

第二章 发展测度模型的构建

第一节 指标体系

一 主要指标参照系

（一）世界知名城市评级机构（GaWC）

GaWC 是全球最著名的城市评级机构之一，全称是全球化与世界城市研究小组。自 2000 年起，该组织每两年发布一次《世界城市名册》，给世界城市进行分级排名。GaWC 根据"高端生产性服务业机构"在世界各大城市的分布数量为指标对世界城市进行排名，将世界城市划分成全球一线城市（Alpha）、二线城市（Beta）、三线城市（Gamma）和四线城市（Sufficiency）四大类，下设特强（++）、强（+）、中（/）和弱（-）。这份世界城市排名榜单尽管被认为是全球最权威的，但分析模型相对简单，主要依据银行、保险、法律、咨询管理、广告和会计六大服务业机构在一个城市的数量来计算城市排名，实际上，这并不能真实地反映一个城市在世界城市中的地位。

（二）中国社科院城市与竞争力指标体系

中国社科院城市与竞争力研究中心主编的《中国城市竞争力报告》系列报告，构建了中国城市竞争力评价指标体系。《中国城市竞争力报告》主编倪鹏飞曾于 2005 年获孙冶方经济学著作奖。该指标体系是国内引用率最高的有关城市竞争力评价指标体系，由城市综合经济竞争力指标体系、城市综合经济竞争力解释性指标体系、城市可持续竞争力指标体系、城市可持续竞争力解释性指标体系构成。其中，城市综合经济竞争力解释性指标体系包括当地要素、生活环境、营商软环境、营商硬环境、全球联系5个一级指标、32个二级指标构成；城市可持续竞争力解释性指标体系构成由经济活力、环境韧性、社会包容、科技创新、全球联系5个一级指标、28个二级指标构成。样本城市包括中国34个省、市、区和特别行政区的291个城市，具体为内地284个地级城市和香港、澳门、台北、新北、台中、台南和高雄。

（三）浙江大学城市国际化评价指标体系

2017年12月，浙江大学经济学院联合杭州市发展和改革委员会（杭州市城市国际化推进工作委员会办公室）在紫金港国际饭店举行发布会，发布了杭州城市国际化评价指标体系。评价指标体系共分为经济开放、城市宜居、科技与创新、国际影响四个方面，包括信息（智慧）经济增加值占GDP比重、国际学校数、国际医院数、人均公园绿地面积、交通通达性、世界排名前500名的大学数、国际友好城市数、国际航班数、世界文化遗产数等33个三级指标。根据评价体系，市国推办选取2016年中国GDP规模最大的十大城市（北京、上海、深圳、广州、杭州、苏州、武汉、成都、天津和重庆）进行国际化水平排名，杭州得分58.88分，排名在10个城市中位列第五。四大指标的排名情况分别为经济开放第六、城市宜居第六、文化与创新第四、国际影响第四。该指标体系是浙江大学黄先海教授团队承担杭州市发展和改革委员会（杭州市城市国际化推进工作委员会办公室）重点委托课题"杭州城市国际化的评价指标体系和发展对策"集大成者，亦是国内研究团队首次构建的杭州国际化大都市评价指标体系。

二 指标体系的建立

依据本书对象特点，我们构建了"浙江城市国际化与可持续发展指标体系"（The Index of Urban Internationalization and Sustainable Development in Zhejiang Province, IUISD）。IUISD包括城市开放水平、城市活力、城市公

平指数、城市"双碳"指数 4 个一级指标,其中前两个指标侧重于城市国际化水平的测度,后两个指标侧重于城市可持续发展水平的测度。

在综合考虑解释性指标的科学性和可行性基础上,并体现浙江城市发展的特征,在专家评定的基础上我们进一步确立 4 个一级指标的解释性指标体系。其中,城市开放水平由营商环境指数、对外贸易指数、国际交往指数、开放度指数 4 个解释性指标构成,城市活力由融资便利度指数、新经济发展指数、创新能力指数、文化设施指数 4 个解释性指标构成,城市公平指数由收入水平指数、收入差距指数、生活成本指数、基础设施指数 4 个解释性指标构成,城市"双碳"指数由交通便利度指数、单位能耗指数、电力充沛度指数、人均排放指数 4 个解释性指标构成,合计 16 个解释指标(见表 2-1)。

表 2-1 浙江城市国际化与可持续发展指标体系

一级指标 (4 个)	代码	二级指标 (16 个)	权重	指标内涵	数据性质
城市开放水平 (0.25)	1.1	营商环境指数	0.07	2016—2020 年平均实际利用外资总额(亿美元)	连续性
	1.2	对外贸易指数	0.08	2016—2020 年平均对外贸易总额(亿美元)	连续性
	1.3	国际交往指数	0.05	2016—2020 年平均主办国际会议、展览(次)	整数型
	1.4	开放度指数	0.05	星巴克、麦当劳数量(地图爬虫)	整数型
城市活力 (0.25)	2.1	融资便利度指数	0.07	金融业增加值占 GDP 比重(%)	连续性
	2.2	新经济发展指数	0.08	数字经济增加值占生产总值比重(%)	连续性
	2.3	创新能力指数	0.05	人均专利申请(项)	整数型
	2.4	文化设施指数	0.05	图书馆、各类专业馆面积/城市面积	连续性
城市公平指数(0.25)	3.1	收入水平指数	0.07	2016—2020 年平均人均 GDP(万元)	连续性
	3.2	收入差距指数	0.08	城乡居民可支配收入倍差	连续性
	3.3	生活成本指数	0.05	居民房价收入比	连续性
	3.4	基础设施指数	0.05	城乡公交、医疗、教育一体化率	区间值

续表

一级指标 （4个）	代码	二级指标 （16个）	权重	指标内涵	数据性质
城市"双碳"指数（0.25）	4.1	交通便利度指数	0.07	国际航班、国际通道、高铁线条数（条）	区间值
	4.2	单位能耗指数	0.08	万元GDP能耗	连续性
	4.3	电力充沛度指数	0.05	夜间灯光地图	区间值
	4.4	人均排放指数	0.05	人均CO_2排放量（吨）	连续性

各主要指标及解释性指标的权重以及运算处理，我们采纳中国社科院城市与竞争力研究中心主编的《中国城市竞争力报告》中所运用的方法和技巧，即权重才能专家打分综合评定依次赋值，指标无刚量化后采取相对等分，排名第一指标赋值100，顺后依次确定得分。

第二节 综合评价模型

一 综合评价模型

（一）数据的一致化处理

数据指标 $x_1, x_2, \cdots, x_m$（$m>1$）有"极大型""极小型""中间型"和"区间型"指标。极大型：期望取值越大越好；极小型：期望取值越小越好；中间型：期望取值为适当的中间值最好；区间型：期望取值落在某一个确定的区间内为最好。

1. 极小型：对某个极小型数据指标 x，则

$$x' = \frac{1}{x} \ (x>0),$$

或

$$x' = M - x.$$

2. 中间型：对某个中间型数据指标 x，则

$$x' = \begin{cases} \dfrac{2(x-m)}{M-m}, & m \leq x \leq \dfrac{1}{2}(M+m) \\ \dfrac{2(M-x)}{M-m}, & \dfrac{1}{2}(M+m) \leq x \leq M \end{cases}$$

3. 区间型：对某个区间型数据指标 x，则

$$x' = \begin{cases} 1 - \dfrac{a-x}{c}, & x < a \\ 1, & a \leq x \leq b \\ 1 - \dfrac{x-b}{c}, & x > b \end{cases}$$

其中 $[a, b]$ 为 x 的最佳稳定区间，$c = \max\{a-m, M-b\}$，M 和 m 分别为 x 可能取值的最大值和最小值。

（二）数据指标的无量纲化处理

在实际数据指标之间，往往存在着不可公度性，会出现"大数吃小数"的错误，导致结果的不合理。

1. 标准差法

$$x'_{ij} = \frac{x_{ij} - \bar{x}_j}{s_j} \quad \bar{x}_j = \frac{1}{n}\sum_{i=1}^{n} x_{ij} \quad s_j = \left[\frac{1}{n}\sum_{i=1}^{n}(x_{ij} - \bar{x}_j)^2\right]^{\frac{1}{2}}$$

2. 极值差法

$$x'_{ij} = \frac{x_{ij} - m_j}{M_j - m_j} \quad M_j = \max_{1 \leq i \leq n}\{x_{ij}\} \quad m_j = \min_{1 \leq i \leq n}\{x_{ij}\}$$

$x'_{ij} \in [0, 1]$ （$i=1, 2, \cdots, n; j=1, 2, \cdots, m$）

（三）综合评价

1. 线性加权综合法

用线性加权函数 $y = \sum_{j=1}^{m} w_j x_j$ 作为综合评价模型，对 n 个系统进行综合评价。

适用条件：各评价指标之间相互独立。

对不完全独立的情况，其结果将导致各指标间信息的重复，使评价结果不能客观地反映实际。

主要特点：

（1）各评价指标间作用得到线性补偿；

（2）权重系数对评价结果的影响明显。

2. 非线性加权综合法

用非线性函数 $y = \prod_{j=1}^{m} x_j^{w_j}$ 作为综合评价模型，对 n 个系统进行综合评价，其中 w_j 为权系数，且要求 $x_j \geq 1$。

适用条件：各指标间有较强关联性。

主要特点：

（1）突出了各指标值的一致性，即平衡评价指标值较小的指标影响的作用；

（2）权重系数大小影响不是特别明显，而对指标值的大小差异相对较敏感。

二　数据收集

IUISD 指标体系对应的数据收集方法，主要是参考各地公布的统计年鉴、政府工作报告、年度公布的地区国民经济和社会发展统计公报，有些上述不具备的数据通过百度、Google 等新数据补充。同时，对于县级城市一些数据缺失或政府没有公布的数据，采取最低数字补充。

第三章 中心城市开放与可持续发展

我们运用上述评价模型,对浙江11个中心城市进行测度,采取相对得分处理。从城市总得分来看,杭州、宁波作为头部城市,分别列为第一、第二,杭州明显领先于宁波;嘉兴领先于绍兴,排在第三;温州排在第八,与其经济总量第三反差较大。湖州排在金华、台州之前;金华因义乌开放发展得分较高,排在台州之前;舟山排在衢州、丽水之前(见表3-1)。

从区域城市得分看,浙北的中心城市靠前,完胜浙中、浙南各市,由北向南呈现梯度下降的总体趋势。我们认为,主要原因在于长三角一体化高质量发展对于浙中南而言,挑战大于机遇。浙江高端城市的发展要素,向浙北主要是杭甬两大流向,乃至上海流向加速且短期内看出逆向流动的迹象。

表3-1　　　　浙江中心城市开放与可持续发展水平总分排名

地区	总得分	排序
杭州	100.00	1
宁波	86.70	2
嘉兴	78.65	3
绍兴	76.28	4

续表

地区	总得分	排序
湖州	73.15	5
金华	69.31	6
台州	68.79	7
温州	68.33	8
舟山	67.83	9
衢州	60.97	10
丽水	60.00	11

第一节 头部城市开放与可持续发展

杭州、宁波被誉为浙江城市"双子星"、头部城市，杭州是省会城市、副省级城市，宁波是计划单列市、副省级城市。尤其近年来，杭甬两城市均实现了高质量快速发展，浙江其他中心城市距离头部城市的差距呈现扩大优势。

一 杭州测度评析

从总分看，杭州在浙江11个中心城市中排名最高。其中，城市开放水平、城市活力指数、城市公平指数相对其他中心城市，均排在第一；但是城市"双碳"指数相对得分71.69分，排在11个中心城市第七，这一指标是杭州唯一失去优势的地方。

从具体解释指标看，城市"双碳"指数由交通便利度指数、单位能耗指数、电力充沛度指数、人均排放指数4个解释性指标构成，杭州主要在交通便利度指数和人均排放指数两方面失分较大，拉低了城市"双碳"指数（见图3-1）。

从城市开放与可持续发展雷达图看，杭州的城市活力、城市开放水平两项明显领先其他中心城市，包括大幅度领先于宁波。根本原因在于

第三章　中心城市开放与可持续发展

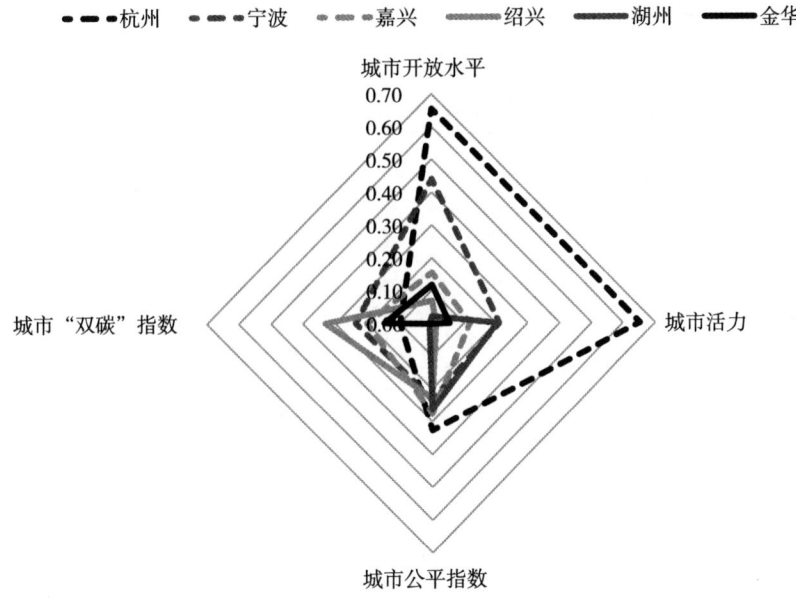

图3-1　杭州、宁波、嘉兴、绍兴、湖州、金华城市开放与可持续发展雷达图

杭州近年来全面提升城市国际化水平和国际传播能力，叠加了杭州作为世界级休闲品质之城的传统优势。

二　宁波测度评析

宁波得分比较均衡，主要指标及解释指标均排名在除杭州之外的其他中心城市之上，其中城市"双碳"指数（88.60）领先杭州，低于绍兴（100）。

从主要指标得分看，宁波城市开放水平（87.70）、城市活力（78.67）和城市"双碳"指数排在第二。这些成绩的取得，既归功于宁波海洋城市的传统优势，又是新发展时期大力推进城市国际化战略的结果。

城市公平指数（92.15）排在第五，处于中位。城市公平指数，主要由收入水平指数、收入差距指数、生活成本指数、基础设施指数4个解释性指标构成，宁波在生活成本指数和基础设施指数得分不高，影响了总分排名。生活成本是通过居民房价收入比来测度的，说明相对于居民收入，宁波房价依然较高。通过比较可得出，宁波在消除收入差距、地区差距、城乡差距等方面，还面临较大压力（见表3-2）。

表3-2　浙江中心城市开放与可持续发展水平主要指标得分排名

地区	城市开放水平	排序	城市活力	排序	城市公平指数	排序	城市"双碳"指数	排序
杭州	100.00	1	100.00	1	100.00	1	71.69	7
宁波	87.70	2	78.67	2	92.15	5	88.60	2
嘉兴	71.36	3	74.22	5	95.77	2	84.23	3
绍兴	66.43	5	69.13	10	91.87	6	100.00	1
湖州	63.76	7	78.34	3	94.73	3	60.61	10
金华	69.21	4	71.13	8	72.75	8	77.68	5
台州	63.70	8	73.20	6	77.08	7	74.96	6
温州	65.10	6	75.90	4	72.25	9	69.59	8
舟山	61.89	9	60.00	11	94.32	4	81.76	4
衢州	60.27	10	69.92	9	67.92	10	60.00	11
丽水	60.00	11	71.96	7	60.00	11	61.48	9

第二节　中心城市开放与可持续发展

鉴于杭甬两城市在浙江的绝对竞争优势，其他城市难以比肩，我们把其余9城放在一起比较，探寻城市进步快慢和发展路径差异。

一　排名情况

在9城市中，嘉兴表现最为突出，总分排在9城之首，绍兴、湖州紧随其后。该三城在长三角一体化高质量发展中获益最大。尤其是湖州市，高铁直通上海，承接上海、杭州辐射与溢出最多，近年来经济发展增速最快。随着大上海都市圈扩容，大虹桥的南翼规划建设，嘉兴毗邻上海，尤其嘉善县与松江区形成了一体化无差异发展格局。

出乎意外的是，温州总分仅仅为 20.82，排在浙江第八、9 城第六。这个排名情况与近年来社会各界对温州期待相一致。温州经济发展速度明显放缓，有媒体称"温州失去的 10 年"。在外界看来，温州的"失意"在于粗放增长的优势不再、产业转型相对滞后、企业空心化等问题，其中温州炒房团的兴起，是温州从盛转衰的开始。① 当前温州虽然经济总量还是保持在省内第三的位置，但离杭州和宁波的万亿规模相距甚远，领先绍兴和嘉兴的优势也在不断减少：浙江第三城的地位岌岌可危（见表 3-3）。

表 3-3　　杭甬以外浙江中心城市开放与可持续发展对比

地区	总得分	排序
嘉兴	78.65	1
绍兴	76.28	2
湖州	73.15	3
金华	69.31	4
台州	68.79	5
温州	68.33	6
舟山	67.83	7
衢州	60.97	8
丽水	60.00	9

二　主要指标表现

从 IUISD 所包括的城市开放水平、城市活力、城市公平指数、城市"双碳"指数的一级指标来看，各城市总分排名基本清晰，但具体测度解释指标却不尽相同。

在第一梯队中，通过对比嘉兴、绍兴、湖州、金华城市开放与可持续发展雷达图（见图 3-2），可知嘉兴的城市开放水平、城市公平指数比较高，对总分排名贡献显著，但城市开放水平、城市活力有待提升。绍

---

① 查志远：《浙江第三城与温州失去的十年》，城市进化论公众号转载，2021 年 10 月 5 日。

兴发展趋势与嘉兴相似，总得分紧跟其后。湖州各项得分均衡，总分排在浙江第五、9城第三。金华各项得分也比较均衡，总分以稍微弱势处在本组末尾。

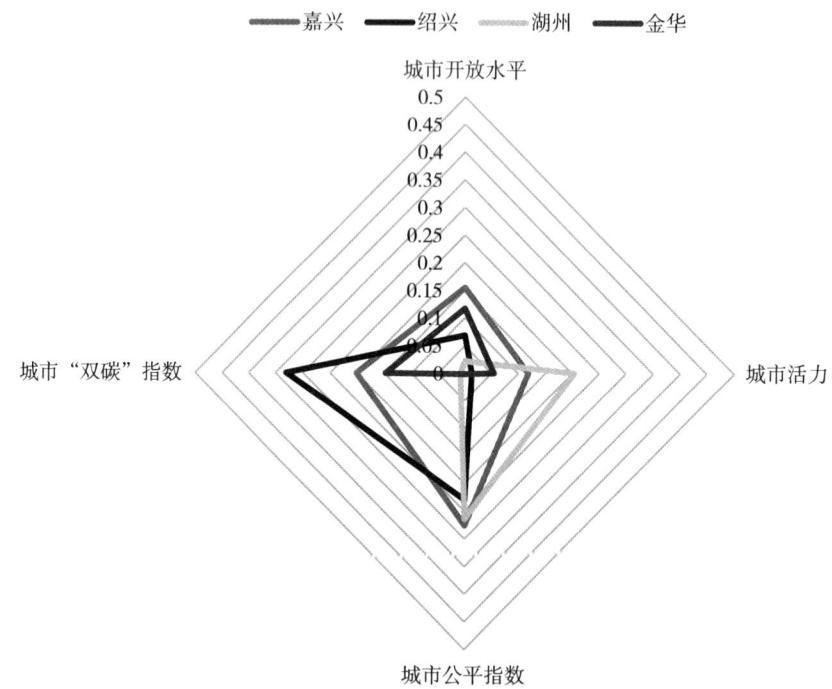

图 3-2 嘉兴、绍兴、湖州、金华城市开放与可持续发展雷达图

在第二梯队中，从台州、温州、舟山、衢州、丽水城市国际化与可持续发展雷达图中，可知台州各项得分比较均衡，在城市公平指数、城市"双碳"指数两项领先于温州，城市活力得分落后温州，总分以微弱优势领先于温州。温州各项得分均衡，在城市活力和城市开放水平分项得分以微弱优势领先。舟山各项得分差异较大，社会公平指数得分明显较高，主要得益于人均收入较高，其城市"双碳"指数亦高，但城市开放水平得分低，城市活力排在最低。衢州、丽水各项得分比较均衡，总分相差不多（见图3-3）。

第三章 中心城市开放与可持续发展

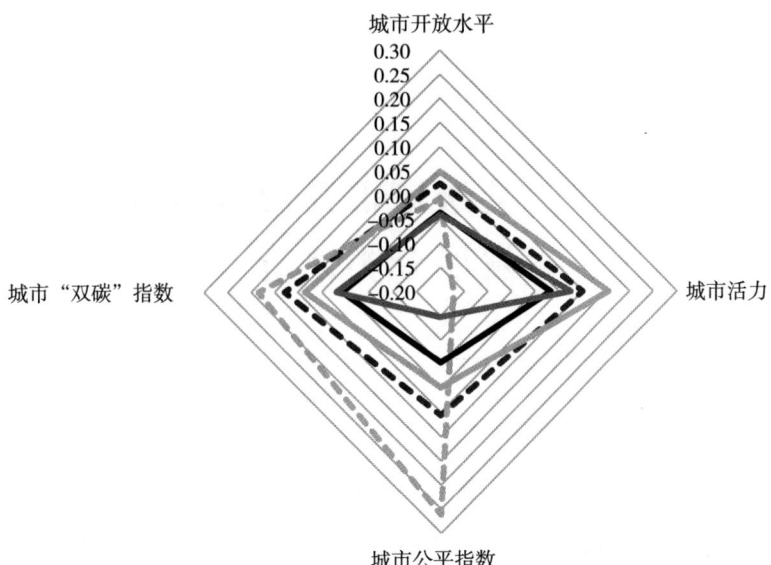

图3-3 台州、温州、舟山、衢州、丽水城市国际化与可持续发展雷达图

第四章 县级城市开放与可持续发展分类评析

我们运用上述评价模型,对浙江 53 个县或县级市进行测度。义乌市排在全省县域城市首位,慈溪市、余姚市、嘉善县随后排在第一方阵,海宁市、诸暨市、桐乡市、德清县等杭州都市圈内的县域城市表现突出。与之形成对比的是,浙南各县市排名靠后,后 10 名基本都分布在浙南(见表 4-1)。

但同时应看到,浙江"七山一水二分田"地形风貌,社会经济发展差距较大,呈现浙北、浙中、浙南片区差异,形成了山区、平丘区、沿海区以及生态功能区等不同发展模式,"一刀切"式的测度标准难以真实反映浙江各地发展差异和特点。本章与下章,开展分类分项分析,以期最大限度反映真实情况。

表 4-1   浙江县级城市开放与可持续发展排名测度对比

地区	总得分	排序	地区	总得分	排序
义乌市	100.00	1	海盐县	90.61	6
慈溪市	99.89	2	诸暨市	89.74	7
余姚市	93.12	3	平湖市	89.03	8
嘉善县	92.57	4	桐乡市	85.74	9
海宁市	90.85	5	德清县	84.54	10

续表

地区	总得分	排序	地区	总得分	排序
桐庐县	84.42	11	开化县	68.62	33
长兴县	82.21	12	常山县	68.54	34
新昌县	81.75	13	天台县	68.12	35
安吉县	80.69	14	青田县	67.80	36
永康市	80.43	15	淳安县	67.74	37
岱山县	79.82	16	仙居县	67.13	38
嵊州市	79.32	17	武义县	66.71	39
宁海县	77.96	18	缙云县	66.25	40
嵊泗县	77.54	19	兰溪市	66.07	41
温岭市	76.93	20	浦江县	65.89	42
象山县	76.91	21	龙游县	65.30	43
东阳市	75.74	22	永嘉县	65.16	44
临海市	75.22	23	龙港市	64.66	45
建德市	74.46	24	景宁县	64.44	46
乐清市	73.45	25	松阳县	63.89	47
玉环市	72.90	26	江山市	63.81	48
瑞安市	72.35	27	庆元县	63.47	49
三门县	70.08	28	遂昌县	63.33	50
苍南县	69.70	29	龙泉市	62.82	51
磐安县	69.33	30	泰顺县	60.37	52
平阳县	69.20	31	文成县	60.00	53
云和县	68.95	32			

第一节 千亿县城市开放与可持续发展

一 浙江千亿经济强县

根据浙江省各县域城市公布的 2020 年 GDP，其中有 9 个县级城市超过 1000 亿元，慈溪市达到 2008.30 亿元，成为浙江首个突破 2000 亿元的县市。排在第二的义乌市是1485.60亿元（见图4-1）。

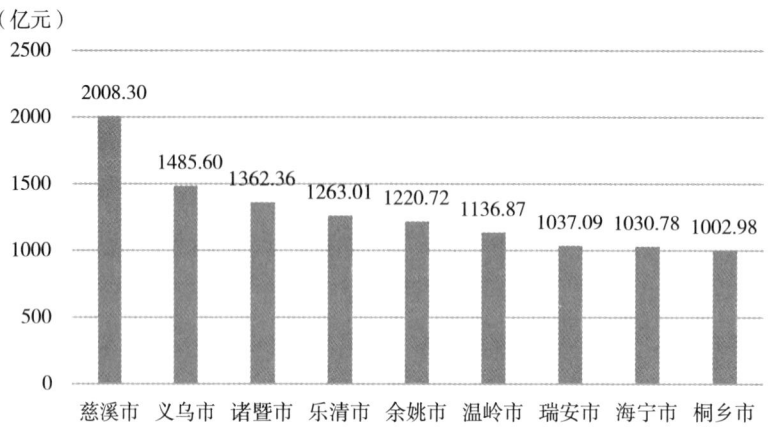

图4-1　2020年浙江千亿经济强县GDP对比图

浙江千亿经济强县在1200亿元以上的仅有慈溪、义乌、诸暨、乐清和余姚5个，相对于江苏的千亿经济强县，无论总体规模还是城市数量，与江苏都有不小差距。2020年，江苏省县域城市昆山、江阴、张家港GDP总量分别为4250亿元、4100亿元、2710亿元。江苏省县域城市发展，有力地支撑起中心城市能级和综合竞争力提升。因此，大力提升浙江县域城市的发展能级和开放程度，是引领浙江持续发展的关键。

二　浙江千亿经济强县的区域分布

从区域分布看，浙江千亿经济强县集中在沿海区域：慈溪市、余姚市、海宁市、桐乡市处在浙东北沿海，温岭市、乐清市、瑞安市处在浙东南沿海，只有义乌市和诸暨市处在平丘地域，沿海占七席位。

三　浙江千亿县城市开放与可持续发展测度

从浙江城市开放与可持续发展评价指标计算，浙江千亿经济强县中的义乌市得分最高，慈溪以0.11微小差距屈居第二，两市都以明显的优势拉开与其他追随城市的差距。海宁、诸暨以较小差距居中，乐清、瑞安以较小差距排在最后（见表4-2）。

第四章 县级城市开放与可持续发展分类评析

表4-2　　　　　　　　千亿县城市开放与可持续发展排名

地区	总得分	排序
义乌市	100.00	1
慈溪市	99.89	2
余姚市	93.12	3
海宁市	90.85	4
诸暨市	89.74	5
桐乡市	85.74	6
温岭市	76.93	7
乐清市	73.45	8
瑞安市	72.35	9

从浙江千亿经济强县的城市开放与可持续发展雷达图分析，不同经济强县的主要指标表现差异较大，涌现出各自领域的明星城市（见图4-2）。

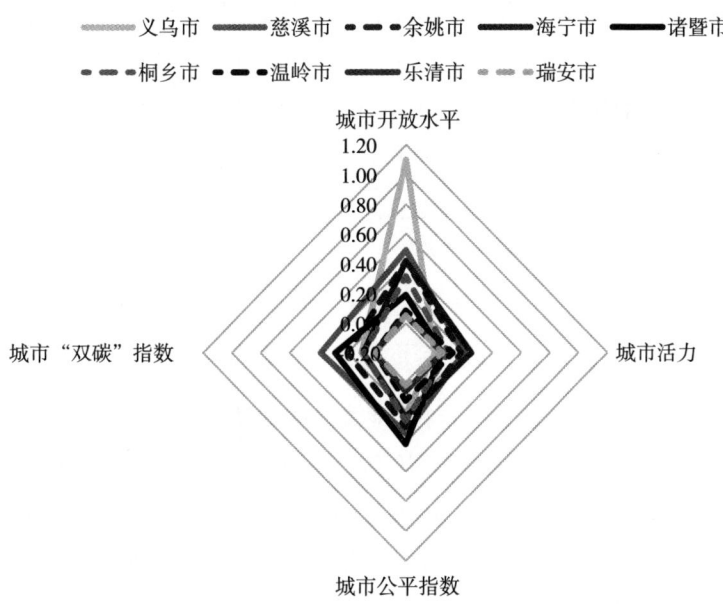

图4-2　浙江千亿经济强县的城市开放与可持续发展雷达图

义乌的城市开放水平最高，远远超过其他城市。城市开放水平由营商环境指数、对外贸易指数、国际交往指数、开放度指数4个解释性指标构成，义乌各解释指标得分都高，总分自然高。这个结果与义乌的国际美誉度是一致的，义乌是世界的义乌，甚至有经济学者提炼了"义乌发展指数"，作为观察世界商贸发展趋势。其他城市表现较为均衡。这充分验证了义乌发展是中国特色社会主义市场经济强大生命力的生动阐释，是城市国际化进程中市场和政府作用最佳的实践者，义乌发展形成了一条通向和谐相处、共同富裕的康庄大道。

第二节 山区县城市开放与可持续发展

一 浙江山区26县

2015年2月，浙江召开了推进26县加快发展工作会议，会上正式宣布决定取消山区26个县的欠发达县叫法，统称为加快发展县，并取消GDP总量考核，转为重点考核生态保护、居民增收等。2018年1月，浙江出台《中共浙江省委、浙江省人民政府关于深入实施山海协作工程促进区域协调发展的若干意见》，专门注明26个加快发展县简称为"26县"。

浙江山区加快发展26县，是相对于浙江沿海经济强县而言，26县均已处于全国县域经济发展中上游水平，部分县的经济总量、财政收入等甚至和西部省区一些地级市相比都毫不逊色。随着经济发展和区划调整，县的名称有些已变成县级市、区。

我们的研究对象主要是县、县级市，改制为区的已包含在中心城市，故不再对柯城区、衢江区进行排序，只对其中的24个山区县进行排名。

二 浙江山区县城市开放与可持续发展测度

依据城市开放与可持续发展排名情况（见表4-3），将24个山区县分为三个梯队。其中，三门县、苍南县、磐安县、平阳县、云和县、开化县、常山县、天台县为第一梯队，青田县、淳安县、仙居县、武义县、缙云县、龙游县、永嘉县、龙港市为第二梯队，景宁县、松阳县、江山市、庆元县、遂昌县、龙泉市、泰顺县、文成县为第三梯队。

从总得分看，24个山区县的总体差距不大，城市开放程度不高，可持续发展水平有待提升。三门县得分相对较高，处于山区县之首，超过其经济总量（2020年GDP总额为273.39亿元）在山区县的排名。苍南县（2020年GDP总额为362.09亿元）、龙港市（2020年GDP总额为316.40亿元）、江山市（2020年GDP总额为312.60亿元）作为山区的经济强市，其城市开放与可持续发展排名并不高，充分表明其城市发展滞后产业化，亟待提升城市发展水平，增强城市可持续发展能力。

表4-3　　山区县城市开放与可持续发展排名

地区	总得分	排序	地区	总得分	排序
三门县	70.08	1	缙云县	66.25	13
苍南县	69.70	2	龙游县	65.30	14
磐安县	69.33	3	永嘉县	65.16	15
平阳县	69.20	4	龙港市	64.66	16
云和县	68.95	5	景宁县	64.44	17
开化县	68.62	6	松阳县	63.89	18
常山县	68.54	7	江山市	63.81	19
天台县	68.12	8	庆元县	63.47	20
青田县	67.80	9	遂昌县	63.33	21
淳安县	67.74	10	龙泉市	62.82	22
仙居县	67.13	11	泰顺县	60.37	23
武义县	66.71	12	文成县	60.00	24

从第一梯队的城市开放与可持续发展发展雷达图（见图4-3）分析看，三门县、苍南县的城市活力得分高，磐安县、开化县的城市"双碳"指标得分高，云和县、天台县的城市公平指数得分较高，其他县的各得分比较均衡。相对而言，磐安县的城市活力得分较低，开化县的城市开放水平低。

从第二梯队的城市开放与可持续发展发展雷达图分析看（见图4-4），缙云县、淳安县、青田县的城市活力得分高，同时淳安县的城市开放度较高，这些得分高的原因主要得益于休闲旅游业的发展，带动了城市活力和高开放。武义县、龙游县的城市"双碳"指数得分较高，龙港市在城市公平指数上优势明显。同时，龙游县城市活力得分低，龙港市在城市"双碳"指数得分偏低。

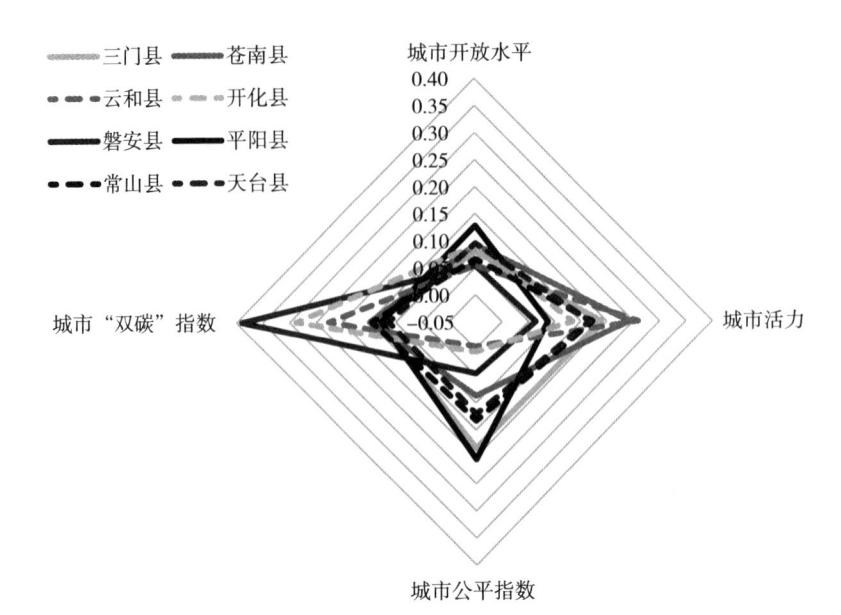

图 4-3　浙江第一梯队山区县的城市开放与可持续发展雷达图

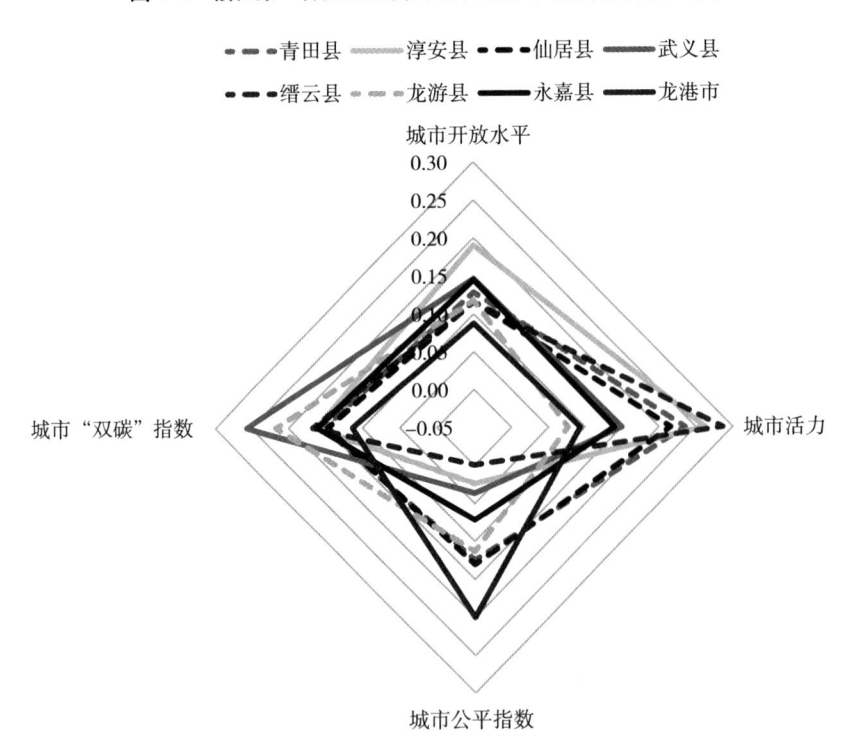

图 4-4　浙江第二梯队山区县的城市开放与可持续发展雷达图

从第三梯队的城市开放与可持续发展发展雷达图分析看（见图4-5），8个城市在城市"双碳"指数上得分都较高，这与山区县山水环境和工业化较低的现状相一致。景宁县在城市活力、城市"双碳"指数得分较高，拉高了其在第三梯队中位置。江山市在城市公平指数优势明显，在城市开放水平方面得分也高，但城市活力得分较低。遂昌县在城市"双碳"指数得分较高。文成县在城市公平指数得分最低，其他三项指标居中。

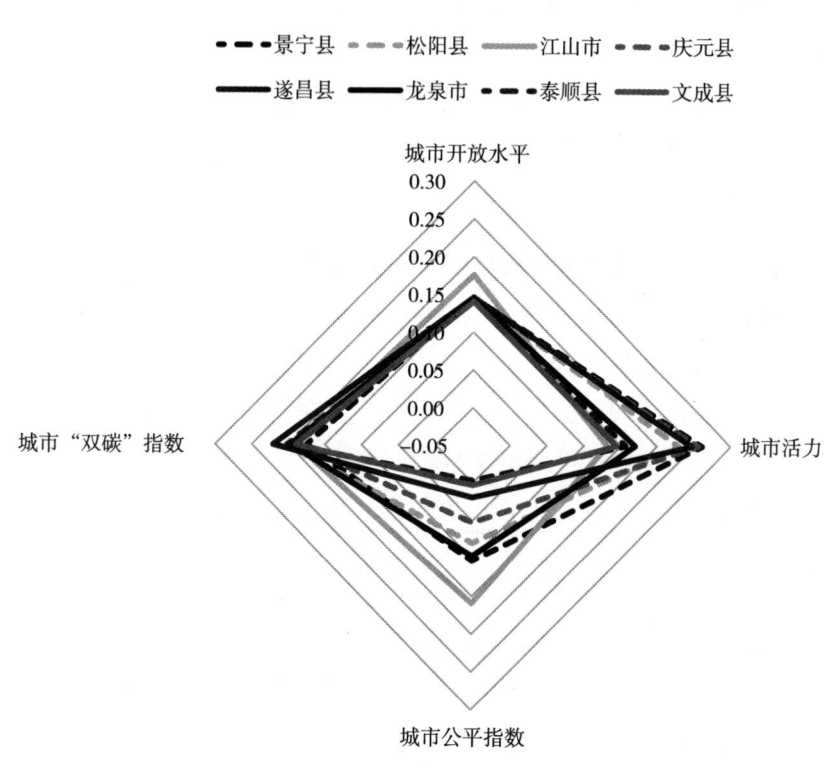

图4-5　浙江第三梯队山区县的城市开放与可持续发展雷达图

第三节　平丘县城市开放与可持续发展

一　浙江平丘县

浙江地势由西南向东北倾斜，地形复杂。山脉自西南向东北成大致平行的三支。大致可分为浙北平原、浙西南的丘陵和盆地、浙东南的沿海平原及滨海岛屿等六个地形区。浙江山地和丘陵占74.63%，平坦地占20.32%，河流和湖泊占5.05%，耕地面积仅208.17万公顷，故有"七山一水二分田"之说。

浙江山区26县多次出现在政府文件中，有明确所指。本研究将山区县、沿海县及千亿县之外的县，即嘉善县、海盐县、德清县、桐庐县、长兴县、新昌县、安吉县、永康市、嵊州市、东阳市、建德市、兰溪市、浦江县13县列为平原丘陵县，测度城市开放与可持续发展水平，以便于分析不同县域城市发展路径。

第一节所分析的千亿经济强县，多是平原县，其经济社会发展程度在这些平丘县之上。因此，本节分析的平丘县，不包含千亿经济强县，发展路径不同。

二 浙江平丘县城市开放与可持续发展测度

依据城市开放与可持续发展排名情况分析，平丘县得分差距明显，最高分与最低分相差26.68分（见表4-4）。其中嘉善县得分最高，明显领先于其他城市。德清县得分紧随其后，排在第三，显示出强劲的发展势头。兰溪市、浦江县得分相差不多，排在最后。

依据得分情况，将鄞善县、海盐县、德清县、桐庐县、长兴县、新昌县、安吉县等列为第一梯队，其余县列为第二梯队。

表4-4　　　　浙江平丘县城市开放与可持续发展排名

地区	总得分	排序
嘉善县	92.57	1
海盐县	90.61	2
德清县	84.54	3
桐庐县	84.42	4
长兴县	82.21	5
新昌县	81.75	6
安吉县	80.69	7
永康市	80.43	8

第四章　县级城市开放与可持续发展分类评析

续表

地区	总得分	排序
嵊州市	79.32	9
东阳市	75.74	10
建德市	74.46	11
兰溪市	66.07	12
浦江县	65.89	13

从第一梯队的城市开放与可持续发展发展雷达图分析看，虽然各县总分差距较大，但各县的测度指标得分比较均衡。本组城市在城市活力上得分普遍较高，主要是处于浙北经济最活跃区域，经济社会开放程度较高。嘉善县在城市开放水平方面得分较高，主要得益于与上海松江的无缝对接。新昌县在城市"双碳"指数等分均比较高，其他城市得分比较低（见图4-6）。

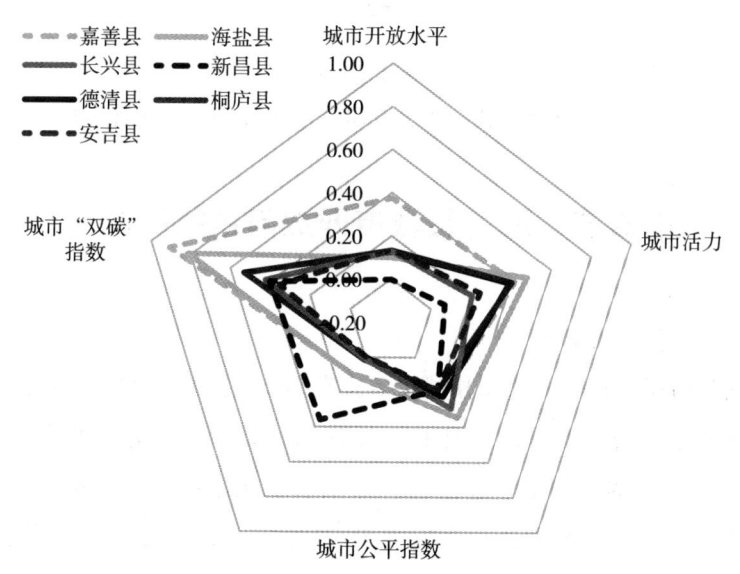

图4-6　浙江第一梯队平丘县城的城市开放与可持续发展雷达图

从第二梯队的城市开放与可持续发展发展雷达图分析看，本组城市不仅总分差距明显，各城市解释指标的得分差异也较大。永康市在城市开放度方面得分较高，主要基于外向经济发展。嵊州市城市公平指数、城市"双碳"指数得分较高，但在城市开放水平、城市活力指数方面得分很低。其他诸城得分均衡（见图4-7）。

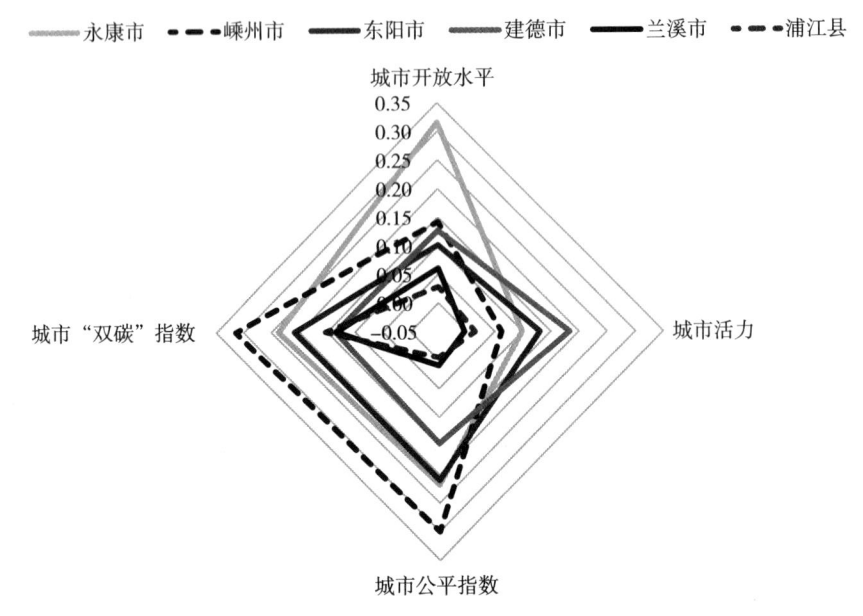

图4-7 浙江第二梯队平丘县城的城市开放与可持续发展雷达图

第四节 沿海县城市开放与可持续发展

一 浙江沿海县城

浙江海岸线较长，沿海县城较多，有20余之多。同时，沿海城市又与山区城市重叠。鉴于山区县有文件确切的指向，沿海县城没有明确，本研究把重叠的三门县、苍南县、平阳县、龙港市、江山市、庆元县、遂昌县、龙泉市、泰顺县、文成县10县市除去，只分析岱山县、宁海县、嵊泗县、温岭市、象山县、临海市、玉环市7县。

二 浙江沿海县城市开放与可持续发展测度

浙江沿海7县城市开放与可持续发展的总分差距较小，各城市都是以微弱的优势领先。相对而言，岱山县得分较高，领先明显。宁海县、嵊泗县基本得分相近，温岭市、象山县得分接近。玉环市得分较低，排在最后（见表4-5）。

表4-5　　　　　浙江沿海县城市开放与可持续发展排名

地区	总得分	排序
岱山县	79.82	1
宁海县	77.96	2
嵊泗县	77.54	3
温岭市	76.93	4
象山县	76.91	5
临海市	75.22	6
玉环市	72.90	7

从城市开放与可持续发展雷达图分析看，各解释指标的城市得分差距较大。整体看，7城在城市开放水平的得分均比较低，与海岛现代化发展程度不高相符。岱山县表现突出，尤其在城市"双碳"指数、城市公平指数等方面得分较高。嵊泗县城市公平指数较高，主要得益于人均收入高（见图4-8）。

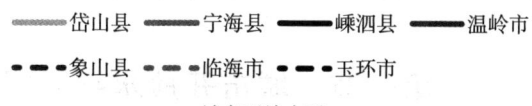

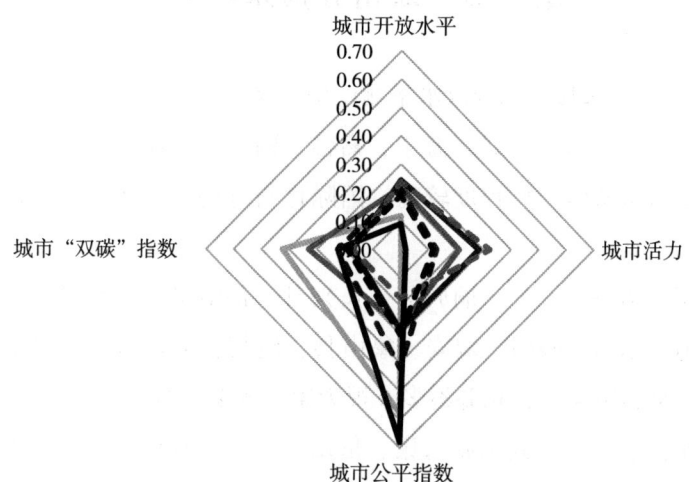

图4-8　浙江沿海县城市开放与可持续发展雷达图

第五章　县级城市开放与可持续发展分项评析

对浙江省53个县、市进行城市开放与可持续发展水平测度，各主要指标总体排序与总分排序有明显的差异。义乌在城市开放水平排第一，与大家认知相一致。海盐县在城市活力方面排名第一，多少出乎意料。嵊泗县在城市公平指数得分最高，大出我们预期。作为工业重镇的慈溪市，其城市"双碳"指数得分最好，是我们难以想象的。

第一节　城市开放水平评析

在53个县级城市的开放水平测度中，义乌一骑绝尘，得分以绝对优势排名第一。慈溪、余姚、海宁、嘉善、桐乡、平湖6城，处在第一梯队，这些城市整体开放程度较高，国际化与可持续总体程度较高，综合经济实力也高。

永康、诸暨、安吉、桐庐县、长兴县、德清县、海盐县、温岭、临海、宁海、乐清、嵊州、瑞安、象山县、建德、玉环诸城，城市开放与可持续发展得分均衡，相差不多，视为第二梯队开放城市。东阳、淳安、新昌、平阳、兰溪、武义、永康、岱山、天台、苍南、开化、青田、江山等，视为第三梯队开放城市。其他城市视为第四梯队开放城市。

新昌县、岱山县、嵊泗县等一批城市，其城市开放得分拉低了总分排名，说明这这些城市要大力提升城市国际化水平，需要以国际化引领整个城市与产业转型。桐乡市、平湖市、永康市等一批城市，其城市开放得分高于总分排名，说明这些城市开放程度较高，城市国际化水平近年来提升加快（见表5-1）。

龙港市是最新成立的县级城市，其开放水平受限于传统工业发展体制影响。

表5-1　　　　　　浙江县域城市开放指数排名

地区	城市开放水平	排序	地区	城市开放水平	排序
义乌市	100.0000	1	东阳市	63.4754	24
慈溪市	79.5133	2	淳安县	63.4310	25
余姚市	77.1628	3	新昌县	62.7051	26
海宁市	77.0504	4	平阳县	62.6914	27
嘉善县	75.3676	5	兰溪市	62.1131	28
桐乡市	73.6509	6	武义县	61.9696	29
平湖市	73.4225	7	永嘉县	61.9208	30
永康市	70.6844	8	岱山县	61.7041	31
诸暨市	69.5034	9	天台县	61.5959	32
安吉县	67.3350	10	苍南县	61.4993	33
桐庐县	67.2476	11	开化县	61.4559	34
长兴县	67.0911	12	青田县	61.3685	35
德清县	67.0245	13	江山市	61.2869	36
海盐县	66.1280	14	三门县	61.0892	37
温岭市	65.9234	15	浦江县	61.0379	38
临海市	65.6964	16	龙游县	61.0023	39
宁海县	65.0963	17	仙居县	60.9537	40
乐清市	64.8565	18	缙云县	60.9387	41
嵊州市	64.8312	19	嵊泗县	60.7545	42
瑞安市	64.8311	20	常山县	60.6131	43
象山县	64.8000	21	松阳县	60.2951	44
建德市	64.3366	22	遂昌县	60.2691	45
玉环市	64.0849	23	景宁县	60.2646	46

续表

地区	城市开放水平	排序	地区	城市开放水平	排序
龙泉市	60.2475	47	文成县	60.0885	51
云和县	60.2150	48	泰顺县	60.0846	52
磐安县	60.2078	49	龙港市	60.0000	53
庆元县	60.1751	50			

第二节 城市活力指数评述

从城市发展活力，海盐、嘉善、桐庐、德清等城市表现突出，处在第一开放城市梯队。近年来都是网红打卡地，城市活力十足。"魅力桐庐"城市品牌效应突出，吸引大批游客和城市管理者前来取经。城市活力排名前十的都是杭甬都市圈内的明星县域城市，是数字化改革范例（见表5-2）。

相对综合得分较高的义乌市、慈溪市、余姚市等，城市活力却不够，排名相对靠后。具体分析构成城市发展活力的解释性指标，主要是融资便利度、新经济发展指数、创新能力和文化设施，显然前三项解释指标得分不高。岱山县、嵊泗县主要得益于人均收入较高总得分排名靠前，但决定城市活力的主要解释指标都偏低，致使城市发展缺乏活力。

表5-2　　　　　浙江县域城市活力指数排名

地区	城市活力	排序	地区	城市活力	排序
海盐县	100.00	1	慈溪市	83.00	8
嘉善县	96.06	2	长兴县	82.42	9
桐庐县	95.14	3	余姚市	81.79	10
德清县	94.31	4	临海市	80.52	11
平湖市	86.60	5	温岭市	78.04	12
海宁市	86.36	6	云和县	77.64	13
安吉县	85.00	7	缙云县	76.89	14

续表

地区	城市活力	排序	地区	城市活力	排序
苍南县	76.61	15	义乌市	70.08	35
桐乡市	76.10	16	开化县	69.73	36
建德市	76.06	17	嵊州市	68.33	37
淳安县	75.36	18	武义县	68.19	38
新昌县	73.78	19	象山县	68.15	39
青田县	73.65	20	永嘉县	67.54	40
瑞安市	73.54	21	玉环市	67.36	41
乐清市	73.52	22	平阳县	66.73	42
诸暨市	73.46	23	龙泉市	66.30	43
宁海县	73.44	24	泰顺县	65.46	44
三门县	73.24	25	浦江县	65.31	45
东阳市	72.71	26	磐安县	65.22	46
仙居县	72.38	27	文成县	64.63	47
常山县	72.17	28	龙港市	64.59	48
景宁县	72.05	29	兰溪市	64.11	49
天台县	71.81	30	江山市	63.81	50
庆元县	71.73	31	龙游县	63.52	51
遂昌县	71.16	32	嵊泗县	61.11	52
永康市	70.68	33	岱山县	60.00	53
松阳县	70.09	34			

第三节 城市公平指数评析

从城市公平发展得分与总分对比看，排在第一、第二的嵊泗县和岱山县，都是收入水平指数最高，拉高总分。同时两地生活成本最低，再次拉高了总分。尽管两地总分排名中等，但城市公平发展指数排在前列。长兴县、象山县类似，其城市公平发展排名都超过总分排名（见表5-3）。

但是总分排在第一的义乌市，城市公平发展指数仅排在第12。嘉善县总分排名第四，城市公平发展指数仅排在第14。由此可见，这些城市距离共同富裕的要求还相差较远，如何引导第三次分配值得深入研究。

排在后面的遂昌县、文成县、泰顺县城市公平发展指数，与总得分基本一致。这些地区，既要做大蛋糕，又要分好蛋糕。

表5-3　　　　　　　浙江县级城市公平发展指数得分排名

地区	城市公平指数	排序	地区	城市公平指数	排序
嵊泗县	100.00	1	平阳县	75.81	24
岱山县	94.54	2	乐清市	75.62	25
诸暨市	94.43	3	建德市	75.34	26
慈溪市	90.55	4	三门县	74.70	27
海盐县	90.16	5	瑞安市	73.58	28
余姚市	88.19	6	龙港市	73.45	29
长兴县	87.41	7	临海市	73.09	30
桐乡市	86.16	8	常山县	72.01	31
象山县	86.13	9	天台县	71.36	32
平湖市	85.41	10	仙居县	69.77	33
海宁市	84.76	11	苍南县	69.56	34
义乌市	84.08	12	青田县	69.47	35
德清县	83.87	13	龙游县	68.86	36
嘉善县	83.78	14	江山市	68.63	37
嵊州市	83.53	15	兰溪市	68.13	38
新昌县	81.79	16	磐安县	67.39	39
桐庐县	81.76	17	浦江县	67.37	40
安吉县	81.70	18	永嘉县	66.64	41
玉环市	79.83	19	景宁县	65.65	42
永康市	79.18	20	龙泉市	65.29	43
温岭市	79.01	21	开化县	65.27	44
东阳市	78.75	22	武义县	64.78	45
宁海县	78.34	23	云和县	64.74	46

续表

地区	城市公平指数	排序	地区	城市公平指数	排序
松阳县	64.37	47	遂昌县	61.19	51
淳安县	64.09	48	文成县	60.33	52
庆元县	62.95	49	泰顺县	60.00	53
缙云县	62.79	50			

第四节 城市"双碳"指数评析

从城市"双碳"发展得分与总分对比看，慈溪市排名第一，城市"双碳"发展指数最高，与其最强经济县对应。排在第一方阵的新昌县、诸暨市、岱山县、磐安县、嵊州市等，其城市"双碳"发展得分排名靠前。

总分排名第一的义乌，其"双碳"发展指数仅排名第12。排名靠前的嘉善县、德清县，其"双碳"发展指数仅排名第17、第37，同样的类似情况还有桐庐县、长兴县等城市（见表5-4）。

表5-4　　　　浙江县级城市"双碳"指数得分排名

地区	城市"双碳"指数	排序	地区	城市"双碳"指数	排序
慈溪市	100.00	1	东阳市	76.50	11
新昌县	96.86	2	义乌市	75.07	12
诸暨市	91.28	3	平湖市	74.73	13
岱山县	89.41	4	海宁市	74.06	14
磐安县	88.09	5	海盐县	73.94	15
嵊州市	85.88	6	桐乡市	73.88	16
余姚市	83.81	7	嘉善县	73.77	17
宁海县	81.09	8	云和县	73.57	18
开化县	79.06	9	武义县	72.75	19
永康市	78.99	10	象山县	71.86	20

续表

地区	城市"双碳"指数	排序	地区	城市"双碳"指数	排序
嵊泗县	71.78	21	缙云县	64.81	38
浦江县	71.53	22	平阳县	64.76	39
建德市	69.96	23	安吉县	64.72	40
兰溪市	69.85	24	淳安县	64.34	41
龙游县	69.20	25	永嘉县	64.26	42
玉环市	68.80	26	天台县	63.55	43
乐清市	67.47	27	松阳县	63.54	44
温岭市	67.11	28	青田县	63.42	45
临海市	67.06	29	泰顺县	63.32	46
苍南县	66.67	30	龙泉市	63.01	47
瑞安市	66.38	31	仙居县	62.99	48
常山县	66.29	32	文成县	62.36	49
桐庐县	66.19	33	江山市	62.23	50
长兴县	65.72	34	庆元县	62.20	51
三门县	65.42	35	景宁县	61.03	52
遂昌县	65.12	36	龙港市	60.00	53
德清县	64.89	37			

第二篇

以城市开放发展引领共同富裕示范区建设

  研究基本形成共识，乡村振兴要跳出乡村谈振兴，共同富裕要在集聚中实现均衡，就是要通过城市发展带动乡村发展，以及城市开放引领乡村发展，实现城乡一体化发展、无差异发展。本篇汇集研究团队的专家委员、高级研究员，从区域协调发展、城乡统筹发展和城市国际化等视角，从不同维度进行阐释，以揭示城市开放发展引领共同富裕示范区建设的内在机理和作用途径。

第六章 区域协调发展推动共同富裕

第一节 以更平衡更充分的区域协调发展推动共同富裕

我国地域辽阔，区域发展不平衡问题长期存在。近年来，受外部环境、基础条件、发展动力等因素的影响，区域发展取得巨大成就和丰富经验的同时，也出现了南北分化、板块内部分化、收缩型城市发展困境、城市能级不足等新问题和新挑战。2012 年，习近平总书记在广东考察时就已指出，"实现城乡区域协调发展，不仅是国土空间均衡布局发展的需要，而且是走共同富裕道路的要求"。以重大区域发展战略为引领，深入实施区域协调发展战略，完善区域协调发展新机制，尊重地区发展差异的客观规律，发挥各地区动态比较优势，建立优势互补、高质量发展的区域经济布局，加强区域协同和联动，推动更加平衡、更加充分的区域协调发展，是实现共同富裕的内在要求和重要举措。

一 以城市群为重点引领面向共同富裕的区域合作

城市是社会经济活动集聚的空间，单个城市各自为政的行政区发展模式导致行政壁垒和市场分割，出现要素资源空间分布不合理、公共服务配置不均衡等问题。城市群发展模式指特定地域范围内相当数量的不同性质、类型和等级规模的城市，以一个或两个特大城市或大城市为中心，依托交通运输网络和信息网络，深度联合、合作共赢的发展模式。城市群是城市的集合，通过发挥不同规模等级城市的比较优势，打破地方保护主义和行政壁垒，减少市场分割，推动整个城市群共同发展。

城市群是科技创新和产业集聚的重要平台，是国家层面实现区域协调发展的主要载体，要不断增强城市群对内辐射、周边对接、相互联动的作用，发挥各城市、各城市群比较优势，开辟面向共同富裕的区域合作道路。

做大做强中心城市，加强城市群内聚散效应。中心城市是城市群的核心，承担了战略支点和重要节点的功能。高端生产要素向区位条件优越、市场化制度完善的中心城市集聚是客观规律。提高中心城市能级，引导中心城市向群内城市扩散低端生产要素，为高端生产要素腾挪发展空间，将充分发挥人才流、知识流、信息流等经济能量的集聚优势和规模效应。通过重新组合人才、信息资源、科技创新等高端生产要素，中心城市形成新的比较优势，持续发挥聚散效应。中心城市向群内城市输出低端生产要素的过程，也是不断形成产业、要素、市场等梯次分工体系的过程，通过发挥不同规模等级城市的比较优势，实现城市功能互补，不断在集聚中走向平衡。

推动群外城市主动融入，放大城市群带动效应。根据"十四五"规划，我国共布局了19个国家级城市群，涵盖了全国七成以上的城市。在这些城市群之外尚有70%左右的国土面积，包括沙漠戈壁等不适宜人类居住的地方，以及边疆地区、粮食主产区、生态功能区、城市群外围地区等。在这些地区，城市分布较为分散，城市规模较小，经济社会发展水平较为落后。外围中小城市和小城镇根据自身比较优势，明确功能定位和发展导向，全面提升基础设施水平、产业支撑能力和综合服务能力，加强与城市群和都市圈在交通、规划、产业、公共服务等多领域的联系和对接，主动接受城市群辐射，将放大城市群带动效应，深化区域一体化发展。边疆地区、粮食主产区和重点生态功能区，负担着整个国家边疆安全、粮食安全和生态安全的重任。要加快探索粮食主产区利益补偿机制、重点生态功能区生态补偿机制、跨地区耕地占补平衡机制等举措，不断健全区域协调发展体制机制，加强先富带后富、先富帮后富的制度设计，增强经济发展弱势地区的内生发展动力，逐步实现地区之间基本公共服务均等化、人民生活水平大体相当。

深化城市群战略对接，强化城市群间联动效应。以城市群引领区域合作发展不仅能够畅通区域经济循环，而且能够助推国内统一大市场加速形成，由此畅通国内大循环，发挥国内超大规模市场优势，实现更大范围更宽领域更深层次的高水平对外开放和更加平衡更加充分的高质量发展。针对城市群之间联系不够紧密的问题，要继续发挥东南沿海城市群的主导和支撑作用，不断突出中西部和北方地区城市群的战略枢纽作用。例如，长江中游城市群地处长江经济带中部，向西可连接成渝城市群，向东可与长三角城市群联动发展，具有承东启西的地理优势，南北可串联起中原城市群与珠三角城市群，具有贯通南北的区位优势。依托区域重大战略的实施，连接城市群形成城市带，推动城市带向外拓展形成经济区，连点成线，连线成面，最终形成"中心城市—都市圈—城市群—经济区"梯次区域空间格局，优化资源、产业、人口的空间布局，推动产业布局、就业岗位与人口分布相匹配，实现统筹东中西、协调南北方的区域共同富裕。

二　在新技术赋能区域高质量发展中推动共同富裕

区域差距是由各地区地理环境、资源禀赋、发展基础等多种因素差异所致，是经济发展过程中的自然现象与必然结果。区域发展差距无法完全消除，但应保持在合理区间。随着数字技术、信息技术、人工智能技术等新技术的快速发展，区域对自然环境、地理区位的依赖逐渐降低。区域借助新技术能够最大范围整合资源、最有效配置资源，不断提高发展质量、增强发展效益、激发新动能，更新迭代区域比较优势，深化区际分工合作，在加快自身发展基础上不断缩小区域发展差距。

新技术拓展区域发展新空间。新一轮科技革命和产业变革不仅为发达地区带来更高效更持久的发展动力，更为欠发达地区提供了跨越式发展甚至是换道超车的新机遇。依据新技术的不同特点，例如网络通信技术突破地理局限的特点、数字技术获取丰富信息资源的特点，各地区要基于自身资源禀赋、产业基础，挖掘新比较优势。推动中西部地区加快通信网络等新型基础设施建设，以新基建支撑新制造、新服务、新消费。聚焦数字经济、智能经济、共享经济、流量经济、绿色经济、海洋经济、生物经济、创意经济、会展经济等多种经济形态，在时间、空间、产品、服务、用户等多方位主动挖掘和培育多样化应用场景，推动新技术、新模式、新业态融合创新。扩大新技术在教育、医疗、养老、体育、托幼等新消费领域的应用，激发新增长点，增强地区发展韧性。

新技术促进基本公共服务均等化。专业人才稀缺、资金短缺是欠发达地区基本公共服务供给不足的原因，而数字技术能够打破地理限制。通过在线教育、远程医疗等方式不仅能够促进教育、医疗卫生等资源均衡布局，而且有助于推动东西南北各地区及其民众享有均等化发展机会。加大政府对数字技术的运用，实现信息技术与政府治理深度融合，能够不断提升政府治理能力和常住人口管理能力。将公共服务享受资格与户口相分离，推动人口自由充分流动，让人民群众在常住地平等享受基本公共服务，享有基于自身人力资本和各地生活成本在不同区域和城乡之间灵活择业、灵活选择常住地的平等机会，最大程度激活"人"这一生产要素，贯彻以人民为中心的发展思想，促进人的全面发展和全体人民共同富裕。

新技术推进区域协同治理。加强区域间在交通运输、公共服务、产业发展、环境治理等方面的合作是提升区域整体承载能力，推动区域优势互补、一体化发展的必然要求，必须不断增强新技术对区域协同治理能力的提升作用。首先，在信息资源配置和信息化建设方面，加大对欠发达地区投资和政策支持力度，缩小城乡区域数字鸿沟，着力打破信息孤岛，推动形成全国统一的信息网络架构和通信网络平台。其次，推动异地政务互通互办互认，实施政务服务"一网通办""异地通办"等举措，以政务服务区域协同夯实区域协同治理的基础。最后，在政务服务一体化的基础上，完善跨区域监测预警体系、大数据征信体系、社会评价体系等体系建设，鼓励跨区域制订共同富裕行动计划，整合各类生产要素，协同各项政策举措，加强城市区域间基础设施、公共服务、环境治理等工作机制的协调联动,以城市区域间信息数据打通带动规划打通、接口打通、标准打通、制度打通,不断提升区域合作层次与水平。

三 发挥浙江共同富裕示范区在推进区域协调发展中的带动作用

如何充分挖掘动态比较优势、有效提升城市能级、激发区域内生发展动力、探索区域合作模式、构建区域协调发展机制等问题,是全国乃至全世界都普遍面临的问题和挑战。浙江作为共同富裕示范区,是区域发展最协调的省份之一,不仅有基础,更有责任扛起新时代使命,探寻新时代区域发展过程中具有普遍性和规律性的问题与解决方案,为全国区域协调发展探索新路子、提供新经验。

促进区域协调发展迈向更高质量。围绕共同富裕的重点任务,浙江要在市场一体化发展、深化区域合作、优化区域互助、基本公共服务均等化等方面率先探索创新。创新实施山海协作升级版,探索完善工业飞地、科创飞地、生态飞地等山海协作方式。大力推进海岛特色化、差异化发展,按照"一县一策"思路,推动山区26县跨越式高质量发展,构建起科技创新、数字化、绿色发展相融合的生态经济体系。积极推进杭绍甬、甬舟、湖嘉一体化发展示范区建设,以省内重点区域一体化推动长三角更高质量一体化发展。加强四大建设,深入实施空间规划一体化,优化省域新基建布局,推动资源要素在全省域自由流动、高效配置,推进教育、医疗卫生等优质公共服务资源共享。

以浙江实践丰富区域协调发展理论内涵。坚持以人民为中心的价值引领,处理好城市和乡村、经济发展优势区域和加快发展地区的关系,持续推进城乡融合、陆海统筹、山海互济,是浙江率先探索实现区域协调发展的新路径,是贯彻落实习近平新时代中国特色社会主义思想的具体实践。发挥好浙江共同富裕示范区在推进区域协调发展中的带动作用,有利于打造新时代全面展示中国特色社会主义制度优越性的重要窗口,助力推动中国特色社会主义制度优势转化为治理效能、发展优势。通过总结浙江在城市群一体化、公共服务均等化等方面的实践,凝练出具有普遍意义的研究成果和创新理论,为党的创新理论特别是区域协调发展理论内涵提供丰富思想素材和实践案例。

第二节　新发展格局下全力提升浙江县域城市国际化水平

在发展新阶段、格局新重构的时代背景下，我国进入了中心城市引领的城市群、都市圈发展新时期。在这一趋势下，县域城市国际化成为城镇化发展的新动力，是全面推进乡村振兴的重要引擎，直接决定了中心城市发展能级提升。相对于其他经济强省而言，浙江县域城市发展具有良好的社会基础和产业优势，通过实施城市国际化，创建县域国际化开放城市，推动县域经济向城市经济蝶变升级，夯实开放强省战略基石和构建发展新格局节点。

一　新格局下加快县域城市发展的重要意义

县域城市是我国城镇化的主战场，经济内循环发展的基石，其发展得失直接决定了区域经济发展的综合竞争力。进入新发展阶段以来，国家顶层设计强调了大中小城市协调发展，增强郊区新城功能作用。《求是》杂志于2020年10月发表重要文章《国家中长期经济社会发展战略若干重大问题》，其中关于完善城市化战略指出，要建设一批产城融合、职住平衡、生态宜居、交通便利的郊区新城，推动多中心、郊区化发展，有序推动数字城市建设，提高智能管理能力，逐步解决中心城区人口和功能过密问题。国家"十四五"发展规划纲要提出，支持城市化地区高效集聚经济和人口，同时强调合理确定城市规模、人口密度、空间结构。

加快县域城市发展是各地"十四五"发展规划的重要部署。上海市"十四五"加快推进新城规划建设工作实施意见提出，将位于重要区域廊道上、发展基础较好的嘉定、青浦、松江、奉贤、南汇5个新城，培育成在长三角城市群中具有辐射带动作用的综合性节点城市。江苏省"十四五"发展规划和二〇三五年远景目标纲要提出，提高以县城为重要载体的城镇化建设水平，把县域作为城乡融合发展的重要切入点，赋予县级更多资源整合使用的自主权，创建10个国家县城城镇化建设示范地区。浙江省"十四五"发展规划和二〇三五年远景目标纲要提出，推进以县城为重要载体的城镇化建设，推动县域经济向城市经济升级；实施"百县提质"工程；加快推进10个国家示范县创建，打造全国县城新型城镇化标杆。

由此可见，全面提升浙江县域城市的国际化水平，对于构建我省新发展格局至关重要，是贯彻落实国家、省市发展战略的创新举措，是持续引领我国县域发展的有效抓手。提升浙江县域城市的国际化水平，具体体现为提升县域城市的区域资源统筹能力、国际发展要素集聚能力、国际营商环境和城市品质与品牌传播等方面。

二 浙江县域城市际化的良好基础和独特优势

在改革开放大潮中，浙江在全国率先实施城市化战略，颁布城市化发展纲要，出台了一系列配套政策，催生城市化，演进国际化，走出了一条具有浙江特色的城市化道路，城市化水平迅速提高，国际化程度逐渐提升，甚至超过了其他省份的区域中心城市。2020年浙江省常住人口城镇化率达到71%，位居全国前列，成为全国城乡差距最小的省份之一。

1. 形成了一批全国性实力强县

浙江省的县域发展在全国相对富裕程度最高，一些县域城市不仅综合实力排在全国前列，而且国际化发展程度较高。根据中国社科院发布的2020年经济百强县榜单，浙江省百强县（市）数目居第一位，达到24席，比上年增加3席。其中，义乌市、慈溪市进入全国前十，诸暨市、乐清县进入前二十。义乌市从一个落后农业县快速发展为全球最大的日用商品批发市场，其发展实力在全国县域经济综合竞争力100强第七位。诸暨市袜业、珍珠业、铜加工业长期占领国际先进产业群，成功举办环法自行车赛、CBA联赛、西施马拉松等国际精品赛事，其发展实力在全国县域经济综合竞争力100强第九位。

2. 打造了一批与世界同步的国际县城

基于经济块状结构特征和区域自然历史文化优势，浙江县域城市中涌现出一批特色鲜明的国际化名县。我国著名华侨之乡青田县被誉为"小欧洲"，全县55万总人口中有33万名华侨，分布在120多个国家，10万人在意大利，11万人在西班牙，有"中国浙江，世界青田"的谚语。具有"国际经济风向标"之称的义乌市,其拥有的全球最大小商品集散中心被联合国、世界银行等国际权威机构确定为世界第一大市场。德清县多年来努力打造国际化宜居城市,引入联合国全球地理信息知识与创新中心,发展实力在全国县域经济综合竞争力100强第48位。桐乡市全力打造乌镇中国历史文化名镇、中国十大魅力名镇,使其成为世界互联网大会永久会址,其发展实力在全国县域经济综合竞争力100强第29位。安吉县发挥"两山"理论新思想发源地优势,创建"两山"国家教育基地、"两山"银行、"两山"研究院等城市特色品牌。

3. 探索出一条县域城市国际化发展之路

纵观浙江县域城市国际化发展轨迹,从小城镇到城市化再到新型城市化直到现在的国际化、城乡一体化,既是我国城镇化过程,更带有浓郁的浙江地方特色和创新之路。一是注重发挥市场的决定性作用。政府主动进行五轮强县扩权改革,使一批县级城市的人口规模不断扩大,城市空间范围不断拓展,城市功能不断提升,有些甚至已成长为人口超百万的大城市。二是主动"走出去"在开放中谋发展。"十三五"期间,浙江实际境外直接投资备案额则分别为1172亿元(约176.5亿美元)、631亿元(约95.6亿美元)、1262亿元(约191.2亿美元)、830.8亿元(约121亿美元)、720亿元(约111亿美元),年均139.1亿美元,居全国首位。三是充分彰显自然人文底色。浙江已累计建成国家级生态县19个,国家级生态示范区45个。四是创建、自治、法治、德治、智治"四治融合"城乡村治理机制。发源诸暨的"枫桥经验"被写入党的十九届四中全会《决定》,成为推进国家治理体系和治理能力现代化的有机组成部分。政府数字化"最多跑一次"放管服改革、"城市大脑"智慧城市治理等经验推广全国。

然而,在区域经济向城市经济升级的新时期,浙江县域城市发展的体制机制优势和产业引领势头逐渐削减,集中体现在集聚发展要素能力弱,吸引国企和外企进驻不够,辐射带动区域发展能力不强。作为长三角金南翼,浙江县域城市国际化发展滞后于北翼江苏的昆山等,主要发展指标明显偏低。一是进一步提升国际化发展面临的资源与环境双重约束不断叠加。近年来，浙江县域经济的劳动力成本优势正不断下降，在生态文明引领下产业发展面临更加严格的环境规制标准，综合竞争力难以再提升。2020年全国百强县前十排名中，江苏占6席，且长期居前5名；浙江仅有2席，仅排在第七、第九。二是具有国际性创新引领与平台驱动功能不强，缺少国家级发展新区。浙江县域城市发展以传统产业为主，以劳动密集性产业、机电产品、服饰为主要产品形态，原始创新不足。承接国家发展战略少，产业发展平台不强。218家国家级经开区中，江苏有26个，有4个进入综合发展水平排名前10名，有8个进入综合发展水平排名前30名；浙江有21个国家级经开区，仅有1个进入综合发展水平排名前10名，仅有2个进入综合发展水平排名前30名。169个国家级高新区中，江苏有18个，浙江国家级仅有8个。目前，浙江尚未有国家级新区。三是城市国际形象与品牌传播缺乏，国际竞争力不够。浙江县域城市崛起于农村工业化、乡镇企业形成的以板块经济为主要特色，城市化发展滞后于工业化进程，城市建设落后，城市形象与品牌传播氛围不浓，城市的软实力较弱。

三 提升浙江县域城市国际化的政策建议

浙江县域城市发展，迫切需要顺应我国区域发展进入中心城市引领都市区、城市群发展的新趋势要求，全面提升城市国际化水平。通过采用国际通行的制度、标准、语言等，建设现代化城市，提升居民获得感和国际认可度；通过做精做强优势和特色，讲好城市故事，向外输出建设和治理模式，吸引国际要素积聚加快城市发展。

1. 试点改革，推进县域城市向区域中心城市的蝶变升级

要尽快研究并出台加强县域城市发展的指导意见和行动计划，实施城乡统一的行政空间规划调整，提升县域城市统筹周边资源的发展能级和综合竞争力，适时推进一批如义乌市、慈溪市、诸暨市和乐清县等经济强县，一批如青田县、德清县、安吉县等国际化水平较高的特色县，升级为区域中心城市，为全省新型城镇化改革探索经验。

2. 数字赋能，全力培育城市国际领先的产业群

围绕战略性新兴产业，发挥县域城市比较优势，努力培育千亿级、

万亿级新制造业产业集群，构建具有国际重要影响力的智能制造集聚区、国家对外开放国际产能合作引领区。以建设国家科技创新基地"预备队"为目标，加快取得一批原创性、标志性、引领性成果，支撑引领具有国际竞争力的创新型产业集群发展。支持县域城市建设一批高水平研究性大学，实现"县县有名校"。

3. 平台提升，创建高能级国家开放发展平台

高水平建设杭州数字丝绸之路经济合作示范区、乌镇世界互联网创新示范区、联合国大数据全球平台中国区域中心、德清联合国地理信息知识和创新中心等国际化平台。构建海外浙商服务网络，积极推进中国（温州）华商华侨综合发展先行区建设。谋划布局国家重大战略发展平台，创建钱塘区国家级新区，抢占区域竞争"制高点"。

4. 特色彰显，加强城市形象与品牌国际传播

凝练更能直接体现县域城市符号的城市特色和城市品牌，塑造特色鲜明的城市国际形象和个性品牌。赋予义乌国际商贸城、乌镇世界互联网大会、德清联合国地理信息知识和创新中心、慈溪制造、诸暨珍珠、东阳家私、海宁皮草、丽水山耕、金华火腿等新时代内涵，打造世界地域品牌。加强多层次多领域国际人文交流，拓展友诚合作的领域和层次，建立一批高能级国际友城。对接国际重大赛事会议会展，持续不断地形成"大事件"发生地。

5. 品质提升，增强国际化服务能力

实施"城市大脑"建设提升工程，完善城市数字管理平台和感知系统。推进国际社区建设，完善国际学校、国际医院等配套公共服务。以未来社区建设为抓手提升城市宜居水平，创建未来社区美好家园示范点。培育建设"未来城市"实践区，实施标识标牌国际化改造，加强城市国际化风貌容貌管理。打造"浙派园林"品牌、宜居亮丽大公园城市。

6. 开放大气，创建县域城市国际一流营商环境

依据县域城市发展特点和规律，创建浙江县域城市营商环境国际化评价体系，开展第三方评估，全面提升县域国际一流营商环境，争创一批国家县域城市营商环境示范。

7. 氛围营造，形成全省重视县域城市国际化的共识

鼓励各地出台加快实施城市国际化发展的实施意见，制订行动计划。根据各地特色和优势，重视文化传承与创新，创设系列国际化活动，常态化举办国际赛事、会展等大事件。举办高层级的浙江县域城市国际化论坛，研究并发布浙江县域城市国际化发展指数，发布浙江县域城市国际化发展报告。

第七章　城乡统筹发展带动共同富裕

第一节　如何以高质量发展促浙江共同富裕

一　正确理解共同富裕

我们已经全面建成小康社会,在这个基础上,要继续把做大蛋糕和分好蛋糕两件事情办好,大力推动高质量发展,普遍提高城乡居民收入水平,逐步缩小分配差距,坚决防止两极分化。

共同富裕美好社会是社会结构更优化、体制机制更完善的社会形态,是一场以缩小地区差距、城乡差距、收入差距为标志的社会变革。具体来说,共同富裕是全体人民的富裕,不是少数人的富裕;是人民群众物质生活和精神生活双富裕,不是仅仅物质上富裕而精神上空虚;是仍然存在一定差距的共同富裕,不是整齐划一的平均主义同等富裕。实现共同富裕的根本途径是共同奋斗。要鼓励勤劳致富、创新致富,鼓励辛勤劳动、合法经营、敢于创业的致富带头人,允许一部分人先富起来,先富带后富、帮后富,不搞"杀富济贫"。

要坚持在发展中保障和改善民生,为人民提高受教育程度、增强发展能力,创造更加普惠、公平的条件,畅通社会向上流动的通道,给更多人创造致富的机会。要扎实推进基本公共服务均等化,坚持尽力而为、量力而行,防止落入福利主义的陷阱。

要构建初次分配、再分配、三次分配协调配套的基础性制度安排，加大税收、社保、转移支付等等调节的力度，扩大中等收入群体，形成中间大、两头小的橄榄形分配结构。第三次分配是在自愿基础上的，不是强制的，国家税收政策要给予适当激励，通过慈善捐赠等方式，起到改善分配结构的补充作用。

二 浙江高质量发展建设共同富裕示范区的目标

坚持以满足人民日益增长的美好生活需要为根本目的，以改革创新为根本动力，以解决地区差距、城乡差距、收入差距问题为主攻方向，更加注重向农村、基层、相对欠发达地区倾斜，向困难群众倾斜，在高质量发展中扎实推动共同富裕，加快突破发展不平衡不充分问题，率先在推动共同富裕方面实现理论创新、实践创新、制度创新、文化创新。

具体发展目标可以概括为"4个率先、3个彰显、7个省域范例"。即率先基本建立推动共同富裕的体制机制和政策框架，努力成为共同富裕改革探索的省域范例；率先基本形成更富活力创新力竞争力的高质量发展模式，努力成为经济高质量发展的省域范例；率先基本形成以中等收入群体为主体的橄榄形社会结构，努力成为地区、城乡和收入差距持续缩小的省域范例；率先基本实现人的全生命周期公共服务优质共享，努力成为共建共享品质生活的省域范例；人文之美更加彰显，努力成为精神普遍富足的省域范例；生态之美更加彰显，努力成为全域美丽大花园建设的省域范例；和谐之美更加彰显，努力成为社会和睦团结向上的省域范例。

三 浙江建设共同富裕示范区的优势

浙江作为一个建设高质量共同富裕示范区的决定，背后有几方面原因。国家支持浙江省探索这条道路，首先表明浙江省经济社会发展已经到了探索追求共同富裕发展的阶段，让浙江先进行探索走出一条路，对于以后实现全国的共同富裕和发展非常重要。

浙江可以成为共同富裕示范区，最主要原因是浙江省积极扩大中等收入群体的规模，在这方面走在全国前列。过去20年，浙江区域差距处于一个不断缩小的趋势，这背后有改革基因，也有发展因素。"十三五"

期间,该省经济总量跃上6万亿元台阶,年均增长6.5%,是经济最发达的省份之一;11市人均可支配收入最高与最低市倍差降至1.64,是全国区域差距最小的省份之一。

同时,浙江民营经济发达,持续释放巨大的经济活力。来自浙江省统计局的数据显示,2020年,民营经济增加值42800亿元(初步预计数),占GDP的66.3%,2/3经济体量的民营企业贡献了60%的固定资产投资、74%的税收收入、82%的外贸出口和88%的就业岗位,对经济社会各个领域做出了越来越多的贡献。

四 浙江建设共同富裕示范区的着力点

强调共同富裕跟当前的经济社会发展形势关系密切。中国现在的人均GDP已经达到1万美元以上,标志着我国进入了世界中等收入国家行列。但我国社会的主要矛盾是人民日益增长的美好生活需要和不平衡不充分的发展之间的矛盾。我国家庭收入在10万—50万的人口已有4亿,超过美国的总人口,但在真正实现中等富裕的国家中,中产阶级群体应该占2/3,我们连1/3都不到。这意味着我国还有较大规模群体的收入是低于中等收入的水平。

我国刚刚打赢了脱贫攻坚战,解决了绝对贫困的问题,但脱贫的群体离共同富裕、中等收入的水平还差很多。我们总体上已经建成全面小康社会,但还存在一些短板。一是收入问题,有不少规模的人群收入水平很低,主要在农村;二是我国还没有形成城乡一体的高水平公共保障体系。另外,我国还要避免陷入中等收入陷阱,警惕拉美化。

共同富裕的基本思路在于经济社会持续发展,做大国民生产总值这个"大蛋糕"。同时在"切蛋糕"时要重点解决发展不平衡不充分的矛盾,着力缩小城乡差距、区域差距、阶层收入差距。另外,要做到全域的公共服务均等化并不断提高公共保障的水平。

浙江共同富裕要抓住两大重点:第一个是重点对象,主要瞄准农村居民中的低收入群体;城市居民中的低收入群体,还有外来农民工群体。第二个是重点内容,重点解决收入分配、公共保障、居住环境以及文化生活等方面的共同富裕问题。

共同富裕在浙江要体现三个优先：一是浙江省 26 个加快发展县的优先发展；二是农业农村优先发展；三是低收入群体优先发展。三者既有差异性，又有交互性。

五　全面推进乡村振兴，带动乡村共同富裕

农村既是我们实现共同富裕的短板，也是着力点。

首先，要以县城为重要载体推进共同富裕。通过城乡融合的县域经济城市化发展，并且带动乡村共同富裕，这是最好的抓手。

其次，乡村振兴一定要重视对小农的带动。很多的农民收入水平很低，刚刚脱贫，能力也不强，要通过数字化、品牌化、组织化、产业化，推动小农融入乡村振兴，与乡村发展融为一体。

再次，乡村振兴要重视乡村建设的合理布局。公共服务与基础设施项目既要以公平性为基础，也要讲究空间布局的效率，乡村人口的适度集聚还是需要推进的，这样才能更好解决共同富裕过程中乡村公共服务与基础设施不平衡不充分问题。

最后，要通过"两山"理念深化践行带动农民增收。山区还是要坚持"绿色发展、生态富民、科学跨越"的思路，切实把资源生态优势转化为经济社会发展优势，并且在转化过程中让广大农民和低收入群体能够致富，能够使他们的收入达到中等收入水平。

第二节　全面擘画浙江高水平推进乡村振兴新蓝图

2020 年中央农村工作会议，习近平总书记深刻阐释了全面推进乡村振兴、加快农业农村现代化的重大意义、指导思想和总体要求，强调坚持把解决好"三农"问题作为全党工作重中之重，举全党全社会之力推动乡村振兴，促进农业高质高效、乡村宜居宜业、农民富裕富足。这为做好新时代"三农"工作擘画了行动纲领、提供了根本遵循。

浙江是中国革命红船起航地、改革开放先行地、习近平新时代中国特色社会主义思想重要萌发地。2003 年以来，全省坚决贯彻"八八战略"，持续深化"千万工程"建设，扎实推进"三农"改革发展。2018

年浙江"千万工程"荣获联合国地球卫士奖。2020年全省农村居民人均可支配收入31930元，连续36年居全国省区首位；城乡居民收入比1.96∶1，首次降至"2"以内，为全国省区最小。浙江成为全国农业现代化进程最快、农村环境最美、农民收入最高、城乡融合最好、改革创新最活的省份之一，交出了高水平全面建成小康社会的优秀答卷，为高水平全面推进乡村振兴夯实了基础。

进入全面推进乡村振兴新时代，全省要进一步增强前列意识和机遇意识，对照建设"重要窗口"的新目标新定位、对标争创农业农村现代化先行省的高标准高水平，把握贯彻新发展理念、构建新发展格局的新战略，牢固树立农业农村优先发展政策导向，实施农业农村现代化建设行动，高水平全面推进乡村振兴，努力使浙江成为中国全面推进乡村振兴的好样板。

一 拓展"双循环"乡村新空间，架构"协调协同"乡村发展新格局

努力把握"发展不平衡不充分问题率先突破"的要求，坚定不移走以人为核心的新型城镇化道路，推动形成工农互促、城乡互补、协调发展、共同繁荣的新型工农城乡关系。全面树立城乡等值理念，以城乡融合发展为指向，实施农业农村现代化建设行动，率先畅通"内循环"，拓展"外循环"，把全省农村作为一个大景区、大花园来统筹布局、整体推进，积极打造"区域协调、城乡协同、全域秀美、三生融合、镇村联动"的乡村发展总体格局。

一是塑造新型城乡关系，推进城乡融合发展。要从我省发展最大的不平衡仍然是城乡发展不平衡的实际出发，强化以工补农、以城带乡，在"大湾区大花园大通道大都市区"框架下，积极推动城乡布局"多规融合"，建立统一的城乡空间规划管理信息系统，统筹谋划城乡产业发展、基础设施、公共服务、生态环境等主要布局。坚定不移地推进城乡要素市场化配置的改革，改变资源要素单向向城市流动的趋向，挖掘乡村多元要素价值，扎实推进"两进两回"行动计划，推动各类要素"上山下乡"。

二是统筹区域发展格局，推进区域协调发展。要从山区仍然是我省

发展最不充分的区域的实际出发，进一步推进淳安等 26 个山区县加快发展，全面增强山区内生发展动能，推动 26 县全面接轨"四大建设"战略、有效纳入杭甬温"1 小时经济圈"和深度融入长三角一体化战略。深化和创新"山海协作"工程的长效互动机制建设，探索和推广基于 GEP 核算的生态产品市场化交易机制，着力提升山区绿色发展水平。

三是优化乡村空间布局，推进乡村协同振兴。要从乡村空间分离、要素分散、功能分割的突出短板出发，总结推广"淳安大下姜""长兴八都岕""安吉田园鲁家""柯桥花香漓渚"等依托若干个村协同组团做法，高水平打造一批乡村振兴联合体，推进乡村集群振兴，推动乡村平台共建、资源共享、产业共兴、品牌共塑。全面整合优化乡村产业结构、产业链和产业网络，充分挖掘"山水林田湖草湿"生命共同体的生态价值，促进乡村产业集聚发展。

二 深化供给侧结构性改革，构建"高质高效"农业发展新方式

坚持把解决好吃饭问题作为现代农业发展的首要任务，建立健全粮食和生猪生产保障机制，深入推进农业绿色化、品质化、科技化、机械化、数字化、品牌化发展，优化调整农业主导产业结构和专业化生产布局，大力推进数字农业和数字乡村建设，培育品牌农业发展，培育提升新型农业主体，促进小农户与现代农业的有机衔接，高水平建设高效生态现代农业，打造农业供给侧结构性改革的浙江样本。

一是强化粮食安全政治责任，健全粮食安全保障体系。浙江是全国第二大粮食主销区，粮食产需缺口量 1756.8 万吨，居全国第三。在国家总体粮食安全战略的统领下，全面落实粮食安全地方党政同责，稳定压实 1500 万亩粮食播种面积，深入落实藏粮于地、藏粮于技战略，坚持一手抓省内粮食生产，一手抓省外粮源调入，从粮食生产、流通、储备、加工、调控、监管等各个方面采取强农惠农扶粮政策措施，全面建立粮源充裕、物流通畅、应急高效、储粮生态、监管智慧的粮食安全应急保障体系。

二是加快发展现代种业，强化农业科技创新驱动。习近平总书记提出"要下决心把民族种业搞上去"。浙江要以建设种业强省为目标，开展

种业"卡脖子"技术协同攻关，构建完善政府主导、企业主体、科技支撑、市场运作的"政产学研结合、育繁推一体化"现代种业产业化体系。聚焦现代农业生物技术、绿色智慧高效农业生产技术、农产品质量安全与生命健康三大主攻方向，打造一批高能级农业科技创新平台，加快形成一批突破性、示范性、引领性重大科技创新成果。

三是实行最严格的耕地保护，推进农用地质量提升。厚植农业高质高效发展根基，严守耕地数量质量红线，坚决遏制耕地"非农化""非粮化"趋势，严格保障粮食生产功能区种粮属性。高标准实施"万千生态造地"示范工程，集中力量打造一批集中连片的高标准农田，确保到2025年建成2290万亩高标准农田。强化农田土壤污染防治与修复，加快推进土壤污染综合防治试点建设，深化推进全域土地综合整治和生态修复工程。

三　大力发展美丽经济业态，培育"融合融通"乡村产业新体系

顺应新时代人民对新型消费需求的追求的目标导向，加快发展乡村产业，顺应产业发展规律，立足当地特色资源，推动乡村产业发展壮大，优化产业布局，完善利益联结机制，让农民更多分享产业增值收益。做好供给侧、供应链两篇文章，培育乡村新兴产业，传承传统经典产业，加快构建起支撑乡村全面振兴的乡村产业新体系。

一是培育发展乡村新产业新业态。培育壮大十大乡村主导产业，实施乡村产业"十业万亿"培育工程，加快"现代农业+"建设，培育千亿级的农业全产业链经济、粮食产业经济、美丽农业经济、农机装备经济、数字农业经济、智慧农业经济、农业服务经济，大力实施乡村产业升级行动和农业品牌化战略，发展以区域公共品牌为核心的品牌农业。

二是完善农村第一、第二、第三产业融合体系。培育发展把乡愁物化、活化、产品化、礼品化、产业化的"乡愁产业"，持续开展农家小吃培育行动和"诗画浙江·百县千碗"工程。大力推进历史经典产业、农产品精深加工、乡村休闲旅游、康体养生、电子商务、农家乐民宿创意化、特质化发展。深入实施农业"12188"工程，以农业园区化为载体，建设彰显集约效应的块状农业。

三是培育壮大乡村产业经营服务队伍。围绕新型消费需求和价值增长点,实施十万名农创客培育计划,打造一批乡村产业领军型经营企业。大力培育农村经纪人队伍,积极发展乡村综合社会化服务公司,打造一批农产品电商、信息咨询、环境保护等方面的咨询服务队伍,促进乡村小生产经营者与大市场的有机衔接。深入实施"两进两回"行动,引导返乡农民工、工商业主、高校毕业生、退役军人、科技人员、新乡贤等到乡村创新创业。

四 实施未来乡村建设行动,塑造"宜居宜业"美丽乡村新价值

顺应城乡居民对生态美丽的人居环境的新追求,把优良的生态人居环境作为最普惠的民生福祉来建设。坚持"两山"发展理念,全域创建新时代美丽乡村,实施未来乡村建设行动,围绕大花园建设,打造全域宜游、生态宜居的新时代美丽乡村升级版"富春山居图",努力彰显美丽乡村的浙江气质,让良好生态成为乡村振兴的重要支撑,为中国美丽乡村建设提供浙江范本。

一是全面打造未来乡村创新场景。全面实施美丽乡村升级行动和大花园建设行动,立足乡村版未来社区打造,构建未来邻里、教育、健康、创业、建筑、交通、低碳、服务、治理等九大场景,推进未来乡村九大内容建设:一村一品的产业支撑、生态美丽的人居环境、和睦友爱的邻里关系、完善便捷的基础设施、城乡均等的公共服务、民主善治的社会治理、数字赋能的智慧社区、崇学向善的人文精神、党建引领的组织保障。

二是全域优化村庄人居生态布局。高水平开展农村人居环境提升行动,高质量推进新时代"千万工程"升级版,构建生产生活生态融合、人与自然和谐共生、自然人文特色彰显的美丽宜居乡村新格局。加强村庄风貌引导和农房风貌塑造,推进村庄规划、村庄设计和农房设计,确保农房有特色、有品质、有风貌,健全完善农村人居环境设施建设长效运维管护机制,全面提升村庄美丽人居和绿化美化水平,着力打造具有国际范、江南韵、乡愁味、时尚风、活力劲的"浙派"风格和气质的生态宜居新乡村。

三是全速提档升级乡村基础设施。高水平实施乡村建设行动，继续把公共基础设施建设的重点放在农村，推进美丽城镇建设，加强中心镇培育、小城市培育试点和特色小镇建设。高水平推进"四好农村路"建设，加快万里美丽经济交通走廊建设，高水平实施数字乡村战略。大力开展美丽河湖建设，完善落实河长制、湖长制、滩长制、湾长制。全面提升村级电子商务、物流快递、公共服务点、客运站点等服务设施，打通工业品下乡和农产品进城"双通道"。

五 实施农村文明建设行动，营造"淳厚淳美"乡村人文新氛围

科学把握"既要塑形，也要铸魂"的乡村振兴内在要求，坚持"两手抓、两手都要硬"，实施农村文明建设行动，全面加强社会主义精神文明建设和生态文明建设，全面繁荣农村文化，激发乡村文化活力，培育文明乡风、良好家风、淳朴民风，提振农民精气神，更好构筑浙江精神、浙江气质、浙江价值，努力建设文化为魂、乡风文明的人文乡村。

一是开展乡风文明培育行动。加强农村思想道德建设，深化扩面文明村镇创建，推进农村文明家庭、最美家庭、绿色家庭、书香家庭、健康家庭等建设。推广村规民约、乡风评议、村民议事等载体，推行乡风文明指数测评体系。加快农村诚信体系建设，打造农村诚信文化。弘扬和践行社会主义核心价值观，推进农村移风易俗，推动形成文明乡风、良好家风、淳朴民风。

二是全面繁荣发展农村文化。加强乡村网络文化建设，优化乡村网络生态，实施乡村网络文化惠民工程。巩固提升"千镇万村种文化"活动品牌，深化拓展"双万结对、共建文明"活动。加强农业文化遗产、乡愁记忆、传统技艺等传承发展，打造一批农事文化节庆品牌。加大农村优质文化产品供给，支持农村题材影视、戏曲、歌曲、舞台剧、短视频、动漫作品等创作，大力建设乡村文化市场，培育农业农村文化产业。

三是加强农村文化载体建设。以推进公共文化服务和长效机制建设为重点，全域深化文明实践中心建设，深化提升农村文化礼堂建设。建设农业农村文化发展示范基地，强化乡镇数字影院建设，推进农村公共

图书馆、文化馆的数字化升级。持续加强历史文化（传统）村落保护利用，重点保护好文物古迹、传统村落、民族村寨、传统建筑、农业遗迹、古树名木等乡村文化遗产和农耕文明。

六　创新改进乡村治理方式，提升"善政善治"乡村治理新效能

立足于打造乡村善治的浙江品牌，创新乡村治理方式，加强和改进乡村治理，加快构建党组织领导的乡村治理体系，深入推进平安乡村建设，提高乡村善治水平。以坚持和发展"枫桥经验"为抓手，以共建共治共享为格局，充分发挥自治、法治、德治、智治、贤治"五治"作用，加快推进乡村治理现代化，打造五治融合、治理有效的善治乡村。

一是全面加强农村党组织建设。着力提升基层党组织组织力，建立健全村社换届"一肩挑"后村级组织的工作规范和监督制度，深入开展"百县争创、千乡晋位、万村过硬"工程，深化基层党建"整乡推进、整县提升"工作，高标准落实农村基层党建"二十条"，全面实施基层党组织"堡垒指数"管理和底线管理，大力推动全省基层党建全面进步、全面过硬。

二是建立"五治结合"治理体系。深入实施万村善治示范工程，要充分发挥乡贤在乡村治理中的有效作用，进一步突出自治基础，加强法治保障，强化德治调节，提升智治效能，推广乡村善治指数，坚持和发展新时代"枫桥经验""后陈经验"，推广象山"村民说事"制度、东阳"花园经验"、余姚谢家路村"小板凳精神"、常山同弓乡"贤治为媒"、安吉高禹村"五个所有"制度，打造全国乡村治理现代化先行区。

三是推动乡村治理数字化转型。大力推进数字乡村建设，打造"平台+智能"乡村治理模式，以智治引领"最多跑一次"改革在农村纵深推进，加强信息化与乡村治理深度融合，实行"乡村治理+互联网"，完善基层便民服务体系，在村庄普遍建立网上服务站点，大力推行网上办、掌上办，推广龙游"村情通+全民网格"基层智慧治理模式，通过信息收集发布、网络在线服务、掌上电子办公、线上即时沟通、后台推送流转，实现村级事务信息动态交互式管理。

七 确立消费型乡村新定位，构筑"富裕富足"农民生活新品质

顺应消费需求多样化和城乡融合发展的新趋势以及"内循环"为主体新发展格局和保居民就业作为"六保"之首新背景，确立消费型乡村建设新定位，大力推进乡村旅游业发展，以增进民生福祉为核心，千方百计增加农民收入，着力解决相对贫困，巩固拓展脱贫攻坚成果同乡村振兴有效衔接，全面创造农民群众美好生活，建设获得感、幸福感、安全感强的幸福乡村。

一是全面实施"消费进乡村"行动。推进"科技、资金、消费"三进乡村，大力发展美丽经济、乡村产业、乡村旅游等新消费业态，优化农村消费服务供给与配套，引导城市消费进乡村，充分利用城乡融合发展的新机遇，积极支持和引导城市消费到农村，城市年轻人、儿童到乡村研学、休闲、娱乐、度假，积极鼓励城市老年人到美丽乡村养生养老，推动农村消费转型升级和提质扩容。

二是扎实推进农民生活品质新提升。把发展乡村产业与提高农民收入、壮大村级集体经济有机结合，努力提高村庄经营水平，积极探索"富民强村"新路径。拓宽农民增收渠道，充分发挥"乡土、乡贤、乡愁、乡创"在促进乡村产业振兴和增加农民收入中的重要作用。加快释放改革红利、政策红利，深化农村改革推动权能变现，有效激活农民资源资产，不断加大强农惠农富农政策力度。提升农村教育、医疗、养老、保障、救助等公共服务质量水平，促进城乡公共服务同质同标和资源均衡配置。

三是做好脱贫攻坚同乡村振兴有效衔接。实施低收入农户基本同步现代化行动计划，进一步巩固"两不愁三保障"成果，建立新时期解决相对贫困长效机制。聚焦减缓相对贫困和巩固提升"消薄"成果，提高低收入农户发展能力，打好打赢低收入百姓增收攻坚战，推进新一轮扶贫结对帮扶。打造山海协作工程升级版。探索 26 县绿色 GDP 发展和"两山"转化路径，加强浙西南山区与东部沿海地区的交流与合作，推动建立紧密型合作机制。

八 激发农村资源要素活力，谋划"集聚集成"农村改革新路径

坚持"改革破题"方针，以完善产权制度和要素配置市场化为重点，以推进农村重点领域和关键环节改革为切入点，按照改革的群众路线，尊重基层和群众创造精神，加快"三农"改革综合集成、迭代升级，形成集聚、联动、融合、闭环的改革矩阵，全面激发农村资源要素活力，让农村的人、农村的山、农村的田、农村的水、农民的房都能够活起来，努力交出农村改革高分报表，为全国新一轮农村改革集成提供浙江样本。

一是深化"三位一体"合作改革。构建以合作社联社为载体的农业专业性服务体系与以农合联为载体的通用性服务体系相结合的现代农业服务体系，集农资供应、庄稼医生、技术指导于一体的农资服务体系，集消费品零售、公共服务代理、相关服务代办于一体的生活服务体系，集农药化肥包装物回收、农村垃圾分类处置、有机肥和环保装备制造于一体的环境服务体系。

二是深化村级集体经济改革。建立与市场经济有机融合的农村集体经济发展体系，以"村级集体经济巩固提升三年行动"为切入点，协同推进村庄市场化经营机制、"飞地抱团"机制、山海协作机制、村企结对帮扶机制、资源资产开发盘活机制、生态补偿机制、碳汇交易机制、GEP核算制度、生态产品价值实现机制等改革。

三是推进农业农村集成改革。立足浙江省新时代美丽乡村集成改革试点市、县（市、区）和省级农村综合改革集成建设试点县（市、区），围绕农村"三权分置"土地制度、"两进两回"制度、集体产权制度、投入保障制度等改革，通过改革集成与综合，破解改革条块分割、碎片化、不协调、不配套等问题，打造一批改革特色鲜明、要素配置合理、活力竞相迸发、城乡高度融合的样板。

九 强化县域综合服务能力，打造"重农重本"全域营农新环境

基于农业弱质性、农民弱势性，以及农业还带有社会公共属性，不同于一般的营商环境，从优先发展农业农村、"三农"重中之重和习总书记强调的"务农重本"角度，有必要提出打造"营农环境"的概念，"营农环境"是让农民成为体面职业的现实诉求，是让农业成为有奔头产

业的客观关切，是实施"两进两回"行动的前提条件，是高水平推进乡村振兴的重要支撑。要全面强化党对"三农"工作的领导，全力打造乡村振兴基层坚强战斗堡垒，牢固树立农业农村优先发展总方针。

一是落实农业农村优先发展政策导向。强化农村基层党组织领导作用，强化五级书记抓乡村振兴的制度保障，抓紧出台培养懂农业、爱农村、爱农民"三农"工作队伍的政策意见。全面优化对农村重点领域和薄弱环节的制度供给与政策支持力度，落实土地出让收益用于农业农村比例达到50%以上，尽快建立乡村振兴推进工作的科学指标体系、完备工作体系、协同政策体系、精准评价体系。

二是强化县域乡村振兴综合服务能力。郡县治、天下安，县一级是管理和发展农村最主要的一个行政层级，也是统筹城乡发展的主阵地，乡村振兴战略的主战场。要把县域作为城乡融合发展的重要切入点，以"最多跑一次"改革、投融资体制改革和"两山"转化机制为突破口，赋予县级更多资源整合使用的自主权，强化县域推进乡村振兴综合服务能力。

三是谋划打造"营农环境"行动计划。围绕农业农村优先发展总方针，在全国率先打造一个全省域"营农环境"的浙江样板和示范窗口，全面彰显"三农"重中之重、压舱石和战略后院的地位。从优化制度设计，打造"营农"政策环境；提升服务质量，打造"营农"政务环境；坚持文明执法，打造"营农"法治环境；完善信用体系，打造"营农"市场环境；转变工作作风，打造"营农"服务环境等方面出台有关实施意见和制度安排。

第八章 城市国际化赋能共同富裕

第一节 打造"一带一路"丝绸文化交流浙江枢纽

蚕丝绸文化作为"一带一路"建设中文化交流的重要使者,具有促进民心相通的先行作用,浙江在这方面有独特综合优势,尤其是在国家级蚕丝绸文化交流枢纽建设中具有不可替代的地位和作用,应予高度重视并加快建设,还提出了相关对策建议。

一 建设"一带一路"蚕丝绸文化交流枢纽我省具有不可替代优势

(一)历来是"丝绸之府"也是古丝绸之路物理上的"丝路之源"

浙江考古发现余姚河姆渡6000年前的蚕形虫文象牙盅、湖州钱山漾4000余年前的残绢片,事实证明了浙江于中国,不仅是蚕桑之祖,更是丝绸之源。中国最早的规模化丝绸产区形成于5000年前良渚文化期,浙江丝绸文化、产业在中国丝绸的文明史中均具有不可替代的历史地位。蚕业而言,中国是"桑蚕王国",浙江则是中国蚕桑的主要发祥地,19世纪就已经成为我国的主要蚕区,在我国近代蚕业中有着举足轻重的地位;丝绸而言,一直作为全国丝绸业的重点,有"丝绸之府"的杭州,有"世界丝绸之源"的湖州,还有"中国丝高地"的嵊州。在长期生产中,浙江人民积累了丰富的栽桑、养蚕、缫丝、织绸经验。明清以来浙江丝绸一直在全国独占鳌头，一直是中国丝绸的重点产区和出口基地。湖州的"辑里丝"不仅成为皇家指定的御用品，且享誉海外。湖州钱山漾遗址出土4750年前的绢片是世界上迄今发现的最早的家蚕丝织品，从当地考古发掘出来的绢片、丝带、丝线考证，堪称真正的"世界丝绸之源"，古丝绸之路物理上的"丝路之源"。

（二）曾是东北亚"海上丝之路"的重要丝绸货源地

据史书记载，中国的"田蚕织作"早在公元前12世纪就传到了朝鲜，2世纪末或3世纪初，又经过朝鲜传到日本。浙江作为我国养蚕丝最早的地区之一，在蚕桑纺织技艺传播上也做出了贡献。丝绸贸易方面，唐安史之乱后以浙江为中心的江南道成为全国丝绸生产的中心，丝绸生产和丝绸贸易鼎盛，丝绸文化繁荣；唐宋时期丝绸业迅速发展，从唐代起大量的丝绸由浙江沿海明州等港口输向东北亚的朝鲜半岛、东亚的日本列岛以及东南亚诸国。出产的丝绸直接从海上运往日本，丝织品已开始由礼物转为正式的商品，日本正仓院作为贮藏官府文物的场所，保存了不少中国唐代丝织品。

（三）目前蚕丝绸产业在全国居引领地位，有"中国丝绸看浙江"之誉

浙江无论是产业生产、出口规模、品种、品质、品牌、技艺创新力均在全国居引领地位。一是浙江丝绸特点是产品品种齐全，花样繁多、品质上乘。全省生丝产量、绸缎产量和出口量，均列居全国首位。丝织品更是丰富多彩，浙江常年织造的品种有300多种，花样上万个。二是生产出口规模占全国比重最高。浙江省的蚕桑丝绸相关企业数量最多，约8600家，占全国的23.24%；江苏省相关企业数量次之，约为6800家，占全国的18.28%。目前浙江是全国最大的丝绸生产和出口基地，产值约占全国的1/4，真丝绸缎、真丝服装、真丝领带分别占全国30%、40%和80%。浙江丝绸主产区地域特色也最为明显，形成了杭州丝绸女装、湖州高档丝绸面料、嘉兴丝绸针织和蚕丝被、嵊州真丝领带等特色明显的产业集群。三是丝绸产品品质上乘。2016年9月G20峰

会上，浙江丝绸元素的产品遍布会场；多款丝绸制品也作为"国礼"赠送给与会的外宾，向中外来宾展示着中华五千年的文化精髓。四是丝绸科技创新力领先。

（四）具有全国最好的蚕丝绸文化传承、发展和传播支撑体系

一是拥有丝绸产业发展和蚕丝绸文化交流的良好区位、物流、跨境电商、加工贸易条件。地处中国沿海地区和中国最发达的长三角地区，目前浙江蚕茧产量仅占全国6%，但真丝绸商品出口额占了全国的39%，足见已经拥有了较为完善的丝绸商品加工和出口基础，不依赖本省的蚕桑基础生产。凭借拥有世界货物吞吐量第一的宁波舟山港、义新欧中欧班列和全国跨境电商的核心区优势，获取国内生丝的运输和低成本优势，对外出口运输的基础完善，能够比其他国家更快更廉价地获取丝绸生产原料，有利于发展丝绸产业传播蚕丝绸文化。二是党委政府、企业、学术界等保护发展振兴蚕桑丝文化使命意识坚定而强烈。2015年省委、省政府提出发展十大历史经典产业，其中丝绸产业作为历史经典产业的重中之重。提出"传承发展丝绸产业是打造国家'一带一路'战略'文化基石'的需要、是打造浙江历史文化'金名片'的需要、是引领我省传统产业结构升级的需要"。出台实施《关于推进丝绸产业传承发展的指导意见》（浙政办发〔2015〕114号），明确"以传承保护和创新发展为主线，按照原料基地化、技术高新化、品牌国际化、人才梯队化、产业和文化一体化的要求，进一步巩固和提高我省丝绸产业在全国的领先地位，促进我省从国际丝绸产品制造中心向创意中心、时尚中心和质造中心转变"的目标和系列举措。三是已有一批高水平的国际丝绸文化交流平台。省会城市杭州已经多年研究发布中国丝绸流行趋势，连续举办了十五届中国国际丝绸博览会，举办了六届中国国际丝绸论坛，杭州已成为世界丝绸产业界的交流中心。目前还拥有国际丝绸联盟、中国丝绸博物馆、中国（杭州）国际丝绸博览会（长期固定举办地）等一批一流国际交流平台，还有一批为丝绸文化交流不懈努力在业界有影响力的丝绸人。四是形成了一批在国内外有影响力的专业市场、产业基地、特色街区、丝

绸小镇等载体。1987年11月创建的杭州中国丝绸城，产品辐射全国城乡，远销欧美及东南亚地区，先后荣获"中国行业一百强"等荣誉，是目前全国唯一的丝绸专业批发、零售市场，并被原国家国内贸易局列为重点联系批发市场。湖州丝绸小镇创建，正打造成为集产业发展、历史遗存、生态旅游为一体的复合型丝绸文化小镇。武林路时尚女装街、四季青服装特色街区等一批具有设计研发、品牌展示、电子商务、旅游观光和文化创意等功能的丝绸文化时尚产业园正在形成。

二 创建国家级"一带一路"丝绸文化交流枢纽的举措建议

（一）呼吁国家"一带一路"建设"十四五"发展规划中创设国家级"一带一路"丝绸文化交流基地项目

我国在全球149个国家（地区）已建立的530所孔子学院和海外建成的50个中国文化中心中，增加中外丝绸文化交流内容和活动项目，在国家级境外经贸合作园区、浙江省政府和地方境外商务中心增加中外丝绸文化交流内涵和活动项目规划内容，从而构筑起我国弘扬中国蚕丝绸文化的"一带一路"交流传播网络，加快构建中国丝绸文化话语体系。

（二）编制实施浙江"一带一路"丝绸文化交流基地建设规划

浙江要对标国家级要求，编制实施"一带一路"丝绸文化交流基地建设规划，打响"唐诗之路文化带""大运河文化带"之后"丝绸浙江"的国家"金名片"。将省内丝绸历史文化遗迹、丝绸博物馆、科研机构、市场和特色街区、"丝绸小镇"、产业基地、丝绸文化推介、品牌企业培育一体规划，统筹发展。在省内三大国际机场、国际会展中心设立展示浙江丝绸文化的文化空间，在浙江作为承办地的2022年亚运会等重要国际赛事、中国—中东欧国家博览会等重要展会中增加展示浙江丝绸文化的活动项目，建设成为真正展示中国丝绸发展和丝绸文化交流的标志"窗口"。

（三）建议国家、省市联合设立中国丝绸文化发展基金

与国家"一带一路"基金、中国文化产业投资基金加大合作，同时争取发行浙江中国丝绸文化彩票筹措资金。中国丝绸文化发展基金

应重点加大对蚕丝绸文化传承、发展和传播支撑体系建设投入，用于合理建设丝绸博物馆、收集丝绸文物、保护丝绸历史文化遗迹、丝绸工业遗产项目与非物质文化遗产项目申报国家工业遗产和世界遗产、保护丝绸老字号企业品牌、建立丝绸文化资源公共数据平台、举办中国国际丝绸博览会及丝绸企业与行业协会开展丝绸流行趋势发布、设计师大赛、品牌展览展示、丝绸论坛、丝绸文化宣传等活动和公共设施建设的补助。

（四）省级产业基金中建立丝绸文化产业发展基金

重点用于支持丝绸文化企业并购国际丝绸品牌、企业上市、吸引国际人才、参加国际丝绸时尚赛事、开展国际院校科研合作，吸引国际丝绸顶级品牌企业集聚等。建议采取政府资金+国际化产业基金合作模式，放大资金引导效应，助推丝绸文化品牌崛起。培育1—2家省市丝绸文化企业作为丝绸文化功能性平台企业。支持文化国资企业设立相应的丝绸文化创新发展基金。

（五）加快建设丝绸之路文化研究大平台

重点依托中国丝绸博物馆，联合浙江省高校和学术机构，聚集海内外专业人才和资源，深入挖掘、拓展丝绸文化和丝绸之路文化，多层次、多角度、跨学科地开展丝绸文化和丝绸之路文化研究，建设具有浙江标识度的文化平台。

第二节　浙江建设"一带一路"国际争端解决机构及机制

党的十九大提出，要以"一带一路"建设为重点，形成陆海内外联动、东西双向互济的开放格局。我省第十四次党代会提出要打造"一带一路"战略枢纽，努力成为"一带一路"建设"排头兵"，这是响应"一带一路"倡议，贯彻新发展理念，建设现代化经济体系，推动我国形成全面开放新格局的浙江担当和浙江追求。鉴于"一带一路"

建设中，我国与他国在经贸与投资方面的绝大部分争议目前主要由西方主导的争端解决机构处理，这非常不利于我国维护国家利益并掌握"一带一路"建设的话语权，为此建议我省在全面建设"一带一路"五大战略枢纽时，加快在杭州谋划设立"一带一路"国际争端解决机构，具体设想如下。

一 谋划设立国际争端解决机构的重大意义

（一）为国家在全球贸易和投资争端领域争取主动权和话语权

当前，解决国际经贸与投资争端主要依靠西方国家主导的国际组织，如1965年成立的国际投资争端解决中心、1995年成立的世界贸易组织以及常设仲裁法院、巴黎国际商会仲裁院和斯德哥尔摩商会仲裁院等，这些争端解决机构无一例外地遵循着西方文化与价值观，很大程度上带有排斥遏制中国发展的意图。随着"一带一路"建设的深入，为继续主导国际经贸投资相关方的争端解决，西方国家启动现有国际争端解决制度改革，如欧盟和加拿大于2016年邀请42个国家商议筹建多边投资法院，拟以国际法院机制运作，审理所有涉及外国投资者与东道国之间的争议，并旁及服务贸易。我国必须在多边投资法院成立之前先行设立"一带一路"争端解决组织，尽快将"一带一路"利益相关方的争端解决纳入我国主导的建设体系中。

（二）为浙江"一带一路"战略枢纽建设构筑辐射全球的软实力

省第十四次党代会确立了打造"一带一路"战略枢纽的战略目标，要求以"一带一路"统领全省新一轮对外开放，加快国际港航物流枢纽、国际贸易枢纽、国际产能合作枢纽、国际新金融服务枢纽、国际人文科教交流枢纽等建设，争当"一带一路"建设的排头兵。"一带一路"国际争端解决机构具有国际规则话语权，一旦落户浙江杭州，有利于公平高效地解决宁波—舟山港的海事纠纷、中国（浙江）自由贸易区的大宗商品和国际油品贸易纠纷、义乌国际商品贸易纠纷和杭州全球电子商务贸易纠纷等，为浙江民营经济"走出去"发展、引进国际高端资源和产能提供优越的国际法治环境，促进我省"五大战略枢纽"的形成和发展，推动我省成为名副其实的"一带一路"建设排头兵。

（三）为杭州建设"独具韵味、别样精彩"世界名城提供重大项目支持

把杭州建设成为"独具韵味、别样精彩"的世界名城是习近平总书记的殷切期望。2016年，杭州市委十一届十一次全会要求抢抓"前亚运、后峰会"历史性机遇，破除城市国际化的体制机制障碍，全面提升城市国际化水平，分三步走建成屹立于东方的世界名城；今年以来，杭州贯彻省委"一带一路"战略枢纽建设的战略部署，全面推进"拥江发展"，深入开展"一带一路"和城市国际化建设。当前，国际组织过少、国际化大项目缺乏，是杭州城市国际化发展的明显短板。在浙江杭州谋划成立"一带一路"国际争端解决机构，并以此为核心资源组建相关国际法律交流和教育培训平台，有利于杭州集聚国际高端资源、扩大国际影响力，有利于杭州加快建设世界名城的步伐，早日把杭州建设成为誉满全球的"创新活力之城""历史文化名城""东方品质之城"和"美丽中国"样本。

二 谋划设立国际争端解决机构的优势条件

（一）国际经贸与国际投资领域具备丰厚案源基础

中国（浙江）自贸区的建设将形成全球一流的大宗商品配置能力，舟山自由贸易港的谋划发展将全面推动大宗商品尤其是全球油品贸易自由化；浙江民营经济发展最为活跃，强大的民营经济顺应"一带一路"倡议，"走出去"发展已经成为热潮；义乌作为我国国际贸易综合改革试验区，对全球商品贸易具有极为重要的影响力；作为中国电子商务之都，杭州正借力电商新引擎，以建设eWTP杭州实验区为核心，重构世界电子贸易话语体系。浙江活跃的国际贸易和国际投资活动，已经或必将产生的量大面广的国际法律纠纷，为国际仲裁、国际调解等法律服务提供了丰厚的案源基础。

（二）智慧经济领域具有主导全球规则制定的强劲实力

WTO主要针对传统的国际投资和国际贸易，在管理数字经济和电商产业上，中国倡导的"一带一路"建设体系有弯道超车、主导国际话语权的重大机遇。杭州大力推动信息经济先发优势与"一带一路"建设深

度融合，把新型智慧城市模式向"一带一路"沿线城市输出，是我国"数字丝绸之路"建设的主力军团；以 eWTP 杭州实验区建设为先导、以产业联盟为基础，我省加快建设 eWTP 并争取 eWTP 总部落户杭州，成为创建国际电子贸易平台的核心力量。"数字丝绸之路"和 eWTP 建设逐步成为变革国际贸易和国际投资的趋势性力量，浙江尤其是杭州，具备引领全球智慧经济规则制定和纠纷解决的雄厚实力。

（三）具有厚植传统、接轨现代的优秀法律服务实践

国际法律争端案件涉案主体不属同一国家，其案件仲裁或调解审理模式广受成本高昂、费事费力的诟病。浙江"枫桥经验"是东方调解文化的杰出代表，彰显当事人意思自治的理念，在维护法律、遵守公德的前提下，有利于快速平息纷争、增进和谐，受到国际司法界的充分肯定和高度评价。杭州互联网法院作为全国第一家集中审理涉网案件的试点法院，运用现代互联网技术高效便捷地解决新型互联网纠纷，其"线上审理"模式成功通过了实践检验。把浙江"枫桥经验"推向国际，有利于树立"一带一路"建设中以和为贵的争端解决思想，把杭州互联网法院的远程案件审理模式运用于国际仲裁和调解，有利于大大降低国际法律纠纷的解决成本。

（四）建设国际法律争端机构具有丰富的国际化元素

2017 年以来，世界城市和地方政府联合组织亚太区"一带一路"地方合作委员会秘书处正式落地杭州，依托该机构可以有效推动"一带一路"国家和城市开展国际法律事务研讨与合作；全球可持续发展标准化城市联盟成立暨国际标准化会议在杭召开，"国际标准化会议基地"永久落户杭州，依托该机构可以持续开展"一带一路"国际贸易和国际投资领域的规则一体化建设；浙江大学引进国家千人计划学者王贵国教授，其牵头提出的《关于成立"一带一路"争端解决机构的建议》获习近平总书记和李克强总理等多位中央领导批示肯定，编写的《"一带一路"争端解决蓝皮书》获得国际法律界高度认可，为"一带一路"争端解决机构的成立奠定了坚实的制度基础。依托王贵国教授在国际仲裁和调解领

域的国际声望与号召力，有利于快速吸收全球国际法律争端解决的高端机构与人才。

三 谋划设立国际争端解决机构的具体建议

（一）关于机构性质和功能

政府支持、民间发起的方式成立国际法律争端解决机构，符合国际惯例，符合我国现阶段"一带一路"建设的现实要求，容易获得国际社会、我国政府与企业的认可。因此，建议浙江省政府、杭州市政府推动，争取国家层面支持，由浙江大学、阿里巴巴联合相关国际机构发起设立该组织，按专业性和国际化原则运作。

该机构设立仲裁中心和调解中心，主要负责"一带一路"国际贸易和国际投资争端解决。为支持该机构良性运行，可向参加国提供合作场地，单独设立办公场所；为"一带一路"建设搭建法律交流和培训平台，有针对性地就调解和仲裁相关问题提供非学位证书课程。

（二）关于机构选址

该机构应符合环境优美、交通便捷、融合度高、带动性强的要求，可考虑在杭州富阳的银湖板块、西湖的之江板块或萧山的湘湖等地，规划约三平方公里地域用于落户建设。

为加强工作耦合度，下一步可考虑将eWTP杭州实验区、亚太区"一带一路"地方合作委员会秘书处等机构一并落户。

（三）关于前期准备

根据国际组织设立的一般过程，往往以设立经常性国际论坛为发起开端。今年举行的"一带一路"高峰论坛中，尚未设立法律分论坛，但明年很可能增加法律与争端解决论坛。我省可以率先设立法律与争端解决国际论坛，作为成立"一带一路"国际贸易和国际投资争端解决机构的前身，形成共识，积累经验。

近期，建议尽快成立一个具有广泛代表性和高度国际认可，同时由我国实质主导的筹备委员会，由浙江大学、阿里巴巴方面以及具有国际影响力的中国学者和非政府机构国际顶级专家组成。

第三节 以科教交流增进"一带一路"国家城市联动[①]
——浙江及其国际友城数据实证

一 问题的提出

科教是文化输出的重要载体,跨国间文化认同是增进经济联系的重要手段,城市经济联系是"一带一路"国家合作共赢的发展基础。与我国在留学教育、国际科研合作方面排名前三的美国、英国与日本,它们也是前三大贸易伙伴国。相比较发达国家,发展中国家间的经济联系要相对弱一些,在国际经贸形势日趋复杂的背景下,对新兴市场国家市场的重视程度越来越高,急需对发展中国家的科教与经济联系逻辑进行梳理与分析。

因发展中国家数量众多、特色各异,本文瞄准一类具有共性的发展中国家作为研究对象。2013年以来,"一带一路"倡议开拓了资本、产业、商品、技术和人才等要素全球化流动的新通道,正在为沿线国家提供新的合作发展方式和政策红利。2018年5月召开的浙江省对外开放大会上,车俊书记提到要加强国际友城建设,优化国际友城发展总体布局,实施典范友城创建工程,进一步扩大我们的"朋友圈",推动地方政府间开展务实交流合作。国际友城是一类特殊跨国联系载体,具有天然的政治互通、文化认同、科教往来与经济联系等方面的优势。为此,本文将研究对象聚焦在"一带一路"沿线重点友城国家。

二 科教对"一带一路"沿线城市经济联系的促进作用

(一)"一带一路"沿线国家城市特点

"一带一路"倡议的提出,引发了学界对沿线国家城市的关注,部分相对发达的枢纽性城市,对沿线国家城市起到标杆和带动作用,对经济水平和城市能级提升起到了不可忽视的作用。"一带一路"沿线国家城市特点可以归结为以下几个方面。

[①] 本文是浙江省哲学社会科学规划课题(19NDJC272YB)、浙江外国语学院国别和区域研究中心重点资助项目(2019GBL01)的成果。

第一，沿线基本上为发展中国家，具有明显的后发优势。这些城市是参照发达国家城市经验发展起来的，对城市问题的思考较为成熟。第二，沿线国家城市是历史上各国经济贸易大通道，具有天然的城市网络属性。经贸往来为文化互通、消费习惯传递提供了物质载体，例如王姣娥[①]、吴乐和霍丽[②]等学者运用城市流强度模型、城市功能测定模型等分析工具，对沿线重要城市网络的要素流量、要素集聚进行了分析。第三，沿线国家城市要素条件差异度较大，为城市产能供需匹配与合作提供了空间。[③]

（二）城市经济联系评价方式及其局限

目前世界城市网络理论是研究和评价城市经济联系的主流理论，该理论可以追溯到美国经济学家 Friedmann 提出的"世界城市假说"，他认为跨国公司是参与世界城市网络联系的重要主体，加速了全球城市网络理论的发展。[④] 在此基础上，美国学者 Sassen 于 1991 年对伦敦、东京、纽约这三个典型国际化城市进行研究，提出了先进生产性服务业（Advanced Produce Service，APS）是跨国公司国际化的关键业务。[⑤] 从此，APS 成为了城市经济联系的重要标杆。进一步地，英国拉夫堡大学于 1998 年成立了全球化与世界级城市研究小组（Globalization and World Cities Study Group and Network，GaWC），创始人 Taylor 提出使用 APS 的全球分布来衡量城市经济联系水平，并对全球 315 个城市进行了排序。[⑥⑦] GaWC 的联锁网络模型在过去的 20 年间成为了主流分析框架，国内学者对一线城市

[①] 王姣娥、王涵、焦敬娟：《"一带一路"与中国对外航空运输联系》，《地理科学进展》2015 年第 5 期。

[②] 吴乐、霍丽：《丝绸之路经济带节点城市的空间联系研究》，《西北大学学报》（哲学社会科学版）2015 年第 6 期。

[③] 苏宁、杨传开：《"丝路城市"："一带一路"沿线城市节点的特征与发展意义》，《世界经济研究》2017 年第 8 期。

[④] Friedmann J., "World City Hypothesis", *Development and Change*, Vol. 17, No. 1, 1986, pp. 68–83.

[⑤] Sassen S., *The Global City: New York, London. Tokyo*, Princeton: Princeton University Press, 1991.

[⑥] Taylor P. J., "Specification of the World City Network", *Geographical Analysis*, No. 33, 2001, pp. 181–194.

[⑦] Taylor P. J., *World City Network: A Global Urban Analysis*. London and New York: Routledge, 2004.

进行了系统研究①②③④，有效促进了国内一线城市国际化途径的反思。

不难发现，APS 的数量与分布，对城市经济联系至关重要，但是 APS 的全球布点与城市工业化历史和发展阶段关系紧密，适用于世界城市网络中高级别的全球城市研究，即世界一线城市设定了城市经济联系排序标准。由于城市工业发展特殊历史等原因，发展中国家城市在国际话语权上存在发展瓶颈。现实是国内大量城市在 21 世纪将寻求国际化发展路径，同时受到城市经济联系衡量标准的话语权限制，对这些后发城市而言显然有失公允。与发达国家城市不同，世界许多发展中国家城市出现了多元国际化趋势。例如著名旅游度假胜地马尔代夫具备世界城市航港流标准、著名高校与研发机构所在城市具备世界城市人才流标准等，但这些城市在 GaWC 联锁网络模型计算的世界城市排名一直处于较为靠后的位置，不利于获取国际认可。不可忽视的是，上述城市正在通过某种单一优势要素流，与世界城市网络缔结了联系，这为没有经历完整工业革命的多数发展中国家城市，提供了一种新的与其他城市缔结经济联系的路径。

"一带一路"沿线国家友好城市虽然存在地理上的跨域，但作为一类特殊关系缔结城市，在发展阶段、文化认同和经济利益等方面有较高的相似性。目前城市网络研究大多聚焦在相邻区域范围内的城市，国际友城作为一类具有特殊关系且跨域缔结的城市，在一定程度上拓展了城市理论的空间认知。随着互联网、现代航运等技术发展，大大促进了跨域城市间的各类要素流动，要素流空间理论为城市联系提供了理论支撑。因此，虽然"一带一路"沿线国家友好城市的 APS 分布总体较少，但由单要素流链接的城市，也具有较高嵌入世界城市网络的能力。"一带一

---

① 倪鹏飞、刘凯、彼得·泰勒：《中国城市联系度：基于联锁网络模型的测度》，《经济社会体制比较》2011 年第 6 期。
② 马学广、李贵才：《全球流动空间中的当代世界城市网络理论研究》，《经济地理》2011 年第 10 期。
③ 姚永玲、董月、王韫涵：《北京和首尔全球城市网络能级及其动力因素比较》，《经济地理》2012 年第 8 期。
④ 刘江会、贾高清：《上海离全球城市有多远？——基于城市网络联系能级的比较分析》，《城市发展研究》2014 年第 11 期。

路"倡议正是为这些城市凝聚提供了特殊机遇，或许可以为更多发展中国家城市获取国际资源提供启发。因此，本文试图将发展中国家间的经济联系特点纳入世界城市网络的分析框架中，拓展理论的解释范围。

（三）科教对发展中国家城市经济联系的作用

城市联系强度是跨域城市网络缔结的基础，经济联系与人口流动是关键影响因素。城市网络空间中存在着诸如经济联系，自然联系，人口流动网络、社会相互作用联系，服务传输联系，政治、行政和组织联系等六种联系类型①，其中对影响跨域城市网络缔结程度最大的因素是经济联系与人口流动②，这两个因素之间是相互促进的关系。"一带一路"国际友城是一类具有一定政治与人文保障的跨区域城市，是研究经济联系与人口流动的天然样本。

国内城市间的人口流动研究，多从经济、文化旅游交流、港口吞吐量等某个要素流动的"软网络"视角来分析，从而拓展城市网络理论③④；发展中国家城市间的人口流动，则聚焦于文化认同对经济社会效应的促进关系⑤⑥，部分学者在对城市竞争力分析时发现经济水平与城市竞争力的相关性存在减弱趋势，而文化认同和个体发展自由度是吸引人才的强指标。

进一步地，学界普遍提出科技与教育产业输入与输出是本国文化获得国际认同的有效载体⑦⑧。"一带一路"幅员广阔，国际关系复杂，民

---

① 覃成林、金学良、冯天才等：《区域经济空间组织原理》，湖北教育出版社 1996 年版。
② 参见朱英明《城市群经济空间分析》，科学出版社 2004 年版。
③ Jacobs W., "Ducruet C, Langen P D. Integrating World Cities into Production Networks: The Case of Port Cities", *Global Networks*, Vol. 10, No. 1, 2010, pp. 92-113.
④ 马海涛：《基于人才流动的城市网络关系构建》，《地理研究》2017 年第 1 期。
⑤ 施雪琴：《认同规范与东盟社会文化共同体建设——兼论对深化中国—东盟地区合作的启示》，《琼州学院学报》2013 年第 6 期。
⑥ 赞尼尼、斯图曼、计奕：《"一带一路"倡议：致力于打造文化认同的一项宏伟社会工程》，《欧洲研究》2015 年第 6 期。
⑦ 邢媛：《论两种不同经济模式下的文化认同》，《山西高等学校社会科学学报》2016 年第 3 期。
⑧ 汤凯、许锦锦：《"一带一路"节点城市竞争力测评与优化》，《经济问题探索》2016 年第 5 期。

族宗教各异，历史文化存在很多差异，文化先行有利于求同存异和讲好中国故事。科教深入合作为"一带一路"沿线国家城市站在新的历史高度上更好地认识中国城市提供了平台。

三 模型设计

（一）研究对象

首先根据中共浙江省委宣传部《中华文化走出去工作重点任务清单》文件中涉及的国别分类，"一带一路"沿线共有60多个国家，文件选取了25个国家作为重点国家（见表8-1）。其次根据"中国国际友好城市联合会"官网查询信息，浙江省国际友城结好对数是101对，全国排名第5位，从中筛选出从属重点国家的城市与国家信息（见表8-2）。综合考虑国际友城示范效应、数据可得性和规模相当等因素，我们将重点友城国家及其重点邻国作为研究对象（见表8-3）。

表8-1　"一带一路"沿线重点国家

选择依据	国家名单（25个）
区域辐射影响力强、战略支点作用明显（其中俄罗斯等"一带一路"沿线重点大国不包含在内）	巴基斯坦、哈萨克斯坦、乌兹别克斯坦、蒙古、斯里兰卡、泰国、缅甸、越南、柬埔寨、新加坡、印度尼西亚、马来西亚、菲律宾、沙特、阿联酋、卡塔尔、伊朗、土耳其、乌克兰、白俄罗斯、波兰、捷克、匈牙利、罗马尼亚、塞尔维亚

数据来源：中共浙江省委宣传部。

表8-2　研究对象来源国家列表

友好城市	"一带一路"重点国家	结好时间	编号	浙江对口城市	友好城市所属国家的邻国（*表示"一带一路"重点国家）
明斯克州	白俄罗斯	2015/05/10	2219-150512-浙-099	浙江省（省级）	俄罗斯、乌克兰*、波兰*、立陶宛、拉脱维亚
碧瑶市	菲律宾	1982/08/13	0075-820813-浙-005	杭州市	马来西亚*

续表

友好城市	"一带一路"重点国家	结好时间	编号	浙江对口城市	友好城市所属国家的邻国（*表示"一带一路"重点国家）
布达佩斯市	匈牙利	1999/08/03	0905-990803-浙-041	杭州市	奥地利、斯洛伐克、乌克兰*、罗马尼亚*、塞尔维亚*、克罗地亚、斯洛文尼亚
比得哥什市	波兰	2005/10/11	1287-050603-浙-066	宁波市	乌克兰*、白俄罗斯*、立陶宛、俄罗斯、德国、捷克*、斯洛伐克

数据来源：中国国际友好城市联合会（http：//www.cifca.org.cn）。

表8-3　　　　　　　　研究对象国的区域分类

区域	国际友城所属国家	邻国且"一带一路"重点国家
Ⅰ	白俄罗斯（中上等收入国家）、波兰（高收入国家，经合组织成员国）	乌克兰（中低等收入国家）、捷克（高收入国家，经合组织成员国）
Ⅱ	匈牙利（中上等收入国家）	乌克兰（中低等收入国家）、罗马尼亚（中上等收入国家）、塞尔维亚（中上等收入国家）
Ⅲ	菲律宾（中低等收入国家）	马来西亚（中上等收入国家）

数据来源：世界银行，经作者整理。

（二）研究模型

1. 经济联系强度

经济联系强度是能够度量空间相互作用关系的指标，指标计算方式由空间引力模型演化而来，它反映了中心区域对周边一定区域范围内其他区域的经济辐射能力，是一种体现区域间联系的常用量化方法。通过计算经济联系强度指标，能够反映浙江省与研究对象国之间的经济关联程度。

本文借鉴了薛丽萍等对经济联系强度和城市流强度的计算模型[1]，并

---

[1] 薛丽萍、欧向军、曾晨、乔沙沙：《淮海经济区主要城市经济联系的空间作用分析》，《经济地理》2014年第11期。

在此基础上，将模型变量解释范围从城市扩展到了区域，基本步骤与计量模型如下：

第一步，计算经济作用强度：$R_{ij} = \frac{\sqrt{P_i V_i \cdot P_j V_j}}{D^2}$（式1）。

第二步，计算经济作用总强度：$R_i = \sum_{j=1}^{n} R_{ij}$（式2）。

第三步，计算经济隶属度：$I_i = \frac{R_{ij}}{R_i}$（式3）。

其中，R_{ij}是i区域和j区域之间的经济作用强度，R_i是i区域与其他区域之间的经济总强度，I_i是区域经济隶属度（反映经济作用强度比例）。P_i和P_j分别代表i区域和j区域的总人口数，V_i和V_j分别代表i区域和j区域的生产总值，D代表i区域和j区域之间的距离。

2. 区域流强度

区域流强度是子区域通过某种流关系对外产生的辐射与聚散效应，反映子区域对外联系强度。通过计算区域流强度指标，能够反映研究对象国在一定区域内有哪些扩散特征。基本步骤与计量模型如下：

第一步，计算区位熵：$LQ_{ij} = \frac{Q_{ij}/Q_i}{Q_j/Q}$（$i=1, 2, \cdots, n; j=1, 2, \cdots, m$）（式4）。

其中，区位熵LQ_{ij}也被称为专门化率，揭示i子区域j部门的外向功能性。研发投入是一个国家科技与教育发展的坚实保障和有效推动动力[1][2]，为此模型中变量j同时考虑教育与科技两个部门。Q_{ij}是i区域中j部门从业人员数量，Q_i是i子区域从业人员总数，Q_j是全区域j部门从业人员数，Q是全区域从业人员总数。如果$LQ_{ij}>1$，表示i子区域因j部门而具有外向功能，数值越大表示外向程度越高；反之，如果$LQ_{ij}<1$，则表示i子区域j部门不具有外向功能。

---

[1] 彭斌：《创新型科技企业杠杆率的研发强度效应研究》，《科技进步与对策》2018年第4期。

[2] 肖广岭：《从研发资源看中国怎样才能成为世界科技强国》，《自然辩证法研究》2018年第9期。

第二步，计算外向功能量：$E_{ij}=Q_{ij}-Q_i\cdot(Q_j/Q)$（式5）。

第三步，计算全区域总外向功能量：$E_i=\sum_{j=1}^{m}E_{ij}$（式6）。

E_{ij}表示i子区域j部门的外向功能量，E_i是i子区域的总外向功能量。

第四步，计算功能效率：$N_i=GDP_i/Q_i$（式7）。

第五步，计算区域功能流强度：$F_i=N_i\cdot E_i$（式8）。

N_i表示i区域就业人员人均GDP，F_i表示i区域的流强度。

（三）数据来源

以上模型中的人口数、劳动力人口数、生产总值的指标数据来自国际货币基金组织和中国国家统计局；教育部门从业人数的指标数据来自联合国教科文组织网站；科技部门从业人数用R&D研究人员人数代替，指标数据来自于世界银行。受限于国际数据同年可得性，以上指标的数据均选自2017年，其中存在少量指标数值缺省一年的情况，采用指数平滑法填补。

区域间距离在原理上由空间上两点间距离来计算，随着现代交通的普及，不少文献采用航班（或高铁）的航行（或行驶）距离来计算。在现实生活中，我们不难发现区域外向性程度一般与国际航班直航率呈正向关联，因此使用通勤时间来度量空间距离，显得更为直观且贴近现实。为此，本文采用两点间最短航班时间来表示区域间距离，指标数据来自于三大典型国际机场（杭州萧山国际机场、上海浦东国际机场和上海虹桥国际机场）网站信息。

四 实证分析

基于经济联系强度和区域流强度模型，分别以人口数、GDP、航班最短时间、科技部门和教育部门从业人数等为指标变量，对3个区域中9个国家的科教流的作用强度、方向进行定量测度与分析评价。

（一）经济联系强度

根据式（1）得出9个友城国家与浙江省之间的经济作用强度（见表8-4）。区域间经济作用强度处于第一梯队的是菲律宾和马来西亚，两国的数值明显高于其他国家的主要原因源于其地理距离优势。处于第二梯队的是波兰和捷克，其数值在20—30。处于第三梯队的是罗马尼亚，其数值在 10—20。处于第四梯队的是白俄罗斯、乌克兰、匈牙利和塞尔维亚，其数值在 0—10。

根据式（2）和式（3）得出 9 个友城国家在各自区域中的经济隶属度，结果能够在一定程度上去除地理距离优势的影响。我们在三个区域内进行分别比较，并关注排名前 50%的国家。分析结果发现区域Ⅰ中的波兰和捷克、区域Ⅱ中的匈牙利和罗马尼亚、区域Ⅲ中的菲律宾都属于经济隶属度较高的国家，其中国际友城所属国家占据了 60%。

表 8-4　　　　　　　　　　经济联系强度计算结果

	区域Ⅰ				区域Ⅱ				区域Ⅲ	
	白俄罗斯	波兰▲	乌克兰	捷克	匈牙利▲	乌克兰	罗马尼亚	塞尔维亚	菲律宾▲	马来西亚
经济作用强度	7.07	27.43	4.29	26.67	6.97	4.29	13.70	0.82	801.09	231.17
区域经济隶属度	0.11	0.42	0.07	0.41	0.27	0.17	0.53	0.03	0.78	0.22

注：标记"▲"表示国际友城所属国家。

从表 8-4 中不难发现国际友城国家在经济联系强度指标上优于其他研究对象国家，印证了前文的文献推理。进一步地，我们可以通过什么方式更好地促进和发挥这种联系，利用国际友城对其周边城市也产生影响。下文试图从科技与教育两个维度进行深一步的分析解释。

（二）区域流强度

根据式（4）得出三个区域在教育与科技部门的外向功能性的定性结果（见表 8-5）。区域Ⅰ中具有外向功能性的是乌克兰的教育部门，以及波兰和捷克的科技部门。区域Ⅱ中具有外向功能性的是匈牙利、乌克兰和塞尔维亚的教育部门，以及匈牙利和塞尔维亚的科技部门。区域Ⅲ中具有外向功能性的是马来西亚的教育部门和科技部门。

根据式（5）—式（8）得出在教育与科技部门的区域功能流强度定量结果（见表 8-5）。区域Ⅰ中乌克兰的教育流强度和科技流强度的结果均较为明显高于区域内平均值，同时捷克的教育流强度、白俄罗斯与波兰的科技流强度也不可小觑。区域Ⅱ中匈牙利和罗马尼亚的教育流强度、匈牙利和乌克兰的科技流强度都排名在区域内前50%。区域Ⅲ中马来西亚的教育流强度与科技流强度均明显高于菲律宾。

表 8-5　　　　　　　　　　区域流强度计算结果

部门分类	指标变量	区域Ⅰ				区域Ⅱ				区域Ⅲ	
		白俄罗斯▲	波兰▲	乌克兰	捷克△	匈牙利▲△	乌克兰	罗马尼亚△	塞尔维亚	菲律宾▲△	马来西亚
教育部门	区位熵	0.13	0.16	2.08☆	0.10	1.17☆	1.02☆	0.79	1.20☆	0.84	1.50☆
	区域功能流强度	40	42.4	120.33★	192.33★	8.74★	3.2	5.26★	0.94	6.68	20.12★
科技部门	区位熵	0.79	1.48☆	0.62	1.87☆	2.16☆	0.90	0.44	1.55☆	0.62	1.57☆
	区域功能流强度	32★	30.2	84★	23.9	16.62★	16★	7.4	1.29	4.62	8.26★

注：标记"▲"表示国际友城所属国家；标记"△"表示与浙江省经济隶属度区域排名前50%的国家；标记"★"表示区域内功能流强度排名前50%的国家；标记"☆"表示部门具有外向功能性。

（三）综合分析

基于前文数据结果，我们不难发现区域Ⅰ、Ⅱ、Ⅲ的发展特色和要素禀赋不尽相同，浙江城市国际化急须厘清表8-5中四种上标国家与浙江之间的关系。

本文认为浙江省城市要积极对接区域内功能流强度排名前50%且具有外向功能性部门的关键国家，例如区域Ⅰ中的乌克兰、区域Ⅱ中的匈牙利、区域Ⅲ中的马来西亚；同时浙江省也要积极发挥经济隶属度较高的国际友城，例如区域Ⅰ中的波兰、区域Ⅱ中的匈牙利、区域Ⅲ中的菲律宾。这些国家具有两个特点，一是与浙江省有较强的经济联系，二是这些国家与周边国家之间具有某种要素（科技或教育）的较强扩散能力，有利于浙江依托这些国家，拓展和加深与其周边区域之间的经济联系。

不难发现，区域Ⅱ中的匈牙利在结果中出现了两次，城市网络凝聚能力较为显著，进一步引发我们的思考，是什么可能的动因促成了这样的结果？于是本文反向梳理了9个研究对象国的中国国际友城分布情况，如图8-1所示，试图寻求可能的解释。

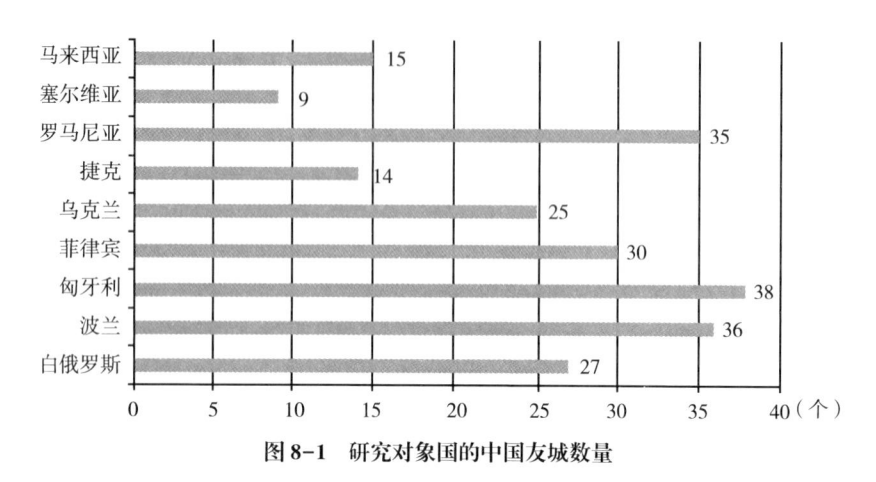

国家	数量
马来西亚	15
塞尔维亚	9
罗马尼亚	35
捷克	14
乌克兰	25
菲律宾	30
匈牙利	38
波兰	36
白俄罗斯	27

图8-1 研究对象国的中国友城数量

数据来源：中国国际友好城市联合会（http://www.cifca.org.cn）。

从图8-1中可以看出，白俄罗斯、波兰、匈牙利、菲律宾和罗马尼亚的中国国际友城数量均高于区域平均值水平。换言之，在各自区域中，这些国家相对其他国家而言有更高的中国文化认同感。其中，中国国际友城数量最高的就是匈牙利，其中与浙江省杭州市和宁波市结好的匈牙利布达佩斯市，也与我国北京市、上海市、三明市和临沂市等多地同时结好。可见，国际友城数量在一定程度上能够为城市联系带来较强的经济预期，同时获得更为稳定的科教联系与经济联系。

五 主要结论与建议

浙江城市国际化是未来城市发展的必经之路，城市经济联系程度评价机制不应被世界发达国家城市标准限制，"一带一路"倡议为本研究提供了新的研究视角，科教合作为沿线发展中国家城市提升城市经济联系程度提供了新思路。

"一带一路"沿线重点国家城市的经济发展程度与浙江省许多城市相仿，国际友城在文化认同、民间往来、经济互通等方面具有的天然优势，借助国际友城这一现实载体，我们可以发挥好重点国家国际友城对周边国家的扩散效应，缔结浙江省与"一带一路"沿线更大范围内的城市网络，参与世界城市网络的竞争与合作，获取更多国际资源。本文得出以下三个方面的建议。

第一，浙江省与"一带一路"沿线国家之间的经济合作，首先，可以考虑具有较高经济隶属度且具备国际友城的国家，如波兰、匈牙利和菲律宾。其次，罗马尼亚和捷克对其周边区域有较强的经济影响，我们值得通过建立更多国际友城等方式，加深与两者之间的城市关系。最后，中欧班列对城市网络缔结的影响不可忽视，因此这些班列途经城市也是浙江寻求国际产能合作的可选城市，这也将是本书未来值得深入挖掘的新问题。

第二，科教是文化输出的重要渠道，文化认同是经济合作的关键基础，科技教育与经济一直是浙江的关注点，两者之间可以互相借力，打好"组合拳"。文章认为浙江在打造"教育强省"的过程中，可以加强与"一带一路"沿线重点友城国家进行高校人才交流、国际学府引入、企业科技互通等方面的科教深度合作，值得考虑欧洲的乌克兰、捷克、白俄罗斯、波兰、匈牙利、罗马尼亚，以及东南亚的马来西亚，这些国家在科技与教育方面的发展程度较高且具有较强外向性。

第三，国际友城是文化传递与认同的良好载体，但是现实中我们仍不够重视友城对科教和经济等城市联系缔结的贡献。世界城市网络的嵌入方式，关系到城市进行国际资源交换与合作的地位和作用，发展中国家城市国际化必须依托国际其他城市的力量。发挥好国际友城的战略地位，可以从以下几个方面思考：一是加强与国际友城之间的科教联系，例如通过新办孔子学院的方式进行本土文化外译，通过国际教育办学方式进行中华价值观输出等；二是为文化互通提供更多经济载体，建立文化与经济互促的良好机制，例如为国际友城提供更多国际会展机会，通过浙江商品和服务的海外宣传，获得更为直接的文化认同感。

第四节　长三角地区城市国际化水平研究
——基于来华外国人手机国际漫游信令数据*

自20世纪60年代以来，伴随着劳动分工的国际化和跨国公司的扩张，全球化发展趋势不断加速。城市的影响力逐渐跨越国家范围，在全球化中发挥着重要作用，地理学者由此开启了对城市国际化的研究。霍尔提出"世界城市"（world city）概念来研究那些对世界的经济、政治、文化具有影响力的城市。弗里德曼在新国际劳动分工的背景下提出"世界城市假说"，认为世界城市的本质特征在于宏观角度下城市经济的全球控制力。萨森随后提出"全球城市"（global city）的概念，着重从微观即企业区位选择角度进行研究。随着全球化的深入和信息通信技术的突破性进展，人员、资本、技术、信息等各种生产要素的国际流动越发频繁。研究的视角从传统的"场所空间"（space of place）逐渐转向一种新的"流空间"（space of flow）。城市国际化的内涵由场所空间视角下静态的概念，即城市在全球范围的核心—边缘、等级结构中的能级或控制力，转向流空间视角下动态的概念，即城市作为承载各种要素流动的基本空间单元，在全球要素流动网络中与其他城市各领域的关联水平。

"流空间"理论完善了城市国际化的理论内涵并提供了新的研究视角。基于此，国内外学者通过各类要素联系数据和网络分析方法，就城市国际化水平进行了大量研究。由于城市国际化理论最初兴起于经济全球化的背景之下，早期西方学者从经济联系视角，采用银行、跨国公司、世界500强企业等数据，评价城市在全球资本网络中的节点地位，从而研究城市的国际化水平。Taylor领导的GaWC研究小组首次提出了世界城市网络的概念和网络连锁模型，并依据四大服务业的跨国企业网络关联持

---

* 基金项目：国家自然科学基金项目（41571146）。

续跟踪全球城市格局变化，其定期发布的世界城市名录在社会上产生了广泛的影响。然而，在经济联系的测度上，现有数据和方法通常侧重于高端服务业，从而忽略了全球生产网络中的其他价值环节以及制造业城市的作用，并且，经济联系并不能全面反映城市间的联系，结果具有局限性。因此，在经济联系以外，基于信息、交通、政治、文化等层面要素联系的研究也不断涌现。在信息联系方面，越洋电话和全球互联网极大促进了全球城市间的通信能力，且这种联系比较直观，成为测度城市国际联系的重要方法。在交通联系方面，由于航空运输是跨国活动的最主要交通方式，许多学者基于航空流数据研究城市的国际化。在政治视角上，利用非政府组织（NGO）的联系来刻画城市网络，分析城市国际化的研究开始出现。在文化层面上，基于媒体、体育、音乐等多元视角的研究反映了文化生产网络下城市国际化的多样性。总体来看，随着城市国际化内涵的拓展和各种表征城市间联系的数据的丰富，基于"流空间"理论的城市国际化研究方法不断完善且趋于多样化，已经产生了大量有益的成果。

综上所述，现有的研究已经涵盖了城市国际化过程中城市间多种形式的联系，包括经济、信息、交通、政治、文化等多方面，研究视角日趋丰富与多样化。但是，这些研究更多是从一元视角进行解释与分析，反映的都是城市国际化的某一侧面。在城市间联系日益复杂的今天，这些侧面仍不足以全面地揭示城市的国际化水平。事实上，城市在经济、信息、交通、政治、文化等各方面彼此产生联系时都会带来人的往来流动，这种人口的国际流动已经引起学者的高度关注，但是相关实证研究依然不足。基于人流联系研究城市国际化的依据在于，人口流动推动了生产要素的空间再分配，是城市发展的重要动力，且人口流动通常附带着社会、经济价值，以商务往来、旅游等为目的的国际人口流动在一定程度上反映了城市间的社会和经济联系。因此，人口流动是城市联系的重要表征，一个城市的外国人口的往来流动体现了城市国际化水平的一个重要侧面。同时，人流联系视角的研究结果可以对传统研究进行一定的验证，即经济、信息、交通、政治、文化等的国际联系是否能真正地促进外国人在城市的往来流动。因此,基于外国人人流联系研究城市国际化可以弥补已有研究的空白,具有重要意义。因此,本文以"流空间"理论为理论支撑,以来华外国人手机国际漫游信令数据为技术手段,构建从外国人人流联系的视角出发的城市国际化水平评价分析方法框架,并以长三角为例进行了实证研究,从人流联系视角进行了城市国际化水平的评价,并与传统研究视角的评价结果进行比较验证,在城市国际化研究的理论与实践上进行新的探索。

一 研究设计

(一)研究区概况

长三角地区是中国开放程度最高的区域之一,是"一带一路"与长江经济带的交汇地带,处于中国参与国际合作与竞争的最前沿,区域内城市在国际化发展上具备良好的发展前景。因此,本文以长三角地区为案例进行实证研究。根据 2019 年 12 月出台的《长三角区域一体化发展规划纲要》,长三角的规划范围包括江苏、浙江、安徽和上海三省一市全域,中心区范围则包括上海、江苏、浙江、安徽 4 个省级行政区中的 27 个城市。考虑到长三角不断外向扩容的总体趋势,本文将研究范围确定为江苏、浙江、安徽和上海三省一市全域,共包括 41 个地级及以上城市。

(二)数据来源

移动运营商提供的手机信令数据是一种具有连续性的大样本数据,可以记录用户的时空轨迹,为测算人口的时空活动提供了可能性。当前学界已经产生了许多基于手机数据测算人口活动时空分异与城市间人流联系的研究成果,方法成熟,测度结果具有可靠性。

本书使用的基础数据为来华外国人使用国际漫游的手机信令数据,数据采集时段为 2018 年 9 月内连续 30 天,通过与中国联通公司合作获取(导出的数据为基于行政区单元的统计数据,不包含任何用户个人信息),数据样本总数为 780432 人次。当前全球运营商广泛采用的 3G 和 4G 标准分别为 WCDMA 和 FDD-LTE,联通是国内唯一同时使用这两种制式的运营商,覆盖最为广泛,数据最具有代表性。该数据的局限性在于仅覆盖使用国际漫游的外国人,主要为短期入境进行商务、旅游等活动的外国人,基本不包括长期居住在华的外国人,因此研究更偏向于测度外国人的流动性。在外国人的统计数据方面,仅一部分城市有公开的入境旅客统计,且其统计口径不统一(如是否包括不过夜旅客等),因此以手机信令数据来度量外国人口有显著的优势:一是可以实现所有城市全覆盖;二是样本的统计口径相同,具有可比性;三是具有动态连续性,可以反映城市间的人口流动。

手机信令数据的预处理过程由联通公司根据本研究需求完成,最终输出用于研究的数据为两类:一是1个月内长三角41个城市间外国人手机用户的OD流动矩阵(见表8-6);二是1个月内41个城市中各城市出现的外国人用户中每个国籍的占比(见表8-7)。

表8-6　　　　2018年9月长三角41个城市间外国人手机用户的OD流动矩阵(样表)

D\O	安庆市	蚌埠市	亳州市	…	舟山市
安庆市	—	2	2	…	0
蚌埠市	0	—	29	…	0
亳州市	1	24	—	…	0
…	…	…	…	…	…
舟山市	0	0	0	…	—

表8-7　　　　2018年9月长三角41个城市外国人手机用户中各国籍占比(样表)　　单位:%

省(直辖市)	市	国籍	占比
安徽省	安庆市	阿尔及利亚	0.209
安徽省	安庆市	阿拉伯联合酋长国	0.209
安徽省	安庆市	爱尔兰	0.627
…	…	…	…
浙江省	舟山市	中非共和国	0.00335

(三) 研究思路与方法

在流空间的理论视角下，城市的国际化体现为城市在全球政治、经济、文化等各领域要素流动网络中与其他城市的关联水平。如前文所述，当前研究基于经济、信息、交通、政治、文化等多种要素流动在城市国际化的各个侧面取得了丰富研究成果，但仍难以全面揭示城市国际化水平。附着经济社会价值的人口流动是城市联系的重要表征，而基于人流联系的研究仍然缺乏。基于此，本文提出了外国人人流联系视角下的城市国际化水平评价方法，并与传统的要素流动研究方法的评价结果进行比较，以验证各种要素联系与实际人流联系之间的关系。

外国人人流联系视角下的城市国际化水平首先关注城市在外国人流动网络中的控制力。网络分析的相关研究广泛运用度中心性、中介中心性、紧密中心性等指标来测度网络节点的控制力，方法成熟有效。本文借鉴度中心性手段来测度网络中心度，从而揭示城市在外国人流动网络中的控制力。

度中心性类方法测度的是无权重的网络拓扑下的节点控制力，忽视了流的权重差异，具有明显的局限性，因此通过加权的方法来评价城市在网络中地位的研究也日益成熟。在外国人人流视角下，通过借鉴加权中心度的方法可以测度得到各城市外国人人流的实际联系强度，从而揭示城市对外国人的吸引能力。

现有的网络研究侧重于通过测度城市集聚要素的能力来衡量城市在网络中的地位，但是对于要素上附着的属性未做进一步辨析，其内部的多样性和差异被忽视。因此，本研究还关注了外国人人流的国籍属性，进一步深化了城市网络的测度方法，通过测度城市集聚的外国人人流中国籍的多样度来揭示城市在国际范围内的辐射广度。

通过以上三种方法，研究以外国人流动网络中心度、外国人流动联系强度和外国人国籍多样度作为评价指标，从无权网络拓扑结构、附带人流权重的实际网络、人流属性3个侧面，较为完善地揭示了外国人流动网络的特征。在此基础上，将3个指标的评价结果通过空间叠加的方法计算综合指数评价综合国际化水平（见图8-2）。

第八章 城市国际化赋能共同富裕

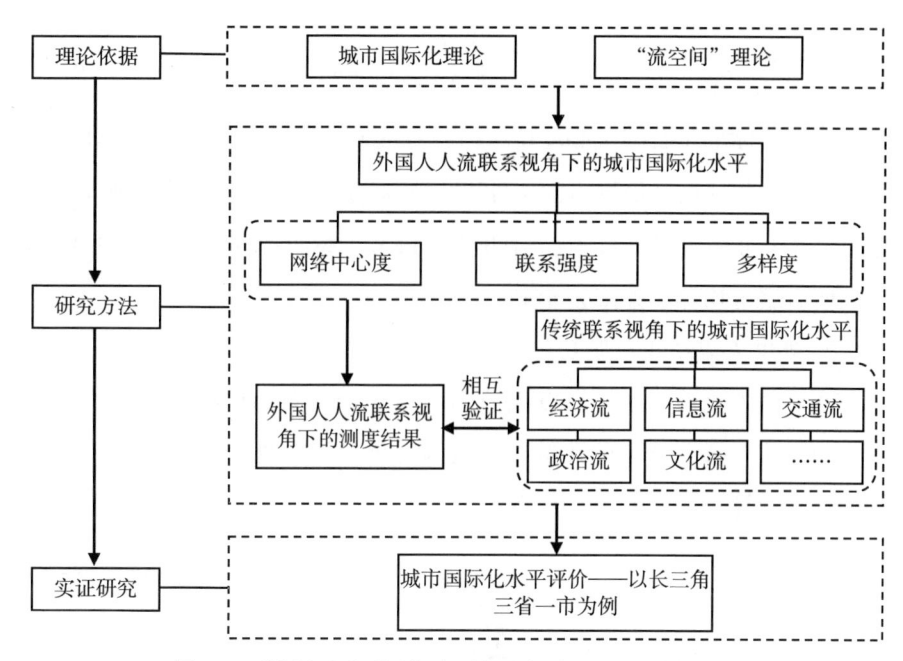

图 8-2 外国人人流联系视角下的城市国际化水平分析框架

1. 外国人流动网络中心度

在研究区内，外国人在城市间的流动形成了连接各个城市的空间联系网络。在网络结构中，中心度是衡量节点地位重要程度和对于网络的控制能力的指标。外国人的流动网络是有向网络，因此节点的中心度包含节点的入度和出度。入度反映了从其他城市到该城市的联系数量，出度反映了从该城市到其他城市的联系数量。计算公式如下：

$$C_i^{in} = \sum_{i=1}^{N} A_{ij} \quad (i \neq j) \tag{8-1}$$

$$C_i^{out} = \sum_{i=1}^{N} A_{ji} \quad (i \neq j) \tag{8-2}$$

$$C_i = C_i^{in} + C_i^{out} \tag{8-3}$$

式中：A_{ij} 表示从城市 j 到城市 i 是否产生联系，有联系则 $A_{ij}=1$，无联系则 $A_{ij}=0$；C_i^{in} 为城市的入度；C_i^{out} 为城市的出度；C_i 为城市的中心度。

为消除网络规模对中心度的影响，进一步计算标准化的中心度，即中心度的绝对值与网络的最大可能度数之比，在节点数为 N 的有向网络中，1 个节点的最大可能度数为 2（N-1）。标准化处理过程如下：

$$C_i^{'} = \frac{C_i}{2(N-1)} \quad (8-4)$$

式中：标准化后的中心度$C_i^{'}$取值范围为0—1。当$C_i^{'} = 0$时，城市i为孤立点，不与任何其他城市发生外国人往来的联系。$C_i^{'}$的值越大则表明与城市i发生外国人往来联系的城市数量越多，当$C_i^{'} = 1$时，城市i与网络中的所有城市均存在外国人往来的联系。

2. 外国人流动联系强度

在外国人流动网络中，以人流的数量作为每条边的权重，得到外国人流进与流出每个城市的数量，从而构建衡量城市外国人流动联系强度的指标。计算公式如下：

$$S_i^{in} = \sum_{i=1}^{N} w_{ij} A_{ij} \quad (i \neq j) \quad (8-5)$$

$$S_i^{out} = \sum_{i=1}^{N} w_{ji} A_{ji} \quad (i \neq j) \quad (8-6)$$

$$S_i = S_i^{in} + S_i^{out} \quad (8-7)$$

式中：在式（1）、式（2）的基础上，加入权重w_{ij}、w_{ji}，分别为由城市j至城市i和由城市i至城市j的人流数量；S_i^{in}为进入城市的人流数量；S_i^{out}为离开城市的人流数量；S_i为城市的人流联系强度的绝对值。

将人流联系强度标准化处理：

$$S_i^{'} = \frac{S_i - S_{min}}{S_{max} - S_{min}} \quad (8-8)$$

式中：$S_i^{'}$为标准化后的人流联系强度，取值范围为0—1。

3. 外国人国籍多样度

在外国人流动网络中，如果将每条边的权重设置为国籍的数量，则可以从国籍数量的角度衡量节点的大小（城市的得分），从而构建外国人国籍多样度指标。通过该指标反映城市国际辐射的广度。本次研究从联通公司获取的数据中，城市间的OD并未分国籍统计，无法对每条边赋值，但由于直接获取到了每个城市出现的外国人用户中各国籍所占比例的统计数据，因此可以用此数据直接测度城市：

$$M_i^{'} = \frac{M_i - M_{\min}}{M_{\max} - M_{\min}} \tag{8-9}$$

式中：M_i为城市 i 中活动的外国人的国籍数量；$M_i^{'}$为标准化后的数值，即城市 i 的外国人国籍多样度得分。

为了从联系网络的视角进一步分析，在直接测度得到每个城市的数值后，以城市两两之间共同出现的国籍的数量作为两两之间边的权重建立网络。需要注意的是，这一网络与上述两个指标中的网络有所不同，限于数据的缺陷并不能直接反映城市间人流，只是从城市间国籍的共现进行间接的模拟。

4. 国际化水平综合测度

3 个基础指标分别从网络中心度、联系强度、多样度 3 个层面来评价外国人流动活动网络的特征，3 个指标之间相互独立，同样重要，因此采用等权重平均值法进行国际化水平的综合评价：

$$A_i = \frac{C_i^{'} + S_i^{'} + M_i^{'}}{3} \tag{8-10}$$

式中：A_i为外国人人流联系视角下综合测度的城市国际化水平；$C_i^{'}$为外国人流动网络中心度；$S_i^{'}$为外国人流动联系强度；$M_i^{'}$为外国人国籍多样度。

二 结果分析

（一）外国人人流联系视角下的测度结果分析

1. 外国人流动网络中心度的测度结果分析

以外国人手机用户 OD 数据建立基于人流联系的长三角城市间的联系网络。为了避免偶发性的联系，需设置流量阈值对数据进行筛选。当 1 个月内 i 城市至 j 城市的外国人联系流量低于 30，即平均每天的联系流量低于 1 时，则认为这种人流联系是偶发性的。因此研究选择 30 为阈值条件剔除低密数据，构建外国人流动网络进行分析。

从网络的整体特征来看，41 个节点之间共形成了 443 条有向的边，网络的平均度数（入度+出度）为 21.61，网络密度为 0.2701，平均集聚系数为 0.7103。可见，长三角城市间外国人的流动构成了联系紧密程度很高的网络，外国人在长三角区域产生了广泛而频繁的活动。各节点的中心度的最大值为0.8125（上海），最小值为0.025（淮北），极差比为32.5倍，可见各城市在网络中的地位差异显著。进一步具体分析，发现网络中心度具有以下特征。

(1) 城市的网络中心度与城市的等级总体上呈现一致性。表8-8是按网络中心度标准值进行的城市排序。上海作为直辖市和唯一的超大城市，其网络中心度也处于领先地位，排名第一。长三角唯一的特大城市、省会城市南京排名第三，另两个省会城市，规模为Ⅰ类大城市的杭州和合肥分别位居第四和第六。非省会城市中唯一的副省级城市宁波位居第八。可以看出，城市的网络中心度与城市的行政等级和规模等级存在一定的正相关关系。城市的行政等级或规模等级越高，网络中心度一般也越高，即在外国人流动网络中的地位越高。但是其中也存在着苏州这样的网络中心度与行政等级明显不对应或嘉兴这样的网络中心度与规模等级明显不对应的现象，说明个别城市在外国人流动网络中的地位已经突破了城市自身的等级地位。

表8-8　　2018年9月长三角41个城市中心度测度结果排行

排行	城市	行政等级	规模等级	中心度标准值（C_i'）	排行	城市	行政等级	规模等级	中心度标准值（C_i'）
1	上海	直辖市	超大城市	0.8125	12	南通	地级市	Ⅱ大城市	0.3375
2	苏州	地级市	Ⅰ大城市	0.7125	13	扬州	地级市	Ⅱ大城市	0.325
3	南京	省会	特大城市	0.6875	14	湖州	地级市	中等城市	0.275
4	杭州	省会	Ⅰ大城市	0.575	14	淮安	地级市	—	0.275
5	无锡	地级市	Ⅱ大城市	0.4875	14	台州	地级市	Ⅱ大城市	0.275
6	合肥	省会	Ⅰ大城市	0.475	17	泰州	地级市	Ⅱ大城市	0.2625
7	嘉兴	地级市	中等城市	0.4	18	盐城	地级市	Ⅱ大城市	0.25
8	宁波	副省级城市	Ⅱ大城市	0.375	19	镇江	地级市	中等城市	0.2375
8	绍兴	地级市	Ⅱ大城市	0.375	20	温州	地级市	—	0.225
10	常州	地级市	Ⅱ大城市	0.3625	20	徐州	地级市	—	0.225
11	金华	地级市	中等城市	0.35	20	宣城	地级市	Ⅰ小城市	0.225

续表

排行	城市	行政等级	规模等级	中心度标准值(C_i')	排行	城市	行政等级	规模等级	中心度标准值(C_i')
23	池州	地级市	Ⅰ小城市	0.2	33	铜陵	地级市	Ⅰ小城市	0.125
23	丽水	地级市	—	0.2	34	安庆	地级市	中等城市	0.1
23	芜湖	地级市	Ⅱ大城市	0.2	34	蚌埠	地级市	—	0.1
26	滁州	地级市	Ⅰ小城市	0.1875	36	阜阳	地级市		0.0875
26	黄山	地级市	—	0.1875	36	宿州	地级市		0.0875
26	连云港	地级市		0.1875	38	亳州	地级市		0.05
26	衢州	地级市		0.1875	38	淮南	地级市		0.05
26	宿迁	地级市		0.1875	38	六安	地级市		0.05
31	舟山	地级市	中等城市	0.175	41	淮北	地级市		0.025
32	马鞍山	地级市	中等城市	0.1625					

注：城市的规模等级来源于《长三角城市群发展规划》，"—"表示非规划范围城市。

（2）核心区和边缘区在网络中差异明显（见表8-9）。由沪宁杭甬四市为顶点构成的"Z"字形走廊是长三角发展的核心区域，提取出"Z"字形走廊上的11座城市（即南京、镇江、常州、无锡、苏州、上海、嘉兴、湖州、杭州、绍兴、宁波）之间形成的内部网络，发现11座城市在内部网络中的平均中心度（即网络的密度）高达0.9273，网络的平均集聚系数达0.9459。可见"Z"字形走廊城市之间已经形成了近似完整的网络，外国人在这些城市之间均有着频繁的往来。在全部41个城市的网络中，这11座城市中有9座城市的网络中心度位于前十，保持绝对的领先优势。湖州和镇江是"Z"字形走廊上相对的低洼地带，其网络中心度位居第14和第19位，但在整个区域内仍具有一定优势。进一步扩大网络的范围至《长三角城市群发展规划》确定的城市群内26座城市，发现这26座城市的内部网络的平均中心度为0.4615，平均集聚系数为0.7762，相比核心区11市的内部网络数值上大幅度降低，但相比41座城市的整体网络，密度仍然较高。可见，城市群范围外的15市，即长三角的边缘区域的城市之间外国人人流联系十分稀疏，除淮安以外，其余14市城市网络中心度均位于前20名以后，在外国人流动网络中处于边缘末梢的地位。

表8-9　　　　　　2018年9月长三角外国人流动网络特征

网络范围	节点	边	平均度数	平均中心度（网络密度）	平均集聚系数
三省一市全域41市	41	443	21.61	0.2701	0.7103
长三角城市群26市内	26	300	23.08	0.4615	0.7762
"Z"字形走廊11市内	11	102	18.55	0.9273	0.9459

2. 外国人流动联系强度的测度结果分析

以人流数量作为长三角城市间的外国人流动网络的权重，测度外国人流动联系强度并对网络进行分析，发现具有以下特征。

城市的外国人流动联系强度符合位序—规模分布，且集中分布于位序靠前的城市。表8-10是按联系强度标准值进行的城市排序，从数值上看，排名第一的上海在外国人流的流量上具有绝对的领先优势。采用Zipf提出的城市地理学经典理论位序—规模法则对计算结果进一步分析。位序—规模法则的一般公式为 $\ln P_r = a - q\ln r$，将联系强度标准值 S_i' 代入 P_r，城市排行代入 r，进行曲线拟合（见图8-3）。结果显示，$R^2=0.813$，拟合效果较好，说明各城市的外国人流动联系强度标准值符合位序—规模分布。q 值为2.049，大于1，说明结果呈现帕累托分布模式，在各城市中分布很不均衡，集中分布于位序靠前的城市。可见各城市外国人流动联系强度差异很大，外国人人流联系主要集中于位序靠前的上海、苏州等城市。

表8-10　　　　　2018年9月长三角41个城市联系强度测度结果排行

排行	城市	流入（S_i^{in}）	流出（S_i^{out}）	联系强度标准值（S_i'）	排行	城市	流入（S_i^{in}）	流出（S_i^{out}）	联系强度标准值（S_i'）
1	上海	109295	95545	1.000	6	南京	15180	14729	0.145
2	苏州	64276	74606	0.678	7	宁波	11780	11966	0.115
3	杭州	42460	39029	0.397	8	绍兴	9965	9803	0.096
4	无锡	24975	25204	0.244	9	南通	9441	10073	0.094
5	嘉兴	23337	24203	0.231	10	金华	9161	10072	0.093

续表

排行	城市	流入 (S_i^{in})	流出 (S_i^{out})	联系强度标准值 (S_i')	排行	城市	流入 (S_i^{in})	流出 (S_i^{out})	联系强度标准值 (S_i')
11	常州	8537	10378	0.091	27	衢州	1134	1093	0.010
12	湖州	7100	7512	0.070	28	马鞍山	880	1018	0.008
13	泰州	5853	6357	0.059	29	芜湖	772	885	0.007
14	镇江	5975	6165	0.058	30	宿迁	757	835	0.007
15	台州	4664	4570	0.044	31	宣城	704	706	0.006
16	扬州	4367	4684	0.043	32	池州	563	717	0.005
17	温州	4518	4004	0.041	33	宿州	407	401	0.003
18	舟山	3563	4683	0.039	34	蚌埠	377	364	0.003
19	合肥	2183	2223	0.021	35	安庆	335	344	0.002
20	盐城	2050	1937	0.019	36	六安	297	315	0.002
21	丽水	2018	1933	0.018	37	铜陵	217	286	0.001
22	黄山	1789	2156	0.018	38	阜阳	196	162	0.001
23	徐州	1476	1480	0.013	39	淮南	180	176	0.001
24	淮安	1296	1269	0.012	40	淮北	117	104	0.000
25	滁州	1117	1269	0.011	41	亳州	98	103	0.000
26	连云港	1143	1194	0.010					

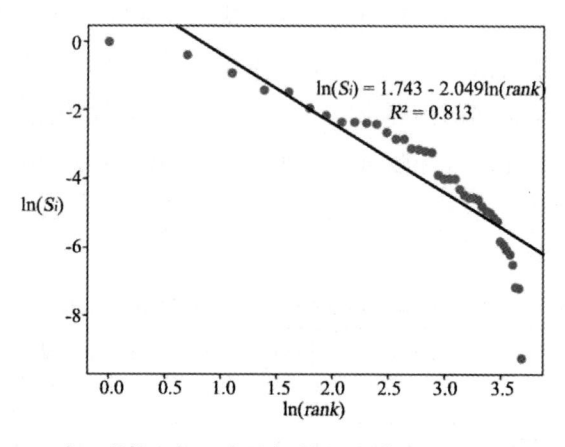

$\ln(S_i) = 1.743 - 2.049\ln(rank)$
$R^2 = 0.813$

图 8-3　2018 年 9 月长三角 41 个城市外国人流动联系强度的位序—规模分布图

城市的外国人人流的高强度联系在空间上显著集聚于沪宁—沪杭轴线上。根据自然断点法将联系强度分为5级进行可视化，第1、第2级为强联系，第3级为中度联系，第4、第5级为弱联系。可以看出，所有强联系均位于沪宁轴线和沪杭轴线之上，轴线内部各城市之间的外国人人流联系密切，其中上海和苏州是外国人人流联系的双核，两者之间形成最强的联系。沪杭轴线上的联系总体上强于沪宁轴线，南京虽然在外国人人流网络中的中心度很高，但与其他城市之间的联系强度并不高。在这两条轴线外部，仅南通、金华、宁波等少数临近城市与上海、苏州、杭州等重要节点城市存在中度联系，其余多数城市间均为弱联系。可见外国人人流集中流动于沪宁、沪杭两条轴线之上，向外拓展不明显。

3. 外国人国籍多样度的测度结果分析

通过在一个城市内产生活动的外国人的国籍数量来测度外国人国籍多样度，并以城市两两之间共同出现的国籍的数量作为边的权重建立网络进一步分析测度结果，发现具有以下特征。

（1）一些专业功能特色突出的中小城市外国人多样性很高，国际影响广泛。表8-11是按多样度标准值进行的城市排序。排名第二和第四的金华和嘉兴从城市规模上看仅是中等城市，在长三角区域中的地位都不突出。然而，金华依靠小商品的产业特色闻名世界，其下属的义乌市是全球最大小商品集散中心，在小商品这一特色领域的全球生产网络中处于控制地位，嘉兴则依靠在其所属的乌镇每年举办世界互联网大会，在互联网领域具有了很强的国际影响力。可见，中小城市通过充分发挥城市的资源、特色产业、特殊政策等，使其国际辐射能力超越了城市本身的等级，吸引到来源广泛的外国人流。

表8-11　2018年9月长三角41个城市外国人国籍多样度测度结果排行

排行	城市	国籍数（M_i）	标准值（$M_i^{'}$）	排行	城市	国籍数（M_i）	标准值（$M_i^{'}$）
1	上海	192	1.000	4	嘉兴	154	0.765
2	金华	173	0.883	5	南京	154	0.765
3	杭州	165	0.833	6	苏州	150	0.741

续表

排行	城市	国籍数（M_i）	标准值（M_i'）	排行	城市	国籍数（M_i）	标准值（M_i'）
7	温州	148	0.728	25	泰州	79	0.302
8	宁波	144	0.704	26	淮安	74	0.272
9	绍兴	138	0.667	27	宿州	74	0.272
10	南通	137	0.660	28	宿迁	65	0.216
11	舟山	134	0.642	29	蚌埠	62	0.198
12	无锡	125	0.586	30	芜湖	61	0.191
13	湖州	125	0.586	31	宣城	61	0.191
14	台州	124	0.580	32	马鞍山	58	0.173
15	常州	121	0.562	33	黄山	54	0.148
16	丽水	118	0.543	34	六安	53	0.142
17	衢州	118	0.543	35	安庆	46	0.099
18	徐州	114	0.519	36	阜阳	46	0.099
19	镇江	113	0.512	37	淮南	45	0.093
20	合肥	102	0.444	38	铜陵	40	0.062
21	连云港	94	0.395	39	亳州	40	0.062
22	扬州	90	0.370	40	池州	38	0.049
23	滁州	86	0.346	41	淮北	30	0.000
24	盐城	84	0.333				

（2）外国人国籍多样度高的城市集中于长三角的南翼。城市间国籍共现网络呈现出菱形结构。上海为东北部顶点、南京为西北部顶点、温州为东南部顶点、衢州为西南部顶点。这些顶点之间围合出的区域是外国人多样性最高的区域，包括了浙江省的绝大部分区域、上海和苏南地区。可以看出，这一网络结构明显向长三角南翼的浙江省倾斜。具体观察城市的排行，浙江省的11座城市位于前17位，优势显著，这一结果主要得益于浙江省中小城市的特色化、专业化发展带来了在专业领域的广泛国际影响。

4. 国际化水平综合测度结果

综合以上3个维度的测度结果，根据式（8-10）计算得出外国人人流联系视角下长三角各城市的国际化水平综合值，表8-12是按国际化水平综合值进行的城市排序结果，为测度结果的空间分布。

表8-12　　2018年9月长三角41个城市国际化水平综合测度结果排行

排行	城市	网络中心度 (C_i')	联系强度 (S_i')	多样度 (M_i')	综合值 (A_i)	排行	城市	网络中心度 (C_i')	联系强度 (S_i')	多样度 (M_i')	综合值 (A_i)
1	上海	0.81	1.00	1.00	0.938	22	泰州	0.26	0.06	0.30	0.208
2	苏州	0.71	0.68	0.74	0.710	23	盐城	0.25	0.02	0.33	0.201
3	杭州	0.57	0.40	0.83	0.602	24	连云港	0.19	0.01	0.40	0.198
4	南京	0.69	0.15	0.77	0.533	25	淮安	0.28	0.01	0.27	0.186
5	嘉兴	0.40	0.23	0.77	0.466	26	滁州	0.19	0.01	0.35	0.181
6	金华	0.35	0.09	0.88	0.442	27	宣城	0.22	0.01	0.19	0.141
7	无锡	0.49	0.24	0.59	0.439	28	宿迁	0.19	0.01	0.22	0.137
8	宁波	0.38	0.12	0.70	0.398	29	芜湖	0.20	0.01	0.19	0.133
9	绍兴	0.38	0.10	0.67	0.379	30	宿州	0.09	0.01	0.27	0.121
10	南通	0.34	0.09	0.66	0.364	31	黄山	0.19	0.02	0.15	0.118
11	常州	0.36	0.09	0.56	0.339	32	马鞍山	0.16	0.01	0.17	0.115
12	温州	0.22	0.04	0.73	0.331	33	蚌埠	0.10	0.00	0.20	0.100
13	合肥	0.47	0.02	0.44	0.313	34	池州	0.20	0.01	0.05	0.085
14	湖州	0.28	0.07	0.59	0.311	35	安庆	0.09	0.00	0.10	0.067
15	台州	0.28	0.04	0.58	0.300	36	六安	0.05	0.00	0.14	0.065
16	舟山	0.17	0.04	0.64	0.285	37	铜陵	0.13	0.00	0.06	0.063
17	镇江	0.24	0.06	0.51	0.269	38	阜阳	0.09	0.00	0.10	0.062
18	丽水	0.20	0.02	0.54	0.254	39	淮南	0.05	0.00	0.09	0.048
19	徐州	0.22	0.01	0.52	0.252	40	亳州	0.05	0.00	0.06	0.037
20	衢州	0.19	0.01	0.54	0.247	41	淮北	0.03	0.00	0.00	0.008
21	扬州	0.32	0.04	0.37	0.246						

（1）整体来看，长三角城市的国际化水平差异明显，以上海和苏州为核心，形成"中间高、外围低"的总体格局。根据自然断点法将城市的国际化水平分为5级，第1、第2级为高值，第3级为中值，第4、第5

级为低值。沿沪宁杭甬四市的"Z"字形走廊形成了国际化水平发展较高的区域，轴线上的11座城市中有7座位于高值区。"Z"字形走廊以外的区域中，浙江的浙南地区除金华已经进入高值区外均处于中值，江苏的苏中苏北地区以低值为主，安徽除省会合肥外均为低值，其中最边缘的皖西地区为极低值区域。由此可见，长三角核心区的整体国际化发展水平较高，国际化水平的提升有向浙南区域逐渐扩散的趋势，而向苏北和安徽的扩散较慢。

（2）城市的国际化水平与城市的规模与行政等级总体上具有正相关性。如表8-11所示，上海作为直辖市和长三角唯一的超大城市，城市国际化水平优势明显。苏州、杭州、南京、无锡、宁波等长三角核心区域内规模较大或行政等级较高的城市国际化发展水平也很高。可见城市的国际化水平会受到城市规模与行政等级的影响，因为大多数的国际合作与交流活动首先发生在规模较大或行政等级较高的城市。

（3）中小城市通过突出的专业特色领域在全球化中发挥重要作用，可以实现城市国际化水平的异军突起。嘉兴和金华的国际化水平得分在长三角分别排名第五和第六，是中小城市国际化的典型样本，这些城市基于特色产业和优势资源制定国际化发展战略，实现国际化水平的跨越式提升，为长三角整体的国际化水平提升做出了重要贡献。

（二）与其他要素联系测度结果的比较验证

分别以外国人流动网络中心度、外国人流动联系强度、外国人国籍多样度和人流联系的综合测度值作为因变量进行线性回归。自变量从现有城市国际化研究中常见的几个维度：经济、交通、信息、文化、政治中选取指标。

在经济联系上，相关研究方法主要可分为跨国公司（MNC）网络研究和高极生产性服务（APS）网络研究两类，因此分别选取外资企业数和外资金融机构网点数来近似模拟城市在这两种网络下的联系水平。外资企业数的数据来自天眼查网站统计，外资金融机构网点数的数据来自POI的采集；在交通联系上，航空流是最常见的研究方法，因此选取国际航线数模拟城市在航空网络中的联系水平，数据来自飞常准网络数据；

在信息联系上，互联网通信已经成为最主要的信息交流渠道，是反映城市国际联系的重要维度，因此采取谷歌趋势指数（Google Trends）数据来体现城市的国际关注度表征信息联系水平；在文化和政治联系上，分别采取举办国际会议展览赛事数和使领馆机构数这两个相关评价指标体系中常见的指标进行模拟，数据来源为相关部门统计数据。

对回归结果进行检验，发现 Sig 均等于 0.000，R^2 = 0.871、0.960、0.693、0.874。拟合度均较好。

回归结果（见表8-13）显示如下。

（1）经济联系的测度结果与人流联系的各项指标均具有非常显著的正相关性，城市在经济上的国际联系水平是影响城市间外国人往来流动的最主要因素。城市国际化发端于经济全球化，早期研究学者如弗里德曼等将城市在经济全球化中的控制能力视为城市国际化的本质特征，尽管城市国际化的内涵此后日益广泛多元，但通过人流联系视角的研究验证，经济联系依然是城市国际化最重要的表征。在相关研究最常用的两项指标中，相比于外资金融机构，外资企业数与外国人的实际流动水平相关性更高。可见，在经济维度中，仅从高端生产性服务业如金融等的视角来测度城市的国际化水平与外国人的实际流动具有偏差，具有一定的局限性，从全面的企业联系视角进行测度与实际人流更加贴近。

表8-13　各要素联系指标与人流联系指标的线性回归结果

要素联系指标		外国人流动网络中心度		外国人流动联系强度		外国人国籍多样度		综合值	
		回归系数	显著性	回归系数	显著性	回归系数	显著性	回归系数	显著性
经济联系	外资企业数	2.858***	0.000***	0.963***	0.001***	4.171***	0.000***	3.138***	0.000***
	外资金融机构数	-0.278	0.430	1.044***	0.000***	-1.858***	0.002***	-0.602*	0.089*
交通联系	国际航线数	1.185***	0.003***	-0.065	0.749	1.216**	0.042**	0.911**	0.016**
信息联系	国际关注度	-3.056	0.360	-0.889	0.380	-2.081	0.692	-2.452	0.457

续表

要素联系指标		外国人流动网络中心度		外国人流动联系强度		外国人国籍多样度		综合值	
		回归系数	显著性	回归系数	显著性	回归系数	显著性	回归系数	显著性
文化联系	举办国际会议展览赛事数	-0.281	0.700	-0.161	0.691	0.049	0.966	-0.118	0.870
政治联系	使领馆机构数	0.251	0.921	0.755	0.590	-1.061	0.791	-0.163	0.948
	R^2	0.871		0.960		0.693		0.874	

注：*代表10%显著性水平上显著；**代表5%显著性水平上显著；***代表1%显著性水平上显著。

（2）以国际航线测度的交通联系水平显著影响了城市在外国人流动网络中的中心度。人流联系视角的研究验证了国际航空网络在世界城市网络中的重要作用。航空运输是跨国活动中最常用的交通方式，是人流的重要载体，因此拥有更多国际航线、在国际航空网络中占据更优势地位的城市，往往成为一个区域内发挥国际化作用的门户枢纽。但是这一指标与外国人流动联系强度之间并没有显著的相关性，在这类城市中进行持续活动的外国人数量并不一定很多，大量外国人可能仅通过这类城市集散中转至其他城市，因此仅以航空流来反映城市国际化水平仍具有缺陷。

（3）信息、文化、政治联系的测度结果与人流联系的各项指标不具有显著的相关性，城市在这些维度的国际联系水平对于实际人流影响有限。一方面，相比于文化、政治、信息等领域，经济因素仍然是影响人口跨国流动的主导因素；另一方面，对于这些领域的城市国际化水平的研究还比较初步，测度的方法和数据不完善，不能完全反映真实的联系水平，相关研究还需不断探索完善。

三 结论与讨论

随着中国对外开放程度的不断加深和经济社会发展进入新的阶段，提升国际化水平已经成为中国许多城市新一轮发展的重要方向。对城市国际化水平进行合理的评价有利于准确把握城市国际化发展的现状水平与优劣势，从而指导城市的国际化发展战略决策。因此，本文在深入理解城市国际化内涵的基础上，利用外国人手机信令数据，从外国人流动网络中心度、外国人流动联系强度、外国人国籍多样度3个方面，构建了分析框架，探索性地提出了从外国人人流联系视角评价城市国际化水平的思路与方法，并对长三角三省一市进行了实证分析，验证了评价方法的实用性和有效性。

（一）结论

（1）在深入理解城市国际化内涵的基础上，本文认为城市中外国人口的往来流动可以表征城市在多元领域的国际化水平。基于此，从外国人人流联系视角构建了城市国际化水平的评价方法，包括外国人流动网络中心度、外国人流动联系强度、外国人国籍多样度3个主要特征的评价。通过对长三角三省一市的实证分析验证了评价方法的可操作性。

（2）以外国人人流视角的城市国际化水平评价方法对长三角城市进行实证分析发现：城市的外国人流动网络中心度与城市的等级总体上呈现一致性，长三角的核心区和边缘区在网络中分异明显，网络中心度高的城市集中在沪宁杭甬"Z"字形走廊上；城市的外国人流动联系强度符合位序—规模分布，且集中分布于位序靠前的上海、苏州等城市，在空间上则显著集聚于沪宁—沪杭轴线上；外国人国籍多样度高的城市集中于长三角的南翼，一些专业功能特色突出的中小城市外国人多样性指标的得分很高；通过综合测度值发现，长三角城市的国际化水平差异明显，以上海和苏州为核心形成"中间高、外围低"的总体格局，沪宁杭甬"Z"字形走廊是国际化发展的高水平区域，并且有向浙南区域逐渐扩散的趋势。城市的国际化水平与城市的规模与等级总体上具有正相关性，但专业特色突出的中小城市通过正确的国际化战略选择也可以在全球化中发挥重要作用，提升城市的国际化水平。

（3）将评价结果与通过其他要素联系测度所得结果进行比较验证发现：以外资企业数量测度的城市经济联系水平与外国人人流联系具有非常显著的正相关性，城市在经济上的国际联系水平是影响城市间外国人往来流动的最主要因素；以国际航线测度的交通联系水平显著影响了城市在外国人流动网络中的中心度，但是与外国人流动的联系强度之间并没有显著的相关性；城市在信息、文化、政治等领域的国际联系水平对于实际外国人人流影响有限。

(二) 讨论

外国人手机信令数据可以真实地反映外国人在城市间的活动情况，从而为外国人人流活动的定量计算提供准确的支持。以此数据为支撑构建的基于外国人人流联系视角的城市国际化水平评价方法，既突破了已有研究中单一侧重经济视角的局限，又避免了构建过于繁复且难以计算的指标体系，有助于更加便捷、准确地反映城市的国际化水平，为城市制定和调整国际化发展战略提供了科学的决策依据。同时，手机信令数据具有动态采集、连续性强的特点，为实现城市国际化进程的实时监测和长期跟踪提供了可能。

本文所做的探索也具有一定的局限性。受限于数据的可获取性，研究中所采用的外国人手机信令数据仅包含来华后使用国际漫游的外国用户，不包含那些改用中国手机卡的外国用户，故采集到的数据实际上以短期来华的外国流动人口为主。因此本研究的测度结果偏向于反映城市中外国人的流动性，重在评价城市国际化的动态活跃程度。此外，研究采用的数据在时间上仅包括9月一个月，而外国人的活动受国际事件以及旅游淡旺季等的影响，在一年内的不同时间存在波动变化。因此，未来的研究首先需要获取更长时间段的手机数据以提升分析结果的可靠性，同时在本书所构建的评价方法的基础上，结合常住外国人口的静态属性，完善城市国际化水平评价的分析框架，并进一步分析城市国际化的各项特征和影响机制。

第三篇

以城市可持续发展促进共同富裕示范区建设

城市与产业转型发展涉及方方面面,往往是多因素最后的合力效果,研究视角既可以从发展角度,也可以从规划角度,亦可以从文化或生态角度,等等。本书从城市经济社会发展角度,竭力阐述浙江城市在改革开放尤其新时代发展中的路径依赖、战略选择,提炼可复制可推广的经验,传播浙江城乡发展的好故事、好形象。

第九章 万亿城市的发展路径

第一节 新时代大杭州的名城之路

杭州是一座具有悠久文化的历史名城,更是一座具有载有国际"基因"的城市。数千年前,先民已在杭州土地上生息繁衍,并且创造了城市璀璨文明。宋代词人柳永《望海潮》"东南形胜,三吴都会,钱塘自古繁华"。2016年9月3日,习近平总书记在杭州出席二十国集团工商峰会开幕式并发表重要主旨演讲,赋予了杭州"历史文化名城、创新活力之城、生态文明之都"的发展定位。

进入新发展时期,杭州城市脱颖而出,成为"时代之子"。杭州美誉度和影响力不断上升,成为新一线城市的杰出代表。杭州经济社会发展取得标志性突破,杭州生产总值超1.6万亿元,人均生产总值超2万美元,常住人口超1000万。对外开放格局实现全面扩展,G20杭州峰会成功举办,亚运会进入"杭州时间",杭州入选国家首批六个营商环境创新试点城市。由工信部发布的"2021中国国际数字经济发展百强榜",杭州与北上广深同列中国数字经济一线城市。由证券时报社中国资本市场研究院发布的中国内地省市金融竞争力排行榜,杭州连续2020年、2021年位列北京上海深圳之后,排全国第四。杭州成为世界闻名的宜居城市,获"联合国人居奖"和"中国人居奖",是全国唯一的一座连续13年获得中国最具幸福感城市。2019年杭州以55.4万的人口增量首次位列全国第1,2020年引进35岁以下大学生达43.6万人,人才净流入率、互联网人才净流入率保持全国城市第1。

今天,以"城市之窗"展示"中国之治",以"杭州之答"回应"时代之问"。

一 杭州:无愧的历史文化名城

(一) 杭州的世界文化遗产遗址群

杭州自秦朝设县治以来已有2200多年的历史,曾是吴越国都和南宋都城。2019年7月6日,联合国教科文组织第43届世界遗产委员会会议将"良渚古城遗址"列入《世界遗产名录》,奠定了杭州厚实的历史根基。良渚文化距今4300—5300年,持续约1000年,面积约3.65万平方公里,有发达的犁耕稻作农业和系统化、专业化的手工业,出现了城市文明现象,具备了早期国家基本形态。其遗址被称为中华五千年文明的实证,更往前看,有研究支持,杭州乌龟洞遗址古人类化石的发现证实5万年前就有古人类在杭州这片土地上生活①,萧山跨湖桥遗址的发掘证实了早在8000年前就有现代人类在此繁衍生息,距今5000年前的余杭良渚文化被誉为"文明的曙光"。

2011年6月24日,在《世界遗产名录》中,联合国教科文组织第35届世界遗产大会正式将中国"杭州西湖文化景观"列入《世界遗产名录》,联合国教科文组织与杭州签订了成立世界遗产保护中国研究中心的《合作备忘录》。2014年5月18日,联合国教科文组织在中国的首个宣传和交流申遗工作的重要驻点落户杭州,并在南宋御街揭牌成立杭州项目事务处。2014年6月22日,联合国教科文组织第38届世界遗产大会将"中国大运河(杭州段)"正式列入《世界遗产名录》。至此,杭州拥有西湖、京杭运河(杭州段)、良渚遗址三处世界文化遗产,是继北京之后拥有世界文化遗产最多的城市。

中华人民共和国成立以来,杭州多次获得殊荣。杭州诞生新中国第

---

① "建德人"才是浙江人类的鼻祖,很多人都不知道……搜狐 [引用日期2018-02-02]。

一部宪法"西湖稿"。1953年12月28日至1954年3月14日，毛泽东主席在杭州起草中华人民共和国第一部宪法草案，史称"西湖稿"。2016年12月4日，"五四宪法"历史资料陈列馆在浙江省杭州市开馆。《中美联合公报》在杭州诞生并草签。1972年2月26日，尼克松访华抵达杭州，从美国带来4棵加利福尼亚红杉树苗作为赠礼送给毛泽东主席，中方决定都种在杭州。27日，《中美联合公报》在杭州诞生并草签。1999年，联合国国际小水电中心落户杭州，这是总部设在中国的第一家国际组织。

在中国古代历史盛期，隋文帝杨坚改钱唐郡为杭州，从此有"杭州"之名。开皇十一年，在凤凰山依山筑城，"周三十六里九十步"，这是最早的杭州城。大业六年（610年），杨素凿通江南运河，从江苏镇江起，经苏州、嘉兴等地而达杭州，全长400多公里，自此，拱宸桥成为大运河的起讫点。杭州一跃而"咽喉吴越，势雄江海"，确立了它在整个钱塘江下游地区的交通枢纽地位。随着京杭大运河的全线通航，杭州直达北京，杭州这座城市逐渐兴盛起来。这一重要的地理位置，促进了杭州经济文化的迅速发展。

（二）杭州贵为吴越南宋国都

1. 吴越国建都于杭州

五代十国时期，吴越国偏安东南，建都于杭州。在吴越三代五帝共85年的统治下，经过劳动人民的辛勤开拓建设，杭州发展成为全国经济繁荣和文化荟萃之地。吴越王钱镠在杭州凤凰山筑了"子城"，内建宫殿，作为国治，又在外围筑了"罗城"。吴越王重视兴修水利，引西湖水输入城内运河；在钱塘江沿岸，采用"石囤木桩法"修筑百余里的护岸海塘；还在钱塘江沿岸兴建龙山、浙江二闸，阻止咸水倒灌，减轻潮患，扩大平陆。

2. 南宋迁都于杭州

北宋时，杭州为两浙路路治。大观元年（1107年）杭州升为帅府，辖钱塘、仁和、余杭、临安、于潜、昌化、富阳、新登、盐官9县，人口已达20余万户，为江南人口最多的州郡之一。经济繁荣，纺织、印刷、酿酒、造纸业都较发达，对外贸易进一步开展，是全国四大商港之一。宋仁宗有诗句赐梅挚知杭州中赞美杭州为东南第一州。经过北宋 150 多年的发展，至南宋定都之前，杭州是江南人口数量最多的州城。到了南宋时，开始了杭州的鼎盛时期。南宋建炎三年（1129 年）升为临安府，治所在钱塘。绍兴八年（1138 年）定都于此，杭州城垣因而大事扩展，当时分为内城和外城。由于北方许多人随朝廷南迁，使临安府人口激增。到咸淳年间（1265—1274 年），居民增至 124 万余人（包括所属县）。就杭州府城所在的钱塘、仁和两县而言，人口也达 43 万余人，杭州成为长三角区域一个重要的国际性城市，都城临安辐射周边区域甚至域外国家，与日本、朝鲜和东南亚国家建立了广泛的联系。其后发展中，杭州与世界又有了新的拓展，至元朝时代杭州已经是一座伟大的城市了，被世界著名旅游家马可·波罗描绘为"世界上最华丽富贵之城"，激起了欧洲人对东方的热烈向往。发展至明清以后，江南地区日益繁华，同时因风景秀丽，杭州被誉为"人间天堂"。

（三）杭州西湖文化满溢天下

杭州之所以闻名于世，正因有西湖。以西湖为中心的西湖风景名胜区是中国十大风景名胜区之一，"天下西湖三十六，就中最好是杭州"。全湖面积 5.6 平方公里，绕湖一周约 15 公里，环湖绿荫丛中，隐现数不清的楼台亭榭，近处波光潋滟，远处云山缭绕。西湖风光与文化之美，"古今难画亦难诗"。西湖免费开放，西湖之美，人人可得。

杭州得益于京杭大运河和通商口岸的便利，以及自身发达的丝绸和粮食产业，历史上曾是重要的商业集散中心。1929 年，杭州举办了第一届西湖博览会，开启了工业文明时代杭州放眼世界的新纪元，博览会不仅汇聚了全国各地官办、商旅代表，更有吸引了广泛的各国华侨界代表和美国记者团、日本考察团、英国商务考察团等前来参观和洽谈商务。近代以来，得益于改革经济大潮浙江发展伟大成就，杭州西湖更是满溢天下。最高领导曾表示，杭州不仅历史文化厚实、山水底蕴彰显，而且经济社会发展活力引领全国，能够代表社会主义城市发展的成就，可以成为充分展示中国发展的窗口（见图 9-1）。

第九章 万亿城市的发展路径

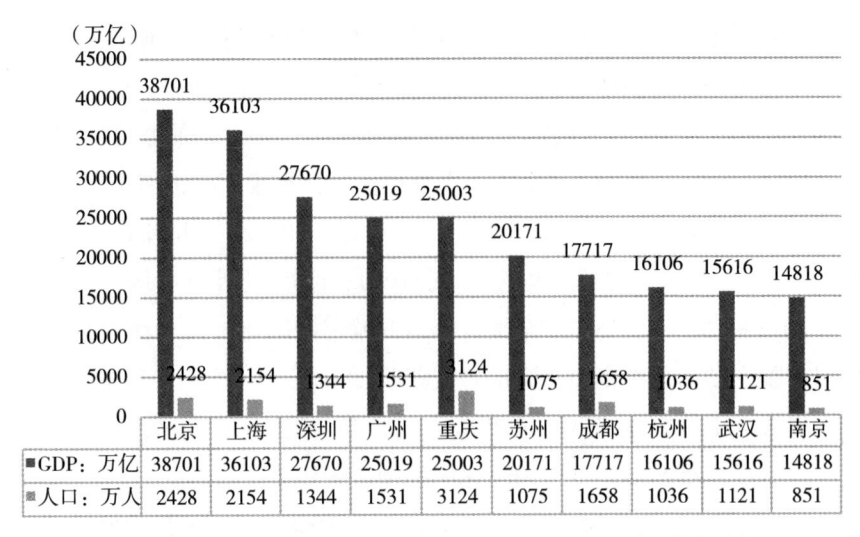

	北京	上海	深圳	广州	重庆	苏州	成都	杭州	武汉	南京
GDP：万亿	38701	36103	27670	25019	25003	20171	17717	16106	15616	14818
人口：万人	2428	2154	1344	1531	3124	1075	1658	1036	1121	851

图 9-1　2020 年中国大陆 GDP 超万亿、常住人口超万千的十大城市

二　杭州：引领的创新活力之城

"创新活力之城"是三个城市定位的重要组成部分，是杭州鲜明突出的特色优势，是杭州独一无二的"金名片"。李克强总理亲自出席在杭州举办的全国"双创周"活动，点赞杭州"映日荷花别样红"的创新创业环境。2012 年 4 月 10 日，联合国教科文组织正式批准杭州市加入联合国"全球创意城市网络"，并授予杭州"手工艺与民间艺术之都"称号。杭州是国家信息化试点城市、电子商务试点城市、电子政务试点城市、数字电视试点城市和国家软件产业化基地、集成电路设计产业化基地。

（一）杭州以国际化引领城市与产业创新发展

中华人民共和国成立伊始，杭州即提出向"东方日内瓦"世界一流城市看齐的奋斗目标。改革开放以来，历届杭州市委、市政府始终把城市国际化作为对外开放的关键一招，坚持一张蓝图绘到底、一任接着一任干。20 世纪 90 年代初，杭州提出城市现代化战略，随后市委出台了《中共杭州市委关于贯彻党的十四大精神加快杭州现代化建设步伐的决定》，开启了城市现代化与国际化建设帷幕。2008 年，杭州市委十届四次全体扩大会议正式提出国际化战略，出台《提高城市国际化水平的若干意见》（市委〔2009〕18号）。2016年，在G20杭州峰会前夕，杭州市委十一届十一次全会通过了《全面提升杭州城市国际化水平的若干意见》（市委〔2016〕10号），确定杭州城市国际化"三步走"战略目标和"四大个性特色""四大基础支撑"八大重点任务，形成了推进城市国际化的"四梁八柱"，完成了城市国际化的顶层设计。2018年，杭州市十三届人大常委会十一次会议表决通过了《杭州市城市国际化促进条例》（市人大常〔2018〕13号），公布了全国首部地方城市国际化工作立法。2019年，杭州市委十二届七次全会研究部署杭州贯彻长三角一体化发展国家战略，全面提升城市综合能级和核心竞争力的行动。这一系列重大战略部署的实施，构成了杭州推动城市国际化的鼓励政策体系。

"守正笃实，久久为功。"杭州城市建设取得了举世瞩目的发展成就，综合竞争力和国际影响力显著提升，成为一座国际化十足的魅力大都市。G20杭州峰会成功举办，杭州更是乘势而上全力提升城市国际化水平，迈上了城市国际化发展的新台阶。2015年，杭州经济总量实现历史性的突破，达到10050.2亿元，成为全国第十个迈入"万亿"方阵的城市。在全球化与世界城市研究小组与网络（GaWC）公布的2018年全球城市排名中，杭州城市排名第75，居大陆城市第六（见表9-1）。2019年杭州常住人口已经达到了1036万，首次突破1000万，较上年增加55.4万，跻身经济逾万亿、人口越千万的特大城市行列。在服务借力长三角一体化发展国家战略新时代，杭州城市发展能级和综合竞争力将进一步显著提升。

表9-1　　　　　　　　杭州在全球城市体系中的排名

年度	全球排名	大陆排名	分级
2016	140	8	三线强（Gamma+）
2018	75	6	二线强（Beta+）
2020	90	8	二线（Beta）

资料来源：根据全球化与世界城市研究小组与网络（GaWC）公开资料整理。

通往国际名城的道路上，杭州历经"强市名城"、世界生活品质之城、东方品质之城、创新活力之城等城市国际化发展战略，正向世界展示一座特色化鲜明的国际化大都市。依据杭州推进城市国际化发展机遇和相应的路径选择，可将杭州推进城市国际化分为四个阶段，即受南方谈话解放思想影响，提出建设"强市名城"现代化城市，围绕破解"城市病"难题和应对金融危机双重压力提出建设东方品质之城，抢抓 G20 杭州峰会和 2022 年亚运会重大历史机遇全面提升城市国际化水平，抢抓"一带一路"枢纽建设和长三角一体化国家战略新机遇进一步提升城市发展能级和国际化水平。

1. 确立"强市名城"战略

1992 年，杭州市委六届十一次全会通过了《关于贯彻党的十四大精神 加快杭州现代化建设步伐的决议》，具体描绘了杭州城市发展的战略目标、战略步骤、战略重点和保证措施，确立到 2018 年前后基本实现现代化，成为长三角南翼重要的经济、旅游、科技、文化中心和经济繁荣、科教发达、社会安定、环境优美的现代化国际风景旅游名城。

杭州于 1999 年前后陆续出台了《关于杭州建设经济强市的若干意见》《关于杭州建设文化名城的若干意见》《关于加快建设杭州城市化发展的若干意见》等城市发展政策，努力使杭州达到"经济保领先、文明创一流"的水平，进而实现城市现代化的总目标。这时期杭州全面推进城市国际化，着重突出杭州特色，接受上海辐射，注重运用市场经济的机制，科学规划、合理培育全市城市体系，提高城市现代化水平。2000 年杭州恢复了中断 71 年的西湖博览会，成为 21 世纪"世界了解杭州、杭州走向世界"的大窗口。杭州进一步扩大对外开放力度，进一步打响"游在杭州、住在杭州、学在杭州、创业在杭州"城市品牌。

根据习近平同志主政浙江时期时亲自擘画的杭州对外开放宏伟蓝图，杭州努力朝着建设世界一流的现代化国际大都市迈进，城市经济社会发展进入快车道，实现了新飞跃。一方面，杭州大力发展外向型经济，夯实城市发展产业根基。在实施"强市名城"城市现代化的战略中，杭州城市晋级副省级省会城市行列，孕育了一批万向集团、吉利集团、阿里巴巴、海康威视等世界级领军企业。另一方面，杭州加快区划调整破除城市发展空间不足的瓶颈。杭州先后确定城市沿江、跨江、向东发展的城市规划方向，正式从西湖时代迈向钱塘江时代。经民政部批准，萧山、余杭 2001 年成建制改区，融入杭州主城区。至此，杭州城市实现了钱塘江两岸现代化壮观的建筑群同美丽的西湖风光交相辉映，构成了一幅完美的天堂画卷。

2. 实施旅游国际化优先战略，打造东方品质之城

杭州城市国际化有组织、有计划的行动亦发端于旅游国际化行动计划，早在 20 世纪 90 年代杭州提出建设国际风景旅游城市的战略构思。杭州是国内首个提出"旅游国际化"战略的城市，旅游国际化成为杭州城市国际化的引领和表征，旅游国际化既是城市国际化的引领，也是城市品质提高的重要内容。从 2003 年起，杭州实行西湖景区免门票。接着杭州在 10 多年时间里相继取消了 130 多个景点门票，占所有景区 70%以上。2003—2015 年杭州旅游经济实现总收入平均增长 17.3%，海外游客翻两番，国内游客增长 4.5 倍的高速增长。

2008 年杭州市委十届四次全体扩大会议正式提出"城市国际化"战略，把它作为杭州城市发展的六大战略之一。2008 年底，市委市政府提出了城市国际化发展战略。2009 年 6 月 26 日，杭州市委出台了《关于实施城市国际化战略提高城市国际化水平的若干意见》（市委〔2009〕18号），明确加快共建共享与世界名城相媲美的"生活品质之城"步伐，全面实施城市国际化战略、提高城市国际化水平。若干意见确定了城市国际化主攻路径，集中推进政府管理国际化、经济贸易国际化、社会服务国际化、城市设施国际化、科教文化国际化、生活居住国际化、市民观念国际化七大任务。

杭州以旅游国际化为突破口推进城市国际化。2016 年以来，杭州旅游国际化进入新发展阶段，即国际化城市成型阶段。杭州跻身中国最美丽城市首位，G20 峰会后更是加速了杭州旅游国际化的进程。2016 年 12 月，杭州发布《杭州市旅游国际化行动计划（2016—2020 年）》，形成新一轮旅游国际化行动计划。

3. 抢抓 G20 峰会和 2022 年亚运会机遇，全面提升城市国际化水平

G20 杭州峰会和 2022 年亚运会是杭州城市发展千载难逢的历史机遇。

为抓住和用好重大战略机遇，杭州将城市国际化战略列出城市发展首位战略，出台专项实施意见，完善推进协调机构，颁布城市国际化工作条例，设立杭州国际日，加强对城市国际化工作考核督查，全面提升杭州城市国际化水平。

在杭州市"十三五"规划中，将城市国际化列为首位战略、首要任务。杭州市委于2016年7月以"推进城市国际化"为主题召开市委十一届十一次全会，通过《全面提升杭州城市国际化水平的若干意见》（市委〔2016〕10号），确定"三步走"战略目标和"四大个性特色""四大基础支撑"八大重点任务，即着力打造具有全球影响力的"互联网+"创新创业中心、国际会议目的地城市、国际重要的旅游休闲中心、东方文化国际交流重要城市四大个性特色，加快形成一流生态宜居环境、亚太地区重要国际门户枢纽、现代城市治理体系、区域协同发展新格局四大基础支撑，形成推进城市国际化的"四梁八柱"，完成了城市国际化的顶层设计。2017年2月，杭州市十二次党代表会提出"加快建设独特韵味别样精彩世界名城"的奋斗目标。2017年6月11日，杭州市委召开了城市工作会议，再次明确了加快城市国际化、建设世界名城的发展战略。2017年11月，杭州市委出台了《关于实施"拥江发展"战略的意见》，要把钱塘江沿线建设成为独特韵味别样精彩的世界级滨水区域。

围绕重点领域关键环节取得突破，杭州市印发了系列行动计划。如发布了《杭州市旅游休闲业转型升级三年行动计划（2015—2017年）》《杭州市旅游国际化行动计划（2016—2020年）》《杭州市推进教育国际化行动计划》《杭州市推进医疗卫生国际化行动计划》《城市标识系统国际化行动计划（2016—2017年）》等。杭州先后印发了《关于全面提升杭州市社区建设国际化水平的实施意见》《杭州市商业空间布局及商业业态发展引导意见》，编制了《关于实施"标准化+"行动》（已形成征求意见稿），发布《杭州市社区国际化评价指标体系》和《杭州市社区国际化公共服务标准体系》。同时，指导区县（市）开展城市国际化行动方案编制，根据贯彻《杭州市城市国际化促进条例》市县两级区域国际化要求，依据各区县（市）发挥优势和补齐短板的实际，指导区县（市）开展城市国际化行动方案编制,滨江、余杭、富阳等首批城区的国际化行动方案已基本编制完成。

2018年4月27日,杭州市十三届人大常委会十一次会议表决通过了《杭州市城市国际化促进条例》。这是全国首部地方城市国际化工作立法,立法内容紧紧围绕贯彻落实市委市政府重大决策部署,对市委全会确定了八大任务以项目化进行落实和部署,同时坚持开门立法,充分吸收民众对推进城市国际化的意见。杭州市十三届人大常委会十一次会议还通过了《杭州市人大常委会关于设立"杭州国际日"的决定》,自2018年起,将每年的9月5日,设立为杭州市永久性节日——"杭州国际日"。设立"杭州国际日",是杭州人民对美好记忆的永久珍藏,通过"杭州国际日"将G20杭州峰会永远定格市民心里,成为杭州人民心里永不闭幕的盛会;是杭州人民对走向世界的郑重宣示,将进一步营造城市国际化的浓厚氛围,使共建世界名城成为全体市民的自觉行动;是杭州人民对再创辉煌的美好愿景。

杭州将城市推进国际化工作情况纳入市综合考评,每年向市人大汇报工作推进情况。2017年首次对市直部门推进城市推进国际化工作情况进行年度考核,2018年对所示区、县(市)城市推进国际化工作情况进行年度考核,从而在全市范围内形成考核督查机制。杭州印发《2018年杭州市城市国际化重点专项区县(市)考核细则》,专项区县(市)考核细则分为基本任务(40分)、挑战任务(60分)两大块,根据发展水平和国际化工作特点,将区县(市)分为A、B、C、D四类,挑战任务中单项得分不同类型的得分系数各异,既鞭策先进,又鼓励后者。

4. 服务借力长三角提升城市发展能级和国际影响力

出台进一步提升城市国际化水平的指导意见。2018年7月,出台了《关于以"一带一路"建设统领全面开放进一步提升城市国际化水平的实施意见》(以下简称《意见》)。文件以"一带一路"建设为统领,认真落实"开放强省"工作导向,进一步优化对外开放空间布局,加快建设对外开放重大平台,大力发展更高层次的开放型经济,持续优化开放发展的营商环境,不断提升杭州城市国际化综合能级,为推动杭州建设独特韵味别样精彩世界名城奠定坚实基础。

贯彻落实《杭州市城市国际化促进条例》，2018年9月5日，杭州市举办庆祝杭州首个"杭州国际日"活动。杭州与香港建立了高端服务业战略合作机制，举办2018浙港经贸合作周系列活动暨开幕论坛"创新升级·香港论坛"，推动香港高端服务业在杭集聚发展，打造杭港高端服务业示范区。加快建设世界旅游联盟总部。

5. 全面提升城市国际化水平专项行动计划

从2021年9月到2022年9月，杭州实施以"迎亚运、促开放、展形象"为主要内容的全面提升城市国际化水平专项行动。一是实施国际赛会能级提升专项行动；二是实施国际投资贸易提升专项行动；三是实施国际城市魅力提升专项行动；四是实施国际公共服务提升专项行动；五是实施国际传播能力提升专项行动（见表9-2）。

表9-2　　　　　　　新世纪以来杭州推进城市国际化重要文件

年度	名称	主要内容	备注
2009	《关于实施城市国际化战略提高城市国际化水平若干意见》	首次出台推进城市国际化的顶层设计，确立以城市国际化引领战略、主要突破口、重点工作抓手	市委〔2009〕18号
2014	《杭州市城市国际化工作机制》	首次建立了全市推进城市国际化工作机构，建立推进工作机制，召开首次推进大会	杭国推委〔2014〕3号
2015	《杭州市加快推进城市国际化行动纲要》	构筑四大平台，建设四大设施，营造四大环境城市国际化行动计划	市委办发〔2015〕41号
2016	《杭州市城市标识系统国际化行动三年计划》	对全市主要景点、公共空间场所、道路等标识标牌，进行规范化国际化提升	杭国推委〔2016〕1号
2016	《全面提升杭州城市国际化水平的若干意见》	确立着力打造四大个性特色，加快形成四大基础支撑的八大任务三步骤战略	市委（2016）10号
2016	《组建杭州市城市国际化推进工作专业委员会》	完善了杭州城市国际化"1+9"推进机构，明确了职责责任和工作机制	杭国推委〔2016〕3号

续表

年度	名称	主要内容	备注
2018	《杭州市城市国际化促进条例分本分析》	全国首次出台地方性推进城市国际，杭州率先以地方立法的高度，全面实施城市国际化战略、提高城市国际化水平	市人大常〔2018〕13号
2018	《关于以"一带一路"建设统领全面开放进一步提升城市国际化水平的实施意见》	以服务借力"一带一路"建设为机遇，形成对外开放新平台，全面推进城市国际化与持续开放发展，加快提升城市国际化	市委〔2018〕15号
2019	《关于贯彻实施长三角一体化发展国家战略全面提升城市综合能级和核心竞争力决定》	构建"服务借力上海、平台引领示范、大都市圈融合、关键廊带联动"的一体化发展路径	市委〔2019〕12号
2020	《杭州市亚运城市行动计划纲要》	发挥"体育亚运""城市亚运""品牌亚运"效应，为后亚运推进城市发展建立长效机制	以专题通知发布

（二）打造全国数字经济第一城

近年来，杭州数字经济逆增长，成为"全球电子商务之都"与"移动支付之城"，以阿里巴巴、海康威场主体从75.5万户增加到140.3万户，全国双创周杭州主会场活动成功举办。海康威视、新华三、网易等为龙头的一批上市公司和"独角兽"企业享誉全球，极大地提升了杭州城市的综合竞争力和国际影响力。杭州"大众创新、万众创业"高潮迭起，形成国家"双创"先行区和示范区。在各个城市的"抢人大战"中，杭州人才流入量始终位于前列。近年来，杭州全力打造创新活力之城，深化名校名院名所工程。

2018年10月，杭州市委市政府印发《杭州市全面推进"三化融合"打造全国数字经济第一城行动计划（2018—2022年）》文件，深入实施数字经济"一号工程"，全面推进杭州数字产业化、产业数字化和城市数字化协同融合发展，打造全国数字经济第一城。

杭州承办国家首届"数字经济暨数字丝绸之路国际会议"。提升杭州在数字贸易领域的国际影响力和话语权,参与制定《世界海关组织跨境电商标准框架》,成功举办第三届全球跨境电商峰会、第二届跨境争端解决国际论坛等,跨境电商进出口总额54.41亿美元,同比增长22.03%。

(三)推进"创新活力之城"建设

在习近平总书记在杭州出席二十国集团工商峰会开幕式并发表重要主旨演讲五周年当天,重要主旨演讲发表五周年的日子,2021年9月3号,杭州市委、市政府召开专题会议,研究部署进一步推进"创新活力之城"建设有关工作。会议强调,要对标对表狠抓落实,奋力打造更高水平的"创新活力之城",高水平打造"数智杭州·宜居天堂",高水平建设社会主义现代化国际大都市,奋力争当浙江高质量发展建设共同富裕示范区的城市范例,为杭州展现"重要窗口"头雁风采、争当共同富裕城市范例提供更加强大的创新支撑。

2021年是"十四五"开局之年,杭州以更大决心、更大魄力、更大手笔推进"创新活力之城"建设,努力成为新时代高水平创新型城市。加大政府投入,市级财政5年拿出500亿元,以科技创新专项基金方式投入,坚持市场化、专业化、规范化运作,更好发挥政府引领撬动作用。优化产业生态,围绕打造"互联网+"、生命健康、新材料三大科创高地,持续培育产业生态和做强产业链,做好补链、强链、延链文章,打造动力澎湃的产业"新引擎"。要强化要素保障,聚焦科技企业全生命周期需求,创新土地供应、融资支持、人才引育、研发补助等政策模式,全力构建要素一体供给、一应俱全的保障支撑体系。要深化数字赋能,坚持以数字化改革为引领,建设多跨协同、共建共享的科创服务平台,打造"全市域、全网络、全空间"的数字孪生"创新活力之城"。推动数字产业化二次攀升,努力打造国际软件名城和中国区块链之都、全国云计算之城、全国电商直播之城。全力推进新基建、新消费、新制造、新电商、新健康、新治理"六新"建设,着力培育新增长点。

三 杭州:彰显的生态文明之都

杭州地处长江三角洲南沿和钱塘江流域,西部属浙西丘陵区,主干山脉有天目山等；东部属浙北平原，地势低平，河网密布，湖泊密布，物产丰富，具有典型的"江南水乡"特征。2020年以来，杭州确立了成为社会主义现代化大城市建设的实践范例，展现"重要窗口"头雁风采的奋斗目标。其中提出，更好发挥在生态文明建设方面的示范引领作用，努力成为宜居城市建设的实践范例。统筹推进山水林田湖草系统治理，构建"三圈三带一湖"全域生态空间，全面提升人居环境水平，推动西湖西溪一体化保护提升和淳安特别生态功能区建设，高水平打造"湿地水城"。

（一）山水底蕴名城享誉世界

杭州有着江、河、湖、山交融的自然环境。全市丘陵山地占总面积的65.6%，平原占26.4%，江、河、湖、水库占8%，全市森林面积1635.27万亩，森林覆盖率达64.77%。2020年3月，习近平总书记在浙江杭州调研时指出，"让绿色成为浙江发展动人的色彩"。在浙江省委召开"牢记重要嘱托，建设'重要窗口'"专题交流会上，省委书记、省人大常委会主任袁家军强调，要科学制定并启动实施碳达峰、碳中和计划，早谋划、早部署、早落实，分析综合明确目标、放大细节制定举措、创新建立激励机制，倒逼绿色低碳转型。2001年9月，联合国人居署授予杭州市"联合国人居奖"。

杭州率先5A级国家景点免费开放。2002年开始，杭州市环湖公园景点免费开放。2003年12月19日，杭州市第十届人民代表大会常务委员会第十四次会议审议通过的《杭州西湖风景名胜区管理条例》，2004年5月28日浙江省第十届人民代表大会常务委员会第十一次会议批准。杭州市举办首届世界休闲博览会。2006年4月22日至10月22日，首届世界休闲博览会在杭州举办，主题为"休闲——改变人类生活""和谐生活、和谐创业"，博览会举办地永久落户杭州。2007年，西湖风景名胜区被评为"国家5A级旅游景区"。

（二）发布全国首部生态特区保护法规条例

千岛湖位于杭州淳安，是长三角最大的人工淡水湖，是钱塘江乃至整个杭州水系的重要源头。2019年9月，浙江省政府正式批复同意设立淳安特别生态功能区，范围覆盖全县域。杭州市人大常委会召开《杭州市淳安特别生态功能区条例》（以下简称《条例》）新闻发布会。《条例》将于2022年1月1日起正式施行，这是淳安特别生态功能区设立以来首部"量身定制"的法规，也是全国首部生态"特区"保护法规。

围绕千岛湖保护这一核心，《条例》进一步建立健全完备的保护机制，巩固临湖地带综合整治成果，采取特别的管理体制，实施严格保护举措，为保护好千岛湖一湖秀水提供了法制保障。《条例》聚焦加强生态保护，高标准的生态保护是淳安特别生态功能区建设的前提，《条例》对编制淳安特别生态功能区生态环境指标体系提出了"生态环境状况指数稳定在优""保持千岛湖总体水质稳定，并逐步提高""当年度森林覆盖率稳定在前一年度水平之上"等明确要求。同时，结合千岛湖综合保护和临湖地带综合整治成果，《条例》对依法划定千岛湖保护范围、岸线保护范围做出规定。《条例》力求在保护生态环境与推动绿色发展、增进民生福祉之间取得平衡，支持淳安特别生态功能区建立健全生态产品价值实现机制，支持探索拓展政府主导、企业和社会各界参与、市场化运作、可持续的生态产品价值实现路径。在农业领域等7个方面，确定了行动方向和基本遵循。

四 中国故事的名城之窗

（一）共同富裕之窗

1. 加快形成城乡区域发展一体化新格局的整体发展战略

2010年8月，杭州市委专题会议通过《以新型城市化为主导统筹城乡区域发展加快形成城乡区域发展一体化新格局》工作报告。把加强城乡区域统筹作为推动杭州科学发展的重大战略、作为促进富民惠民的重大举措，加快形成城乡区域发展一体化新格局。深化城乡区域统筹发展，坚持"三化"同步。以新型城市化为主导，统筹推进城乡建设，加强有效集聚和有序疏散，保持和优化主城区、县（市）城、中心镇、特色乡镇、中心村和自然村落协调发展的格局。

2012年1月，杭州市委召开十届十二次全体（扩大）会议，审议通过《中共杭州市委关于认真贯彻党的十七届六中全会精神，深入推进文化名城文化强市建设的若干意见》，明确了杭州市深入推进文化名城文化强市建设的总体要求、主要任务和保障措施。同年2月，杭州市委第十一次大会提出以城乡一体化、城市国际化为主抓手，把"生活品质之城"建设提高到新水平，全面建成惠及全市人民的小康社会，开启率先基本实现现代化新征程，打造东方品质之城、建设幸福和谐杭州。

在发展路径方面，会议指出要坚持以新型城市化为主导，推进规划建设、产业发展、要素配置、生态保护、公共服务、民生保障一体化，提升市区综合服务功能，进一步加快五县（市）发展，扎实推进社会主义新农村建设，加快形成"市区—县城—中心镇—特色镇—中心村—特色村"梯次衔接、功能配套的网络化、组团式城镇体系，建设网络化大都市，加快形成城乡区域发展一体化新格局。紧扣城乡一体化、城市国际化主抓手，全面实施民生优先、环境立市、创新强市、实业兴市、文化引领、开放带动"六大战略"。

为更有效推进城市国际化战略落地，杭州市成立了市城市国际化推进工作委员会及其办公室，市长担任委员会主任，办公室设在市发改委。为推动城市国际化重点领域取得突破，分别成立了五个市城市国际化推进工作专业委员会，如对外宣传与推广国际化专业委员会、旅游休闲推进专业委员会、教育医疗推进专业维护会、城市标识标牌建设专业委员会等，负责本领域国际化重大项目推进工作。

2. 全面建设社会主义国际大城市实践范例

2020年3月29日至4月1日，在统筹推进疫情防控和经济社会发展的特殊时期，习近平总书记到浙江、杭州考察指导，赋予浙江"努力成为新时代全面展示中国特色社会主义制度优越性的重要窗口"的新目标、新定位。随后杭州市委召开全会，部署奋力展现"重要窗口"的"头雁风采"，让世界透过杭州全面领略中国特色社会主义制度的显著优势和无穷魅力。

2021年6月25日，杭州召开市委十二届十二次全会，审议并原则通过《争当浙江高质量发展建设共同富裕示范区的城市范例的行动计划

（2021—2025）》，为杭州未来发展画出一幅蓝图。

行动计划提出，按照推进七方面"先行示范"、打造七个"省域范例"要求，创造性系统性落实示范区建设各项目标任务，加快构建"一核九星、双网融合、三江绿楔"城市新型空间格局，持续放大部分行政区划优化调整的综合效应，率先探索破解新时代社会主要矛盾的有效途径，率先形成推动共同富裕的体制机制，高水平打造"数智杭州·宜居天堂"，争当浙江高质量发展建设共同富裕示范区的城市范例。

杭州将推动"优核强星"、错位协同发展。杭州未来蓝图，就是"大杭州、高质量、共富裕"。这个发展新局中，大杭州是前提，高质量是基础，共富裕是方向。这次，杭州"锚定"共同富裕跑道，提出5个"共富"：区域共富、城乡共富、群体共富、物质精神共富、协作地区共富。明确了"一核九星"具体功能定位："一核"即核心城区，由上城、拱墅、西湖、滨江四个区组成，"九星"即萧山、余杭、临平、钱塘、富阳、临安、桐庐、淳安、建德"九大星城"。"优核"就是要着力提升核心城区的中央活动区功能，提高经济密度、人居环境和公共服务水平，努力成为"大杭州"的强劲极核。"强星"就是要注重共性要求与个性特色相结合，切实增强综合承载力，与核心城区形成联动，提升城市整体功能。

（二）智慧治理之窗

1. 杭州首创"城市大脑"智慧系统

"城市数据大脑"是一个按照城市学"城市生命体"理论和"互联网+现代治理"思维，创新运用大数据、云计算、人工智能等前沿科技构建的平台型人工智能中枢。其整合汇集政府、企业和社会数据，在城市治理领域进行融合计算，实现城市运行的生命体征感知、公共资源配置、宏观决策指挥、事件预测预警、"城市病"治理等功能。2018年4月13日，杭州市发布《杭州市城市数据大脑规划》（杭发改规划〔2018〕183号）[①]。

[①] 杭州市发展和改革委员会、杭州市数据资源管理局：《关于印发〈杭州市城市数据大脑规划〉的通知》（杭发改规划〔2018〕183号），2018年4月13日。

杭州城市数据大脑充分整合现有数据、系统等资源，围绕逻辑架构体系、综合能力体系、技术支撑体系、数据资源体系、标准规范体系、安全保障体系、应用服务体系、运营支撑体系等为总体框架，统筹各方力量，有序推进各项任务。

城市数据大脑构成包括：大脑平台（包括计算资源平台、数据资源平台、算法服务平台）、行业系统、超级应用（架构于大脑平台和行业系统之上的综合性应用）、区县中枢（支撑区县建设基于城市数据大脑的创新应用）等。

城市数据大脑汇聚城市海量数据，利用云计算能力，通过大数据、人工智能等技术支撑各行业系统有效运行，有效提升系统能级。进行跨部门、跨领域、跨区域的即时数据处理，实现数据融合创新，协调各个职能系统，致力于解决综合性问题，修正城市运行缺陷，提高城市运行效率。城市数据大脑的大脑平台、行业系统和区县中枢之间在数据资源层对接，形成完整的城市数据资源平台。大脑平台的算法服务将为行业系统、区县中枢（及其应用）提供智能化支持。

杭州"城市大脑"以问题为导向，通过政企合作，打造集约化平台，提升了城市竞争力，是智慧城市建设的实践性工程。杭州城市数据大脑行业系统及超级应用主要包括城市数据大脑·交通系统、平安系统、城管系统、旅游系统、医疗系统、环境系统、信用系统、其他行业系统及超级应用。

2. 杭州市以信用助力营商环境建设和城市数字治理

近年来，杭州市以信用助力营商环境建设和城市数字治理，并探索出了很多行之有效的经验做法，走出了一条具有杭州特色的社会信用体系建设之路，获得了国家发改委高度肯定和赞扬，认为杭州"为全国创造了可复制、可推广的经验"。

杭州是全国首批社会信用体系建设示范城市。信用工作一直走在全国前列。2016年8月，杭州就颁布了《杭州市公共信用信息管理办法》，对公共信用信息的相关管理活动做了具体规定。2016年10月，杭州发布《杭州市社会信用体系建设"十三五"规划》。杭州依托"亲清在线"平台和"钱江分""芝麻分"等信用产品,为市民们提供了"无杆停车""舒心就医"等多种便民措施。

杭州承办首届中国城市信用建设高峰论坛。"中国城市信用建设高峰论坛"是作为推进城市信用建设的全国性高端论坛,聚焦城市信用建设和市民信用生活,搭建城市信用建设的对话平台,发布全国城市信用状况监测结果,探讨城市信用建设有效路径,交流城市信用建设优秀经验,以社会信用体系建设为重点,提升城市综合发展水平[①]。2017年7月,经国家发改委同意,杭州市人民政府和新华社通讯社联合举办首届中国城市信用建设高峰论坛。

杭州率先颁布城市社会信用条例立法。《杭州市社会信用条例(草案)》,为实现高质量发展提供重要的法治支撑。对有关社会信用、社会信用信息、公共信用信息、市场信用信息、信用服务机构等做出界定,明确了社会信用信息管理原则、公共信用信息目录范围、市场信用信息禁止采集的范围、社会信用信息开放共享机制等内容,强化对社会信用信息的管理。通过立法的形式进一步规范信用信息归集、共享和应用,明确失信惩戒的具体措施,让"信用"不再是随口讲讲。

(三) 营商环境之窗

1. 杭州市入选国家首批六个营商环境创新试点城市

2021年9月8日,根据国务院常务会议,部署在部分城市开展营商环境创新试点,支持地方深化改革先行先试、更大力度利企便民,选择北京、上海、重庆、杭州、广州、深圳6个市场主体数量较多的城市,聚焦市场主体和群众关切,对标国际先进水平,进一步深化"放管服"改革,开展营商环境创新试点。其中,杭州试点目标是全域市场主体场所登记申报承诺制。2020年全面推广应用国际贸易"单一窗口",主要申报功能应用率达到100%。

杭州将围绕深化商事制度改革激发市场主体活力,全域实行市场主体住所(经营场所)登记申报承诺制,建立住所登记负面清单。在负面清单外,申请人只需提交住所(经营场所)申报承诺书,无须另行提交

---

① 新华网. 2017-07-08 [引用日期 2017-07-08]。

住所（经营场所）证明材料。试点商事主体登记确认制改革等。

2. 全面开放品质打造国际一流营商环境

"十三五"期间，杭州持续扩大对外贸易规模，累计利用外资339.76亿美元，较"十二五"增长超过30%。全市境外投资项目累计1123个，中方投资额累计214.9亿美元，国际经济合作营业额累计115.4亿美元，均居全省第一。"海外杭州"发展成效明显，布局迪拜、波兰、埃及、南非等9个"一带一路"海外贸易展。万向、吉利、红狮等一批大型跨国公司开展了全球产业链布局。2020年，全市对"一带一路"沿线国家进出口1809.60亿元，年均增长11.5%。

从成功获评全球旅游最佳实践样本城市，到入选全球百强国际会议目的地城市，从设立全国首个"城市国际化日"，到积极利用展会平台向外展示杭州城市形象，杭州持续加快会展旅游做大做强。推出《看杭州》双语电视节目和 *Hangzhou Focus* 英语广播节目，覆盖五大洲220余个国家和地区，引发热烈反响。

五 杭州：迎接下一个高光

当前恰逢G20杭州峰会成功举办五周年、第19届亚运会倒计时一周年的关键时刻，杭州应深入分析所面临的发展短板，围绕习近平总书记赋予杭州"历史文化名城、创新活力之城、生态文明之都"的城市定位，找准着力点全方位提升城市国际化水平，彰显社会主义现代化大城市"窗口"形象。

（一）全方位推进"九大星城"国际化水平

这一提议主要基于三个原因：一是县域城市是我国城镇化发展的重要基石，国家顶层设计中明确指出特大城市要建设一批产城融合、职住平衡、生态宜居、交通便利的郊区新城，推动多中心、郊区化发展。随着农村居民加快向县城集聚、大城市产业与人口疏解下沉，县域城市作为城乡融合发展的纽带，其地位越来越重要，推进数字化改革、实现共同富裕、建设"窗口"的关键靶心。二是杭州"十四五"发展规划和二〇三五年远景目标纲要确立了"一核九星"的新型特大城市空间格局，"九星"是杭州建设国际大都市的主要载体，是质量发展建设共同富裕示范区城市范例的重点和难点。三是杭州"九星"目前国际化水平明显滞后于"一核",发展本身面临诸多内外困扰。相对全国百强的县域城市,杭州"九星"对核心区支撑能力不够,要以国际化引领"九大星城"城市与产业转型升级,尽早建成共同富裕示范区城市范例。

同时,提高大都市圈市域统筹能力。主要基于当前杭州市域内存在多种财税体制,各区与市级财政关系不同,全市性公共基础建设存在明显的分割,重大项目工程难以推进。在年初推进的有史以来最大区域规划调整中,依然没有触及统一市级财政的难题,依然没有整合"三江汇"区域,依然没有解决高新区(滨江)空间发展难题。依据全国各大中心城市发展情况,均实现了市级统一财税体系,多种财税并存的局面已明显制约市级统筹。

(二)积极申办世界级体育重大交流活动

首先是谋划杭州亚运遗产继承及推动城市发展计划。这一提议主要基于两方面:一是当前对杭州亚运遗产继承及推动城市发展的重视程度不够。亚运筹备五年了,尚未出台专项的亚运遗产继承及推动城市发展指导意见、规划和专项工作,2020年出台的亚运城市行动没有建立在科学系统研究之上,项目顶层设计不够,更多的是各类项目工程汇聚。二是当前筹备工作尚在进行,尚有一定时间可以预留亚运遗产传承与发扬后续空间。要在筹备工作中就要贯彻充分发挥国际"大事件"的持续效应,实现"办好一个会成就一座城"的良好愿景,而一旦亚运会结束之后再考虑遗产继承与发扬问题,工程实施比较艰难。

其次是积极申办国际体育重大交流活动。杭州成功举办G20国际峰会,实现了"天下从此重杭州"历史性大跨越,即将成为国内第三座举办亚运会的城市,承办国际体育重大活动的软硬件条件兼备。新发展格局下,杭州以更开放姿态积极申办国际体育重大交流活动,如适时申办世界体育大会,甚至夏季奥林匹克运动会等,建设全市域的运动特色彰显的体育之城。

(三)科技创新"杭州故事"国际精准传播

科技创新正深刻改变着人类生活方式、国际传播途径,数字变革引发的科技创新为人们认识世界提供了全新思维，尤其人工智能技术引发的新社会性变革实现了信息传媒的飞跃发展。杭州市数字经济头部城市，科技新媒体发展具有先发优势，在主流媒体智能化、信息平台服务技术等方面形成了鲜明的发展优势。杭州要在地方国际传播中打造"窗口"示范效应，全力支持科技引领的"杭州故事"国际精准传播。打造面向国际、亚洲领先、国内一流的主流视听新媒体高地。构筑以"文化+数智+科技"为核心的中国南方（杭州）国际传播创新中心。打造国内一流、具有强大综合实力的国家级国际传播杭州中心。讲好独特韵味别样精彩的共同富裕杭州故事。进一步讲好对外经济、红色经典、历史文化、跨越发展、古都新风、数字经济及可持续发展等杭州故事，全面展示杭州贯彻落实习近平总书记重要指示批示精神所取得的标志性成果。

创新"杭州国际日"活动的举办形式。"杭州国际日"的设立，是杭州人民对 G20 杭州峰会美好记忆的永久珍藏；杭州人民对走向世界的郑重宣示，将进一步营造城市国际化的浓厚氛围，使共建世界名城成为全体市民的自觉行动；杭州人民对再创辉煌的美好愿景，以崭新姿态欢迎八方来宾，是展示杭州"窗口"。但从已经举办的四届活动来看，总是市级业务部门在操办一个市里宣传活动，仅仅限于杭州市级领导、业务部门知悉，甚至除主办部门外其他政府部门的人员都不知悉，更难以在市民之家形成互动。远未达到设立"杭州国际日"的初衷。要创新"杭州国际日"活动的举办形式，一是走出杭州去办"国际日"，在国内代表性城市、国际友好城市举办，传播杭州好声音好故事；二是到市民生活中办"国际日"，还节日的市民本性；三是到区、县（市）办"国际日"，形成全市各地大联动，同时每年各地竞争举办"杭州国际日"，形成良性运行机制；四是由专业机构举办"国际日"，改变政府部门业务部门主办，形成政府引导、社会团体、社会精英广泛参与，专业机构准办的工作机制。

第二节　迈向海洋城市的宁波探索

宁波是国务院批复确定的中国东南沿海重要的港口城市、长江三角洲南翼经济中心。宁波地处中国华东地区、东南沿海，大陆海岸线中段，长江三角洲南翼，东有舟山群岛为天然屏障，属于典型的江南水乡兼海港城市，是中国大运河南端出海口、"海上丝绸之路"东方始发港。宁波舟山港年货物吞吐量位居全球第一，集装箱量位居世界前三，是一个集内河港、河口港和海港于一体的多功能、综合性的现代化深水大港。

一　在历史上，明州就是璀璨的明珠

（一）最古老的藏书楼——天一阁

有道是"数百年旧家无非积德，第一件好事还是读书"，古人重视耕读传家，孕育出厚重的藏书文化。若论古代藏书之家，首推宁波天一阁，天一阁在明清两代的名声与影响，其他藏书世家难望其项背。宁波市中心月湖的西岸，有一片飞檐参差、楼阁雅洁的建筑群，在绿荫茂林的映衬下，显得格外幽雅静谧，这就是亚洲现存最古老的藏书楼——天一阁。天一阁建于明嘉靖年间（1522—1566年），至今已历450余载，海内藏书之家，唯此岿然独存。峥嵘一阁留天壤，文献东南此大宗，天一阁的独特，不仅在于其万卷琳琅、插架森森的珍贵古籍，更在于其艰难传承、生生不息的藏书精神。天一阁是中国历史悲怆而坚韧的背影，是中国文化悠远而灿烂的奇迹。

（二）丝绸之路，宁波为海上部分重要的起锚港

伴随着江南的开发，明州（庆元）的对外贸易和港口进一步发展。999年（北宋咸平二年），起海关作用的明州市舶司成立。北宋时期，随着契丹和西夏对北宋疆域的进犯，北方港口式微。明州港作为江南港口，地位日渐重要，与高丽、日本、东南亚和阿拉伯世界都拥有贸易联系。同时，为了方便官方进贡和外交，明州造船业日渐发达，能够修造吨位万斛的船舶。1123年（北宋宣和五年），宋徽宗在招宝山下造两艘"万斛神舟"从明州启航出使高丽；到达后，高丽"万民吹呼出迎"。返航途

中，船队遭遇巨浪。传说当时给事中路允迪向妈祖祈祷，后顺利抵达定海。宋徽宗因此赐妈祖庙额为"顺济"，即返航船舶的船名。妈祖从此从民间信仰进入官方祭祀范围。伴随着贸易的还有文化交流。日本佛教临济宗、曹洞宗均从明州传入日本。

（三）在上海，证明宁波人的实力

尽管宁波在西方和本土人士的努力下发生了巨大的变化，大批宁波人事业的中心却开始转向杭州湾对岸的上海。大批宁波人初到上海时，仅仅是社会的底层。但是，独特的商业嗅觉让他们迅速成为上海滩的主角之一。一部分人开始担当洋商的买办，但更多的人获得资金后开始投身民族工商业。1854年，镇海人叶澄衷前往上海，先后做过学徒、摇过舢舨谋生。1862年，建立"老顺记"杂货店，到清朝末年，成为上海"五金大王"，涉足商业、地产、工业、金融业等多个领域。另一位著名的商人是虞洽卿。1881年，虞洽卿在上海做学徒。11年后担任买办。1906年开始，虞洽卿决心投资实业，先后创办四明银行和三家轮船公司，在沪甬航线上打破了外国轮船公司的垄断。清末，奉化和鄞县的红帮裁缝也开始进入上海。据统计，清末进入上海的宁波人已达40万。

二 下好海洋中心城市建设"先手棋"

（一）做强新时代的海洋经济

2021年6月22日，浙江省发改委联合浙江省自然资源厅举行《浙江省海洋经济发展"十四五"规划》新闻通气会。"十四五"期间，浙江省将联动宁波舟山建设海洋中心城市，集聚海洋经济优势资源。

据初步统计，目前全国共有上海、深圳、天津、青岛、宁波、大连、舟山7座城市提出打造"全球海洋中心城市"的目标。宁波在"十四五"规划中提出，将全力建设海洋中心城市。统筹湾区保护和开发，推进环杭州湾先进制造产业带、环象山港生态经济区和环三门湾海洋新兴产业带建设，实施生态海岸带建设工程，打造一批海洋特色功能区块，加快建设宁波海洋经济示范区。

宁波舟山建设海洋中心城市将充分发挥宁波国际港口城市优势，以世界一流强港建设为引领，以国家级海洋经济发展示范区为重点，坚持海洋港口、产业、城市一体化推进，支撑打造世界级临港产业集群，做强海洋产业科技创新，引育一批国际知名涉海涉港高校和科研机构，联动杭州、舟山共建海洋科技创新重点实验室，打造国际海洋港航、科研、教育中心；推动高端港航物流服务业突破发展，集聚航运金融、航运交易、海事服务、法律咨询等平台机构，提升国际影响力；加强海上丝绸之路海洋事务国际合作，挖掘海上丝绸之路中的"活化石"文化，积极参与海洋领域国际标准制定，打造国际海洋文化交流中心。

宁波舟山联手打造海洋中心城市，是为了做强两地比较优势，联手做强宁波都市区，这是提升浙江高质量发展水平的内在要求。宁波舟山港吞吐量大，但在国际港口中的话语权始终不强，只有实现海洋战略新兴产业、海洋金融、海洋服务、海洋科教等能力的提升，才能支撑港口话语权的真正增强，进而实现与整座城市在国际海洋经济中话语权增强的相互促进。

(二) 发展一流的现代海洋服务业

2021年5月，国内最大的第三方船舶管理公司——洲际船务集团正式落户宁波东部新城，将为宁波及周边地区的船东、航运企业提供专业的一站式船舶管理运营服务，弥补了宁波在海事服务方面的短板。"宁波市良好的营商环境、得天独厚的地理位置，是吸引包括洲际在内的航运、海事服务企业落地展业的优势所在。"洲际船务集团董事长郭金魁表示。

坐拥全球货物吞吐量第一和集装箱吞吐量第三大港，宁波却面临"大港小航"的发展窘境。港口是海洋经济的重要组成部分，也是基础，但宁波要打造海洋中心城市，不仅要拥有全球领先的大港，还要实现临港产业、金融保险、专业人才、公共服务等其他方面的能级跃升。

放眼世界，英国伦敦、荷兰鹿特丹、德国汉堡等海洋中心城市都有发达的港航服务业作为支撑。为加快补齐这一短板，2021年3月，宁波出台《港航服务业补短板攻坚行动方案》，围绕高端港航物流、高端海事服务、航运融合产业、大宗商品产业和产业布局优化，开展五大攻坚行动。

加快国际中转集拼基地建设,是宁波破解港航服务业短板的着力点之一。最近,宁波国际中转集拼业务实现了零的突破——从伦敦启运的进口货物抵达宁波舟山港穿山港区后,分拨至浙江自贸区宁波片区四海物流仓库进行集拼作业,然后再运往香港。"以前,我们的国际中转集拼货物主要安排在香港进行集拼,但随着宁波舟山港的发展,这边的航线资源已经比香港更优秀。"珠海维佳国际货运代理有限公司罗经理说。

着力打造宁波东部新城航运服务高地,"十三五"以来,位于东部新城、占地面积不到0.1平方公里的宁波国际航运物流集聚区营业收入突破550亿元。今后五年,宁波将主动加强与全球知名航运金融、经纪等服务机构对接与合作,力争在宁波东部新城设立分支机构,形成多样化的航运金融机构布局。同时,创新航运金融产品,大力培育航运电子商务平台,拓展"物联网+航运物流"产业链,扩大海上丝绸之路指数商业应用范围和国际影响力。

对照全球海洋中心城市的五大评分指标,分别是航运、港口与物流、海事金融与法律、海事技术、吸引力与竞争力等,宁波当务之急是海洋港口服务水平要达到全球一流。

(三) 推动海洋经济可持续发展

2021年4月20日,来自杭州和福建的两名志愿者登上象山韭山列岛国家自然保护区铁墩屿,开始启动新一轮"神话之鸟"的招引保育工作。韭山列岛是全球最大的中华凤头燕鸥繁殖地,自2013年以来已成功孵化繁殖91只中华凤头燕鸥幼鸟,占世界各繁殖地总量的80%左右。

提升海洋生态保护与资源利用水平,是"十四五"时期我市港产城全面融合必须恪守的原则,也是海洋中心城市建设的应有之义。要坚持开发和保护并重,增强海洋空间资源保护修复,加快历史围填海遗留问题处置;完善健全陆海污染防治体系,加强近岸海域污染治理,强化陆源污染入海防控;增强海岸带防灾减灾整体智治能力,完善全链条闭环管理的海洋灾害防御体制机制。

在产业规划和建设方面,要充分用好浙江自贸区宁波片区的政策优势,携手舟山共建世界级临港产业集群,要积极推进宁波、舟山绿色石化产业一体化发展，进一步吸引油品贸易巨头在宁波、舟山建设存储枢纽，加速油气进口、储运、加工、贸易、服务全产业链发展，大力发展保税燃料油和液化天然气（LNG）加注业务、不同税号混兑调和业务，打造万亿级以绿色石化为支撑的油气全产业链集群。

建设全球海洋中心城市，还要强化海洋科技创新能力。宁波要大力提升海洋科创平台能级，增强海洋院所及学科研究能力，推动关键技术攻关及成果转化。比如，梅山已经形成了以宁波海洋研究院和宁大梅山科教园为核心，海运学院、麻省理工学院（MIT）物流创新学院、河海大学研究生院、中美海洋生物医药研究中心等国内外知名高校及科研院所集聚的良好发展态势，十分适宜海洋科技方面的专业化开发。

三 先天区位优势转化为后天发展优势

（一）综合实力有话说

2020年宁波全市GDP为12408.7亿元，位于全国计划单列市第二，仅次于深圳，第一产业实现增加值338.4亿元，增长2.1%；第二产业实现增加值5693.9亿元，增长3.0%；第三产业实现增加值6376.4亿元，增长3.6%。三次产业之比为2.7∶45.9∶51.4，全年全市完成财政总收入2835.6亿元。

前湾新区、甬江科创大走廊、南湾新区等重大平台横空出世，宁波杭州湾新区智能汽车产业平台、宁波北仑集成电路产业平台相继入围浙江"万亩千亿"新产业平台培育对象名单。近两年，宁波人才净流入率居全国城市第二，其中制造业人才净流入率居全国第一，成为国内引才大战中的大赢家。2019年，宁波新增博士、博士后1017人，总量达7893人；新增高技能人才5.9万人，累计48.4万人；新引进全职海内外院士8名，累计19名。

汽车是关乎国计民生的重要行业，吉利汽车在北仑有春晓制造基地。宁波北仑大碶高端汽配模具园区聚集了70多家企业，90%的企业为压铸模及其上下游配套企业，已形成了一条颇具规模的产业链。宁波复产复工走在全国前列，各界媒体也进行了非常充分的报道。央视《新闻联播》播出了《吉利春晓制造基地：上万个零部件，一个都不能少》。从2月初基地复工以来，配套供应商复工进度不一，最多的时候，七八百个品种，近4000个零配件，都存在供应难题。为了让整车上的一万个零部件一个也不少，宁波成立了9个服务小组分赴各地。把它的产业链、供应链、上下游全面梳理，进行点对点、一对一的帮扶。

2019年，宁波启动建设"246"万千亿级产业集群，系统谋划了针对产业集群发展的制度体系和政策体系。这些政策和制度体系既强化资源的聚焦性，也注重举措的创新性。对产业集聚区进行综合评价，并以评价结果为依据实施差别化要素配置机制，同时还设置了退出和增补机制，体现了强化"事中、事后"监管的现代化治理理念。

（二）城市治理全国领先

2010年，宁波率全国之先系统部署智慧城市建设，获多项国家荣誉，宁波在该领域已形成完善的顶层设计、组织领导体系、应用支撑体系，下好了数字化发展的"先手棋"。

2018年，宁波出台《宁波市人民政府重大行政决策执行情况第三方评估实施办法》，在决策评估方面与江苏省共同走在全国前列。将该项工作上升为制度，必将有力推动行政监督机制的健全完善。

2018年，宁波出台《关于打造一流营商环境的若干意见》，成为当时国内比较完整对标世界银行评价标准的优化营商环境综合性政策意见，其中创新举措有49条，占条文内容的61%，部分特色亮点举措也被直接列入《决定》当中。比如，关于知识产权保护方面，《决定》提到的中国（宁波）知识产权保护中心、知识产权纠纷多元化解机制、知识产权（专利）侵权保险制度，均为宁波首创。

宁波执行能力极强。结合宁波的人均可支配收入水平，宁波是全国最容易定居的城市之一，宁波也多次入围"中国最具幸福感城市"（地级及以上）。2019年，起家于宁波的中国—中东欧国家博览会正式升级为国家级会展。

（三）"一带一路"走在前列

外贸是中国基本盘之一，宁波在中国对外开放格局中有不可替代的突出地位。1978年改革开放之后，中国在2001年正式加入WTO，搭上了全球化的顺风车，对外贸易的大发展使得中国成为了全球制造业工厂。外商直接投资最大的行业是制造业，最近两年外商投入信息软件业的资金也大幅上升，外商对制造业和高新产业的投资也带来了技术外溢效应，使得中国企业得以模仿先进的技术和管理经验。对外经贸也极大地推动了中国的经济发展。虽然从对 GDP 增速的贡献来看，过去 40 年净出口贡献的 GDP 增速平均只有 0.15%，但是外贸对中国经济的贡献绝不止于此。2018 年中国的对外贸易依存度仍有 34%，2006 年最高曾达到 63%。据了解，外贸带动的相关就业达到 1.8 亿人，占中国总就业人口的 23%。另据数据显示，中国直接从事外贸活动的将近 6000 万人。

2019 年，浙江外贸进出口总值首次突破 3 万亿元大关，达 3.08 万亿元，增长 8.1%，占全国进出口总值的 9.8%。浙江对全国进出口、出口、进口增长贡献率分别为 22.3%、23.2% 和 18.8%，分别居全国各省份第一、第一、第三。2019 年度，宁波全市外贸进出口 9170.3 亿元，首次突破 9000 亿元，比 2018 年增长 6.9%。其中，出口 5969.7 亿元，增长 7.6%，进口 3200.6 亿元，增长 5.8%。2019 年，宁波新增对外贸易经营备案登记企业 5310 家，累计达 47280 家，全年有进出口实绩企业 21413 家，形成了"千军万马做外贸"的格局，外贸出口额超越广州位居全国第五。以国家级新区为例，宁波在经历梅山新区的挫折后，及时调整战略，响应国家需要，勇当"一带一路"建设排头兵，不断向"一带一路"的战略枢纽城市迈进。

第十章　勇立潮头的中心城市

第一节　温州：往何处前行？

作为民营经济的标杆城市，温州的改革开放发展史就是一部风云激荡的民营经济成长史。在这里，实现了从温州店到温州村再到温州商贸城的转换，从海港小城到富裕发达的沿海都市的蝶变，从资源匮乏、可耕地少的农业生产地区实现了向工业生产基地和品牌之都的腾飞，百姓生活从贫困到温饱再到小康，人民脚步从"水"路一条的偏隅之地走向全球各地。

温州长期以来就是一个观念开放的地区，三面环山一面临海的地理格局以及"七山二水一分田"的自然环境，塑造了当地民众向外闯荡流动的性格，表现出经世致用和灵活变通的特征。温州是全国重点侨乡之一，浙江省首个集移民事务、为侨服务、法律服务等涉外服务为一体的国际服务中心建成于温州。自2003年由时任温州市委书记李强提出并首次召开世界温州人大会至今，世界温州人大会已成为温州内外交流互动、联络联谊的重要平台和温州统战工作"金字招牌"。

然而，进入新发展时期，温州碰到了"成长的烦恼""战略错失"，质疑声不断涌现，诸如网络的"温州失去的十年""浙江第三城还能扛多久"等。笔者在思考,在杭甬标兵突飞猛进、湖嘉绍追兵渐近的背景下,温州处在发展抉择时刻,该往何处前行?

一 民营经济创新发展的探路者

温州作为我国最早跃入社会主义市场经济大潮的"弄潮儿",紧紧抓住历史机遇,从本地实际出发,发扬敢为人先、特别能创业的精神,大胆改革创新,实现经济社会发展大跨越,并且在高水平建设社会主义现代化的新征程上,奋力续写新时代温州创新史。

(一) 市场经济先发优势,开创"温州模式"

在改革开放实践中,温州人民紧抓历史机遇,大胆探索,勇于实践,冲破阻碍生产力发展的旧框框束缚,实行家庭联产承包责任制,大力发展乡镇企业、个体私营企业,促成市场经济体制发育和发展的先发优势,形成了著名的"温州模式"。2020年,全市生产总值由1978年的13.2亿元人民币增至6871亿元人民币,按可比价格计算,增长156倍,年均增长12.8%。2020年人均GDP达10405美元,按世界银行收入等级划分,达到中等偏上收入国家(地区)水平。

随着经济总量的不断提升,温州产业结构从以依赖单一产业为主转向三次产业协调发展。农业是温州自中华人民共和国成立初期的主要支柱产业,20世纪50—70年代,随着工业化建设推进,第二产业比重不断提升,产业基地建设不断推进,新产业、新动能加快培育,工业产业体系日趋优化。2020年,工业企业增加值2268亿元,比1978年(4.1亿元)增长552倍。产业基地建设不断推进,是中国鞋都、中国休闲服装名城、中国电器之都、中国汽摩配之都、中国泵阀之乡等44个国家级生产基地,先后获得全国质量强市示范城市、国家知识产权示范城市等称号。2013年,服务业比重首次超过第二产业,成为经济增长的首要拉动力,呈现出"一产逐步回落,二产迅速发展,三产不断上升"的发展态势。2020年,三次产业比重2.3∶41.3∶56.4,现代服务业蓬勃发展(见图10-1)。

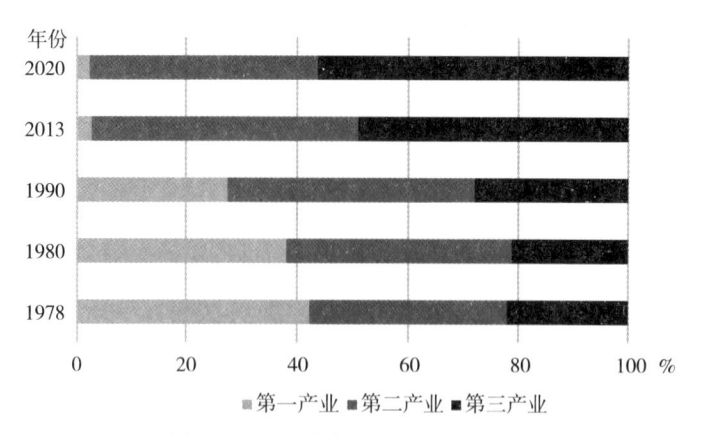

图 10-1 主要年份温州三次产业结构

(二) 民营经济一枝独秀，创业活力强劲

作为全国民营经济的重要发祥地，温州民营经济率先崛起，从无到有，做大做强，用敢为人先的勇气创造出世界瞩目的"温州模式"，成为温州经济的重要支柱和最大特色，不断激发经济发展的整体活力。温州创造了许许多多的"全国第一"，颁发第一本个体工商户营业执照，建设第一座农民城，成立第一家城市信用社，制定第一部私营企业条例，出台第一个股份合作企业地方性行政规章，第一个购买航空经营权，第一个实行金融利率改革，等等。2019年，温州民营经济增加值5618亿元，占GDP的85%，远高于全国、全省平均水平。温州民营经济贡献了约90%的税收，85%的地区生产总值，90%的科技创新，93%的就业人员，98%的企业数量，在国民经济各个领域均发挥着重要作用。截至2020年末，全市拥有各类市场主体113万户，平均每9个温州人就有1人经商办企业。其中，法人企业33.3万户，是1992年的270倍，年均增长22.1%；个体工商户78.7万户，是1981年的59倍，年均增长11.0%。

(三) 进出口贸易发展迅猛，不断培育外资增长点

1984年，温州被国务院批准为全国14个沿海开放城市之一，对外开放走上跨越式发展道路。1994年，温州出口总额首次突破1亿美元大关，进出口贸易发展势头迅猛。2020年，外贸进出口总额2190亿元，其中，出口1878亿元，进口312亿元，分别是1988年的4545倍、1.6万倍和

860 倍，年均增长 30.1% 和 35.3%、23.5%。出口结构不断优化，外贸产业创新能力持续增强，其中，机电产品出口占出口总额的比重为 47.6%，生命科学技术、电子技术、计算机与通信技术、光电技术等高新技术产品出口强劲。出口市场不断拓展，2020 年，外贸产品出口到全球 223 个国家（地区），涵盖六大洲，自东盟进口 133.6 亿元，同比高速增长 72.2%；此外，对东盟出口同比增长 43.3%，对中东地区出口同比增长 29.3%，对 RCEP 自贸协定成员国出口同比增长 37.3%，对"一带一路"沿线国家的进出口总值在温州市的比重达到 46.0%。

同时，温州不断改善投资环境，积极创新吸收外资方式，不断培育外资新的增长点，鼓励已落户外资企业不断挖潜、开展利润再投资。2020 年，温州合同外资 27.6 亿美元，完成率位列浙江省第二。截至 2020 年末，全市累计批准外商投资企业 3332 家，合同外资 154.3 亿美元，实际使用外资 67.0 亿美元，为全市经济发展注入了强劲的生机和活力。

（四）全面打造科技创新高地，建设智造国际化平台

温州坚持大力推动科技进步，贯彻落实创新驱动发展战略，科技投入持续增加，带动创新产出不断扩大。1985 年，全市科技经费投入仅有 100 多万元，2000 年全社会科技投入 11.4 亿元。2019 年，R&D 经费投入 140.3 亿元，科技创新取得积极成效，2018 年获批国家自主创新示范区，2019 年，温州北斗产业基地授牌落地，总投资约 57 亿元，深度推进中国交通通信信息中心产学研成果向温州输送，承接承载一批北斗产业高端项目和国际前沿技术。2020 年开工建设的大唐 5G 全球创新中心集智能制造、总部研发、技术创新、运营应用、基金投资等功能于一体，快速集聚 5G 制造产业，成为展示温州智造国际化形象的重要平台。2020 年，温州入选第二批"科创中国"试点城市，加快建设具有国际竞争力、全国影响力、区域引领力的科创高地。2019 年、2020 年连续两年举办世界（温州）青年科学家峰会，引领世界青年科学家创新创业，打造"中国青年科技外交"国家品牌，建设世界青年科学家创业园，打造科技交流国际窗口，实现国际科技青年人才互联互促。

二 破解"温州模式"的转型命题

(一) 民营经济"二次创业"释放双创活力

进入新经济时代以后,经济发展环境和发展规律发生变化,而温州由于长期以传统"温州模式"为主,导致温州经济与温州人经济间的断层,发展驱动力日益不足,出现标兵渐远、追兵渐近的格局。过去在市场经济转轨的买方市场条件下,只要吃苦耐劳、善于抓商机、搞搞产品创新,甚至产品都不用创新只要生产出来都能发家致富,但现在如果没有真刀真枪的硬科技、厚创新就很难进入高端、高效、高附加值的环节,也是"温州之困"的主要成因。在新的历史条件下,温州迫切需要回答发端于温州的"浙南模式"到底如何再创辉煌,浙江民营经济如何率先在全国"二次创业",需要回答根植于民间的"大众创业、万众创新"到底如何进一步释放的问题。

(二) 积极融入长三角城市群参与高层次国际竞争

过去30多年,温州与杭州、宁波雄踞浙江全省前三位,形成"三足鼎立"之势。而今,国际环境错综复杂,中美产生经贸摩擦后,温州出口压力陡增;而国内宏观经济下行风险加大,经济形势严峻。随着城市竞争逐步升级为城市群竞争,长期处于海峡西岸城市群和长三角城市群"夹缝"中的温州,由于远离两大城市群核心,难以借力发展。2019年6月,温州被列为长三角27个中心区城市之一,重新进入长三角一体化发展的"快车道"。如何立足于自身产业,主动与上海、杭州等高能级城市对接,利用高能级城市资金、人才等优势资源为温州本土企业服务,是温州依托长三角区域城市群参与高层次国际竞争的关键。

(三) 盘活世界温州人资源加强"引进来"

温州是历史上海上丝绸之路的重要一站,是"一带一路"的重要节点。近年来,温州积极践行国家"一带一路"战略构想,运用民营经济的独特优势,创新开放机制,整合全球资源,充分发挥世界温州人的作用,携手抱团"走出去",目前近70万温州人在世界131个国家发展,38万温州人活跃在"一带一路"沿线57个国家,175万温州人在全国各地创业,在268个城市建立温州商会,创业创新氛围浓厚。如何将新理念、好资源通过温商这张"网"引进来,拓展对外发展的新空间和国际视野,是温州城市下一阶段发展的重要课题。

三 "双循环"背景下的温州新谋划

站在"两个一百年"奋斗目标的历史交汇点上,温州将进入新旧动能转换的提速期、新发展格局构建的窗口期、都市能级跃升的关键期、改革系统集成的深化期。在这样的历史关键期,温州要充分研判形势的新变化,面临的挑战、瓶颈和短板,全力打造国内大循环的战略节点、国内国际双循环的战略枢纽,当好构建新发展格局的开路先锋,紧扣建设"改革开放标杆城市"目标定位,为浙江打造"一带一路"重要枢纽做出温州更大贡献。

(一)做大国际贸易经济圈,深度融入长三角经济体

一方面,打造更高水平对外开放格局,抢抓区域全面经济伙伴关系协定、中欧双边投资协定等机遇,做大与东盟、欧盟贸易经济圈;以华商华侨综合发展先行区为引领,推进重大开放平台裂变式联动发展;以东南沿海重要商贸城市建设为主抓手,争创国际消费中心城市。

另一方面,立足成为长三角辐射闽台赣、联通粤港澳的南大门,加快提升温州城市的战略承接力、中心带动力、要素集聚力。一是以杭温高铁为标志,一小时抵达城市群核心关键城市,以时间换空间融入长三角,打造非接壤地接轨大上海典范,拓展与杭州、宁波、台州、宁德等地的区域战略合作。

(二)加快建设"两个健康"先行区,推动民营经济高质量发展

企业家是经济活动的重要主体,温州发展的深厚根基就在于富有活力的企业家群体和创新涌动的温州人精神。加快建设"两个健康"先行区,推进温州全面深化改革,做好非公有制经济领域统战工作,引领非公有制经济高质量发展,建设高素质民营企业家队伍。打造良好营商环境、构建亲清新型政商关系、打造一流营商环境,激发企业家精神、建设企业家队伍等方面带好头、作示范,全力打造面向"两个一百年"、具有国际竞争力的新时代民营经济之都。

(三) 营造"温商回归"创业氛围，促进温州人经济转化为温州经济

"温商回归"作为全市招商引资"一号工程"的重中之重，将为温州再造改革开放新优势、再创高质量发展新辉煌注入新的动力，不仅是推进温州人经济与温州经济融合发展的战略工程，也是在外温州人与温州家乡"一线牵"的情感工程。如今，温州正处在推进创新驱动发展战略的关键阶段，加强世界温州人融合互动，推动新形势下国际友城建设。温籍海外侨胞人才济济，富有创新精神和创业热情，更具深厚的家国情怀，他们在促进中外交流、推进温州融合发展方面发挥着重要作用。持续举办世界温州人大会，深化实施"新乡贤新家园鹿鸣计划"，打造"全球温商发展联盟"。通过内外互动，融合发展，鼓励全国各地温州商会、海外侨团与其他温籍组织回温举办年会和各类创业洽谈会、投资项目对接会等活动，推动项目回投、资金回流、人才回乡、贸易回归，促进温州人经济转化为温州经济。

(四) 打造具有全球竞争力的智造基地，推进环大罗山科创走廊建设

坚持"制造业发展双轮驱动"战略，推动传统制造业数字化集群化服务化发展，推动战新产业和重大生产力布局加快落地，努力建成具有全球竞争力的先进制造业基地，让制造业成为温州高质量发展的坚强脊梁。以创新为魂，提升改革创新驱动力。全域推进自创区建设，全面提升环大罗山科创走廊创新引领力，持续释放青科会带动效应，大力推动瓯江实验室成为生命健康领域国家实验室重要组成部分，探索市场化运作机制，着力打造全国第一、世界一流的再生调控与眼脑健康科创平台。高标准建设国际未来科技岛，努力把温州打造成为全省重要的创新策源地。

(五) 营造良好的国际化人才生态，加速"百万人才聚温州"

引导民企增强对国际化人才关键作用的认识，营造吸引国际化人才的社会环境。贯彻实施"人才政策40条"改、高校毕业生招引"510"计划，"温州人才日"活动，实施"人才住房租售并举办法"，形成科学的引才机制。向全球发出"招贤令"和"英雄帖"，创建企业国家化人才交流与合作机制，全力加速"百万人才聚温州"，以人才优势形成产业优势，以人才生态提升创新能级和国际竞争力。

第十章　勇立潮头的中心城市

（六）提升城市建设国际化水平，打造共同富裕未来场景

推动温州机场三期、瓯江口新国际会展中心、温州肯恩大学、温州市美术馆、国际未来科技岛、华东氡泉康养城等一批重要的城市大型基础设施与公共设施项目，提升城市建设国际化水平；以数字化改革为牵引，推进全域未来社区、未来乡村建设，实施共同富裕未来单元建设行动，高水平建设东亚文化之都，提升温州的国际影响力；充分展现"在温州感受幸福中国"，打造浙江高质量发展建设共同富裕示范区的市域样板。

（七）倡导国际化文化交流氛围，建设东亚文化之都

充分发挥瓯越文化的资源优势、敢为天下先的改革优势、遍布世界的温州人网络优势和对外开放的先行优势，与中日韩兄弟城市一道，开展形式多样、丰富多彩的文化和旅游交流合作，根据市委市政府加快打造与社会主义现代化先行市、高质量发展建设共同富裕示范区市域样板相适应的新时代文化高地决策部署，高水平举办2022"东亚文化之都·中国温州活动年"，通过与"东亚文化之都"、欧洲文化之都、东盟文化城市之间举办一系列高规格的国际交流活动，展现独特的瓯越文化优势和现代城市文化精神、文化胸怀、文化自信，进一步提升温州城市文化软实力、国际影响力和城市综合竞争力，向世界展示一个充满诗意、有活力、开放、幸福的温州。

第二节　嘉兴：全力打造五彩之城

1921年7月，一叶红船从嘉兴南湖驶出，承载着民族伟大复兴的希望，乘风破浪、勇往直前。一百年后，信念如磐，一脉相承。红船精神与新时代浙江精神在嘉兴交汇，吹响了嘉兴"奋力推动高质量发展建设共同富裕示范区的典范城市"的号角。精神所在，血脉所在，力量所在，就是嘉兴走向城市国际化的动力所在。南湖红船是中国共产党梦想起航的地方，也是嘉兴走向城市国际化的精神源头。2021年8月6日，嘉兴市委召开八届十二次全体（扩大）会议通过了《牢记领袖嘱

托守好红色根脉 奋力推动高质量发展建设共同富裕示范区的典范城市》报告。报告以"五彩嘉兴"为主题绘就了美好未来发展战略,即坚持以习近平新时代中国特色社会主义思想为指导,全面贯彻落实习近平总书记关于共同富裕的重要论述,忠实践行"八八战略",奋力打造"重要窗口"中最精彩板块,努力以高质量发展高水平共同富裕的美好社会新图景,在红色根脉之地展现美好中国的未来、未来中国的美好。

一 革命红色之城

如果要给嘉兴一个城市色彩标签,那绝对是"红色"。党的红船是"中国复兴号"巨轮,它从嘉兴南湖开启,代代传承,展演着中华民族伟大复兴的光辉诗篇,彰显了最鲜艳的革命红色。嘉兴从站起来、富起来到强起来,是一代又一代嘉兴人红色传承所致,是红色的革命基因在不同时空维度,传承延续,激励着一代又一代的奋斗者们奋勇前行的结果。

(一)红船引领,嘉兴进入城市20强

1921年,嘉兴南湖的红船开启,"开天辟地,敢为人先"的红船精神融入了中国革命的洪流中,国人心智渐渐觉醒,之后百年,嘉兴沧桑巨变,天翻地覆。《嘉兴·1921》一书编撰了嘉兴一城一年之事。书中记录了当时的嘉兴:"今天豁免银粮,明日禁售泥土,制宪忙碌、丝价飞涨",百姓苦受压迫和凌辱。

中华人民共和国成立前,嘉兴战乱不断、人民饱尝屈辱。1938年,嘉兴沦陷,5月1日,日寇进犯嘉兴府属海盐县城,屠杀平民百余人。次日起,日寇焚烧县城,历十二昼夜不熄。城半为墟。为了打击日本侵略者,1943年11月,中共浙东区党委派了一支精干的部队挺进海北地区,在静谧的海盐南北湖风景区南木山,建立了海北抗日根据地,播下了革命的火种。在红色旗帜的指引下,1949年4月21日,中国人民解放军突破长江防线,23日解放南京后,分兵挺进浙江。5月嘉兴地区全部解放。

改革开放初期,温州人把生意做到了全国,金华打造了义乌小商品市场,人均收入直线上升,嘉兴却被叫"种田嘉"。嘉兴人高举红色旗帜、励精图治、奋发图强,革命到底彰显了"红色"气质,并从贫穷奔向富裕,人均收入增长了100多倍,农村居民人均收入连续17年全省第

一，在全国也在前列。

嘉兴市发布的2021年《政府工作报告》指出：嘉兴将努力建设以"五彩嘉兴"为主要内涵的"最精彩板块"，生产总值增长3.5%、增速列全省第三；财政总收入突破1000亿、总量列全省第三，5个县（市）全部超百亿；一般公共预算收入598.8亿元、进入全国所有城市20强，嘉兴的吸引力、影响力和美誉度明显提升。

（二）伟人指引，"12410"思路下的高质量发展

1957年9月11日，开国领袖毛泽东在嘉兴钱塘江畔写下了气势宏阔的《七绝·观潮》："千里波涛滚滚来，雪花飞向钓鱼台。人山纷赞阵容阔，铁马从容杀敌回。"事实上，"开天辟地，敢为人先"的红船精神是一种弄潮儿精神。

2003年7月，习近平在浙江省委十一届四次全体（扩大）会议上全面系统地分析了浙江发展的八个优势，确定了面向未来的八项举措，简称"八八战略"。习近平在浙江工作的五年间，曾多次到嘉兴考察调研，并对嘉兴提出了"成为全省乃至全国统筹城乡发展典范"的希望和要求。

早年，嘉兴只有郊区和城区两个区，城区"有城无区"，郊区"有区无城"。后来，城区在1993年改成秀城区（2005年又改为南湖区），郊区在1999年改成秀洲区。特别是1999年到2000年的区划调整，催生了嘉兴整个中心城市的扩张，西部有秀洲新区开发，东南有南湖新区开发。根据《嘉兴市城市总体规划（2003—2020年）》，中心城区规划范围由原先的142平方公里调整为257平方公里，扩大了115平方公里，相当于扩大了50个老嘉兴城（嘉兴环城路以内）的面积。

嘉兴更是浙江省最早进行要素市场化配置改革的城市。2014年10月，浙江省在总结和肯定海宁改革经验的基础上，决定包括嘉兴市南湖区、秀洲区、平湖市、海盐县、嘉善县、桐乡市在内的24个县（市、区）推广试点资源要素市场化配置综合配套改革，嘉兴由此成为全省第一个要素市场化配置改革全覆盖的地级市。

2013年以后，嘉兴打破原先自治、法治、德治"单兵作战"的格局，在桐乡市（嘉兴所辖的县级市）率先探索试点"三治融合"基层社会治

理模式，这在全国是首创。"三治融合"既解决短期现实问题，又兼顾长效公平。2017年，"三治融合"作为实施乡村振兴战略的重要制度保障，写入党的十九大报告。

建设共同富裕示范区的典范城市，嘉兴凭什么？

40年前，嘉兴人基本上是"共同贫穷"。"让一部分人先富起来"成为推动红色革命的时代强音。

40年后，"先富"政策效应已经充分显现，嘉兴富裕群体逐渐壮大，财富正逐年增加。20世纪80年代初，改革转向城市。在这个当口，嘉兴海盐衬衫总厂厂长步鑫生的"离经叛道"引发了全国的关注。通过改革，企业利润增加了100多倍。

共同富裕是马克思主义的一个基本目标，也是自古以来中国人民的一个基本理想。作为革命"红船"扬帆起航的起始地，2021年9月，中共嘉兴市委做出了关于"牢记领袖嘱托，守好红色根脉，奋力推动高质量发展建设共同富裕示范区的典范城市"的决议，全面贯彻落实《中共中央国务院关于支持浙江高质量发展建设共同富裕示范区的意见》《浙江高质量发展建设共同富裕示范区实施方案（2021—2025年）》，奋力扛起守好红色根脉、推动共同富裕的责任使命，原则通过《嘉兴深化城乡统筹推动高质量发展建设共同富裕示范区的典范城市行动方案（2021—2025年）》，立志"建设共同富裕示范区的典范城市"。

事实上，在此之前，嘉兴已经有过"共同富裕"的实践。嘉兴海宁市以"两进两回"行动为牵引，开展"千名乡贤助百村"活动，建立"先富帮后富"工作机制，多措并举促进农民收入持续增长，推进共同富裕。农村居民人均可支配收入由2005年的8089元增加至2020年的41129元，城乡居民收入比由2005年的2.06缩小至1.64，绝对值连续10年列嘉兴首位，成功创建浙江省平原地区首个新时代美丽乡村示范县。

二 经济蓝色之城

如果说红色是嘉兴的基色，那么经济蓝色便是嘉兴最绚烂的色彩。

在中国共产党成立100周年之际，嘉兴发布《嘉兴经济社会发展报告》。报告称，100年来，嘉兴破旧立新，开拓进取，把千村薜荔、万户萧疏、百业凋敝的旧嘉兴，建设成和谐秀美、繁荣昌盛、欣欣向荣的新嘉兴，取得了翻天覆地的经济成就。特别是党的十八大以来，嘉兴在不平坦的道路上创造了不平凡的业绩，在城市国际化进程中构成了创造五彩嘉兴的优势。

（一）优势：发展动能强劲

1. 前瞻的经济社会战略

战略决定成败。2021年8月，中共嘉兴市委做出了"牢记领袖嘱托，守好红色根脉，奋力推动高质量发展建设共同富裕示范区的典范城市"的决议。

2. 经济实力走向全省前列

1978年，嘉兴生产总值（GDP）才13.29亿元，2021年GDP突破5500亿元，财政总收入突破1000亿元，规上工业总产值突破10000亿元，存贷款双破万亿大关。人均地区生产总值突破10万元。国家高新技术企业和省科技型中小企业总数突破6000家，上市公司和总市值分别突破65家、6000亿元。

3. 经济结构优化提升

党的十八大以来，嘉兴不断推进供给侧结构性改革，推动产业升级发展，产业现代化水平持续提升，经济结构不断优化，三次产业结构由2011年的4.9∶57.4∶37.7调整为2020年的2.3∶51.9∶45.8。

4. 开放水平不断提升

党的十八大以来，嘉兴主动适应经济全球化新趋势，对外开放进一步走深走实，形成了内外联动的全方位对外开放新格局。进出口规模首破3000亿元。2020年，嘉兴在中国海关总署发布的"中国外贸百强城市"排行榜中高踞第24，进出口总额441.29亿美元，对美国、欧盟等出口524.2亿元和432.5亿元，占出口总额的23.1%和19.0%；对"一带一路"沿线国家出口699.7亿元，占出口总额的30.8%。

5. 高质量外资集聚地加快建设

2020年，嘉兴引进外资项目344个，实际使用外资26.47亿美元，居全省第二，占全省的比重从2011年的14.7%提升至16.8%。

（二）劣势：嘉兴人口不足

改革开放以来，我国人口呈现从乡村和中小城市向大城市快速迁移的趋势。人口集聚流动推动大城市社会经济的快速发展与城镇化水平的不断提高，对地区社会繁荣、文化交流与思想创新有着积极的影响。如果嘉兴人口突破千万，嘉兴将在城市国际化进程中光辉灿烂。

（三）基础：综合实力强劲

"十三五"期间，嘉兴的综合实力越来越强。生产总值、规上工业总产值分别突破5500亿元和1万亿元，进出口总额突破3000亿元，财政总收入、一般公共预算收入年均分别增长6.1%和5.9%，上市公司总数达到66家，金融机构存贷款余额双双突破万亿大关，成为全国第九个"双破万亿"的地级市。工业转型升级和"双创"工作两次获国务院表彰，传统产业劳动生产率提高37%，战略性新兴产业、装备制造业、高新技术产业、数字经济核心产业增加值占规上工业比重分别达到45.2%、38%、64.8%和19.5%，工业应用指数、5G基站覆盖率全省第一，服务业增加值年均增长7.3%，农业经济开发区县（市、区）全覆盖。

嘉兴科创动能越来越足。全社会R&D经费支出占GDP比重突破3%，列入省全面创新改革试验区，G60科创走廊嘉兴段架构初步显现，搭建长三角全球科创路演中心和5个高层次专家"百人会"。嘉兴的营商环境越来越优。获评央视中国城市营商环境报告20强，成为省高质量外资集聚先行区、自贸区联动创新区，"最多跑一次"改革和政府数字化转型深入推进，75项改革经验在全省推广，新增市场主体24.5万户，世界500强企业总数达到78家、投资项目突破130个。

三 文化青色之城

文化是一座城市的灵魂，而嘉兴完全具有"国家历史文化名城"的文化底气，展现出富蕴文化内涵的青色。青色寓意为：亲切、朴实、乐观、柔和、沉静、优雅等，嘉兴文化深染青色。

（一）古镇文化，让12个秀美古镇熠熠生辉

嘉兴建制始于秦，有2000多年人文历史，自古为繁华富庶之地，素有"鱼米之乡""丝绸之府"美誉。在这片美丽土地上矗立12个秀美古

镇，且文化灿烂辉煌。西塘古镇，位于江浙沪三省市的交界处，国家 5A 级旅游景区，是古代吴越文化的发祥地之一。乌镇，首批中国历史文化名镇、中国十大魅力名镇、国家 5A 级旅游景区，素有"中国最后的枕水人家"之誉，拥有 7000 多年文明史和 1300 年建镇史，是世界互联网大会永久会址。月河古镇，保留了明清时期的精美建筑，小桥流水、石板街道、白墙灰瓦、翻翘如飞燕的屋檐，在这里一切仿佛似水流年。

(二) 运河文化，嘉兴具有世界意义的金名片

京杭大运河是嘉兴的母亲河，运河养育了嘉兴，成就了嘉兴。

大运河（嘉兴段）是嘉兴具有世界意义的金名片。大运河嘉兴段修建年代最早可追溯至春秋时期。隋代江南运河的开凿，让大运河嘉兴段成为京杭运河的重要河段，从此确立了嘉兴"左杭右苏""南北通衢"的运河古城地位。如今的嘉兴城内，形成了独特的"运河抱城、八水汇聚"奇观。南北商人往来，进行文化交流，南北的礼仪、习俗文化也在互相交流中散播开来。现存"钱王射潮""六和镇江""文潮与武潮"等神话传说，以及诗词歌赋、音乐戏曲赋予了嘉兴一种文化力量。

(三) 名人文化，李叔同、茅盾、徐志摩、金庸等名人故乡

嘉兴名人辈出，涌现出国学大师王国维，艺术通才李叔同，漫画家丰子恺，文学家茅盾，诗人徐志摩和穆旦，武侠宗师金庸，翻译巨子朱生豪，史学大家朱希祖，漫画大师张乐平，出版巨擘张元济，书法家张宗祥，中华书局创始人陆费逵，兵学泰斗蒋百里，数学大师陈省身等名家大师。

(四) 海塘文化，锻造了古代三项伟大工程之一

嘉兴东临大海，南倚钱塘江，历史上为避免潮灾的侵袭，先民们创建了宏伟壮观的海塘工程，同时也创造了鱼鳞石塘、龙王庙、塘工号子等众多海塘文化遗产。海宁海塘作为中国古代捍海筑塘的最高技术成就，在抵御潮患、不断修筑的过程中，留下了众多与海塘文化相关的文化古迹，也留下了众多文献资料，是一份弥足珍贵的遗产。钱塘江海塘与长城、大运河并称为我国古代三项伟大工程。

事实上，近年来，嘉兴文化软实力不断提升。文化及相关特色产业增加值 2019 年增至 280.14 亿元，年均增长 12.5%，2020 年，有县级以

上公共图书馆8家、文化馆8个、文化站72个、博物馆36个、农村文化礼堂791家。县级文化馆和图书馆覆盖率均达100%，乡镇文化站和行政村文化活动室覆盖率均达100%，公共图书馆虚拟网络基本全覆盖。

2019年，嘉兴市委市政府提出实施"禾城文化复兴行动"。2020年8月底，《禾城文化复兴三年行动计划》的正式出炉，为这座城市构建了一幅禾城文化复兴图——保护、传承、利用红色文化、运河文化、古城文化、史前文化、名人文化和民俗文化，把嘉兴建设成为具有"红船魂、国际范、运河情、江南韵"特色风貌的江南水乡名城（见图10-2）。

图10-2 禾城文化复兴六大文化片区　嘉兴市文广旅局供图

四　生活金色之城

（一）服务均等，全面呈现共同富裕美好社会形态的"五幅图景"

如每个人都有权享受阳光、空气一样，嘉兴保障人人享有基本公共服务。日前，浙江省发展改革委、省统计局联合对2019年度全省及11个设区市基本公共服务均等化实现度开展了综合评价。结果显示，嘉兴基本公共服务均等化实现度达到97.4%，比2018年提升3.3个百分点，增速位列全省第三。近年来，嘉兴城市建设翻天覆地，城市环境越来越好，城市品质提升，人民生活越来越美好。"一环四路"提升改造工程，环城路、中山路、建国路、禾兴路、勤俭路、平道路等道路改立面，拆违建，清广告，嘉兴核心城区的环境面貌焕然一新。

（二）"均衡富庶"，嘉兴闪烁长三角最"嘉"高光

2021年5月27日，新华网刊发文章《长三角最"嘉"高光》，内容如下。

浙江嘉兴，是中国革命红船起航地。100年前，在嘉兴南湖的一叶画舫上，中国共产党诞生，"消灭阶级差别""传播共产主义"开始成为许多人的理想追求；100年后，昔日的起航地也正循迹蝶变，在跨越发展中擦亮了均衡富庶发展的新名片，成为浙江示范共同富裕的先行地。

家里有房、出门有车、收入稳定、配套完善……嘉兴市南湖区凤桥镇新民村村民俞卫军家的幸福生活，是嘉兴统筹城乡发展的缩影。

2020年，作为长江生态绿色一体化示范区的交汇点，嘉兴首次同获美丽浙江考核优秀市和浙江省治水最高荣誉"大禹鼎"；近年来，嘉兴生态环境质量稳步提升，其公众满意度全省排名从2017年的第11位上升至2020年的第7位，是浙江省唯一一个连续三年实现总得分和排名"双提升"的城市。

城乡一体，交通先行。嘉兴新时代"网格连心、组团服务"工作机制日益融入生活。有轨电车开了！子城开园！嘉兴城沧桑巨变，路网横架、高楼生长、地标刷新，杭海城际铁路通车、杭州湾跨海大桥北接线二期顺利建成通车，嘉兴港、内河港海河联运双双迈入亿吨大港行列。

（三）美丽乡村，精品旅游线扮美嘉兴美好家园

近年来，嘉兴开展美好乡村建设，围绕"产业兴旺、生态宜居、乡风文明、治理有效、生活富裕"总要求，深入践行"两山"理念，全面深化"千万工程"全市打造了7条美丽乡村精品线。一幅"田园牧歌、诗画江南"的画卷在嘉兴农村徐徐铺展开来。①

五 生态绿色之城

城市国际化，不在规模，而在生态。打造国际化品质城市、推动高质量发展，建设共同富裕示范区的典范城市，嘉兴坚持生态优先、绿色发展，擦亮秀水泱泱的生态底色。

---

① 《走起！嘉兴打造7条全新美丽乡村精品线路》，https://baijiahao.baidu.com/s?id=1684470694965006829&wfr=spider&for=pc。

（一）全域水系重构，打造"江南新水乡"

嘉兴虽属江南水乡，却是缺"水"的城市——水质性缺水。水污染治理面临的一大问题是，嘉兴属于下游地区，上游治理不好，下游就不可能治理好。2013年以来，嘉兴"五水共治"（治污水、防洪水、排涝水、保供水、抓节水）统一行动，水质实现了根本性的改善。

2020年，嘉兴全面开展《嘉兴市全域水系重构规划》编制工作，提出了河湖水系重构思路和总体布局，以水系重构为基础，构建由行洪航运网、水资源配置网、清水生态网和数字水利网4张子网叠加而成的"嘉兴水网"，全面提高水安全、水资源、水生态、水环境的治理能力，奋力打造"江南新水乡"。

（二）全域"无废城市"建设，构建智慧城市

2021年，嘉兴印发《嘉兴市全域"无废城市"建设2021年重点工作任务》，启动了"无废细胞""无废载体"建设，全面开展12个类型的"无废细胞"建设，其中嘉善西塘"无废景区"、海宁市马桥街道新塘村"柴砖银行"模式入选全省"无废城市"巡礼典型案例。力争成功创建国家生态文明建设示范市。全市域推行"污水管网一体化智慧管理"。全域创建省级"无废城市"，力争实现市县全覆盖。

（三）绿色转型，生态环境质量实现历史性转变

嘉兴市坚持践行"绿水青山就是金山银山"理念，生态环境实现历史性转变。2020年，全市国控断面Ⅲ类及以上水质达标率和县级以上饮用水水源地水质达标率均达到100%，实现历史性突破。在全省率先实现生活垃圾"全焚烧""零填埋""零增长"。市控断面地表水Ⅲ类水占比91.8%，改善幅度居全省首位，首次同时获得美丽浙江考核优秀市和治水"大禹鼎"。大气环境质量全面达标，群众对生态环境满意度明显上升，2020年生态环境质量公众满意度得分85.46分，较上一年提升2.37分，提升分值连续两年居全省首位，总得分和全省排名连续三年实现"双提升"。

六 六大战略，构建"五彩嘉兴"

（一）实施全面融入长三角一体化发展首位战略

高能级打造全省接轨上海"桥头堡"和承接上海辐射"门户"，顺应

城市群经济发展趋势，以城市品质国际化为引领，突出融沪、连杭、接苏、通甬，"东西南北中"全域融入长三角城市群，大力整合国际国内优质资源，到2025年建成一批重大战略平台，市域国际化、现代化和一体化水平全面提升。

（二）实施创新驱动发展战略

高规格打造G60科创走廊嘉兴段和全省区域创新体系副中心，以院地合作、科创湖区等为模式，吸引集聚全球高端创新载体和顶尖人才团队，强化创新链产业链深度融合，形成以企业为主体的科技创新多元投入氛围，到2025年全社会R&D经费支出占GDP比重达到3.75%，成为长三角核心区创新高地。

（三）实施开放带动发展战略

高水平打造联通"双循环"黄金链接点，立足新发展格局，以营商环境市场化、法治化、国际化为保障，统筹利用"两个市场、两种资源"，到2025年进出口总额达到3900亿元，实际利用外资达到35亿美元，省高质量外资集聚先行区、自贸区联动创新区和国家跨境电商综试区建设取得突破性进展。

（四）实施城乡融合发展战略

高品质打造国家城乡融合发展试验区，对标欧美发达国家城乡融合水平，以城乡形态品质化、公共服务均等化为导向，推动秀洲试点形成经验并向全市面上推开，到2025年城乡融合发展体制机制基本成形，成为全省乃至全国统筹城乡发展的典范。

（五）实施数字赋能发展战略

高起点打造"数字嘉兴"，坚持数字赋能现代化先行，以数字化改革为撬动，发挥永久性举办世界互联网大会的基础优势，系统推进数字产业化、产业数字化等各项工作，到2025年形成一批数字化创新应用场景，建成国内一流、国际领先的数字化城市。

（六）实施制造强市发展战略

高质量打造长三角核心区先进制造业基地，以产业基础高级化、产业链现代化为重点，统筹抓好传统产业转型升级、新兴产业培育壮大和生产性服务业提升发展，到 2025 年形成若干世界级先进制造业集群，12 个高能级产业生态园成为有影响力的先进制造园区集群。

第三节　湖州：太湖之滨崛起的万亿级城市

湖州地处浙江省北部，浙苏皖三省交汇处，是环太湖地区因湖而得名的城市。湖州具有 2000 多年历史，其中南浔古镇是首个被列入世界文化遗产的江南古镇。湖州著有蚕丝文化、茶文化、湖笔文化，在历史上哺育了唐代诗人孟郊、元代书画家赵孟頫、明代小说家凌濛初、近现代书画大师吴昌硕等一批名人。

湖州是环杭州湾大湾区核心城市、G60 科创走廊中心城市，随着沪苏湖等数条高铁建成通行，湖州的长三角区域中心地利优势凸显，成为长三角城市群的综合枢纽、大上海都市圈的西翼门户，也将是接南连北、承东启西的战略要地、发展高地。近年来被评为国家环保模范城市、国家园林城市、国家森林城市、国家生态市、国家卫生城市、中国十大秀美之城等荣誉称号，被批准为"中国制造 2025"试点示范城市、国家绿色金融改革创新试验区、国家生态文明建设示范市、全国"两山"实践创新基地、全国文明城市。依托南太湖国际旅游度假区开展首届长三角滨湖旅游峰会暨第二届国际滨湖度假大会；依托德清地信小镇举办首届联合国世界地理信息大会，国际化影响力稳步提升。

一　在湖州看见美丽中国

"苏湖熟，天下足"，湖州曾名传天下，民国时曾在长三角发展中起到重要作用，位于湖州的南浔古镇，是江南唯一的中西合璧的水乡古镇，是首个被列入世界文化遗产的江南古镇，同时湖州也是闻名于世的"丝绸之府、鱼米之乡"，湖丝衣被天下成为外商竞购的商品，远销全国各地，丝业成就了湖州从农耕文明向近代工业文明转型的"东方启动点"，中国民族资本主义的胚胎也由此萌动。

（一）"两山"理念发源地

2005 年 8 月 15 日，时任浙江省委书记的习近平同志在湖州市安吉县余村考察，首次提出"绿水青山就是金山银山"理念。近年来，湖州市牢固树立和率先践行"两山"理念，致力于走出一条经济发展和生态环境保护互融共生、互促共进的社会主义生态文明建设新路子，在绿色发展、环境保护、制度创新等方面先行先试，地区生产总值从 2015 年的 2223.1 亿元增加到 3201.4 亿元，增速均居全省第一，两次被国务院评为工业稳增长和转型升级成效明显市。绿色金融改革创新的"湖州经验"在全国推广，全面融入上海大都市圈、杭州都市圈、G60 科创走廊和宁杭生态经济带。首届联合国世界地理信息大会成功举办，新增国际友城 9 个。成为国家生态市、国家生态文明建设示范市，绿色发展指数稳居全省前 3 位，美丽浙江考核实现"八连优"。

（二）在保护中发展南太湖

2006 年是湖州发展的世纪转折点，8 月 2 日，时任浙江省委书记的习近平同志到南太湖考察调研，就南太湖的开发和建设发表了重要讲话，提出了"高起点规划，统筹兼顾，既要保护好生态，又要追求经济发展，实现保护与开发的双赢"的总体要求。2007 年，湖州市第六次党代会提出把湖州建设成为现代化生态型滨湖大城市，标志着湖州由"苕溪时代"迈入"太湖时代"。2015 年，"湖州太湖旅游度假区"升级为湖州首个"国家级旅游度假区"。2016 年，习近平总书记又对湖州做出"一定要把南太湖建设好"的重要指示。从 2018 年起，湖州创新开展了"在湖州看见美丽中国"城市品牌打造，全域构建美丽风景。2019 年到 2021 年，湖州安吉、长兴、德清三县全部上榜"全国县域旅游综合实力百强县"名单。从 2005 年到 2020 年，湖州旅游经济总收入从 54.65 亿元到 1284.62 亿元，成为全市首个突破千亿产值的主导产业，"滨湖度假首选地"品牌全面打响。

（三）"五个美丽"新湖州

2020 年 3 月，习近平总书记对湖州生态文明建设给予了充分肯定，指出"你们用实践证明了这条路是正确的"，做出了"生态本身就是经济"的重要论断，强调湖州要坚定走可持续发展道路，湖州的美丽乡村可以成为一个示范，并对湖州提出了"再接再厉、顺势而为、乘胜前进"

的新期望、新要求。湖州市在五个方面构建生态文明建设，形成"五个美丽"湖州。

一是保持战略定力，擘画"美丽蓝图"。湖州市成为国家生态市、国家生态文明建设示范市和绿水青山就是金山银山实践创新基地。坚持生态立市战略不动摇，围绕生态文明建设、推进绿色发展、打赢污染防治攻坚战、当好践行"两山"理念样板地模范生。

二是深化全域治理，打造"美丽环境"。坚持科学治污、精准治污和依法治污，持续实施四轮美丽湖州建设"811"行动计划，高标准打好污染防治攻坚战，推动环境污染全方位、全过程、全市域治理。湖州连续6年捧得"五水共治"大禹鼎，连续8年荣获"美丽浙江"优秀市。

三是加速生态转化，壮大"美丽经济"。洋家乐、农家乐、渔家乐等民宿经济蓬勃发展，2019年全市乡村旅游接待游客达6000余万人次，直接经营收入123亿元，全市乡村旅游户均年增收2万元。农业现代化发展指数连续7年位居全省第一，绿色发展指数连续两年位居全省第二，两次被评为全国稳增长和转型升级成效明显市。

四是注重改革创新，创造"美丽经验"。加快地方立法，2015年率先制定生态文明建设领域的首部实体性地方法规《湖州市生态文明先行示范区建设条例》，先后出台多部地方性法规，构建了"1+N"的生态文明建设法规体系。成立湖州市生态文明标准化研究中心和中国美丽乡村标准化研究中心，发布全国首个《生态文明标准体系编制指南》地方标准，成为全国唯一的生态文明标准化示范区。"最多跑一次"改革和政府数字化转型全面深化，绿色金融改革创新的"湖州经验"在全国推广。

五是形成全民共治，营造"美丽氛围"。社会治理全面加强，涌现出"余村经验""织里经验"等典型做法。深入挖掘地域生态文化，建设梁希森林公园、德清生态文化道德馆、安吉生态博物馆群等生态文化基地。在全国率先开展绿色学校、绿色社区、绿色家庭等生态细胞创建，发布《湖州市民生态文明公约》，推行"生态绿币"。2015年成立中国生态文明研究院，2017年建立浙江生态文明干部学院，打响"在湖州看见美丽中国"城市品牌。

二 奋力谱写蝶变之章

当前湖州正处于战略地位持续彰显期、生态红利加速释放期，其区位便捷、生态优美、文化深厚、城乡协调、社会和谐等叠加优势将不断凸显，同时新一轮科技革命和产业变革深入发展有利于湖州依托新动能实现新跨越。但是，受新冠肺炎疫情和宏观环境等因素影响，全球经济低迷和逆全球化并存加大外向型经济发展风险，环境治理高标准对生态文明建设持续走在前列提出更高要求，湖州在融入长三角一体化发展、提升城市能级和国际影响力中仍然存在不少挑战和问题，须在"蝶变期"谋求突破。

（一）做大经济体量，拓展产业创新能力

2020年，湖州市规上工业增加值达978.0亿元，位于全省第七，距离突破千亿大关还有一步之遥（见表10-1）。在工业体量上，湖州是"小个子"，从规上工业增加值和营业收入、利税来看，传统产业占比份额较高，虽然高新技术产业、战略性新兴产业规上工业增加值有一定份额但仍处于起步阶段。若在区域发展中赶超进位，存在产业集群特征不明显，产业结构仍偏传统，高端创新平台布局偏少等问题。湖州想要迸发"大能量"，需要聚焦产业振兴，打造一批具有引领优势的先进产业集群，提高产业竞争力，拓展产业创新力。

表10-1　浙江省各城市2020年规上工业增加值一览表

排名	城市	增加值（亿元）	较去年增长（%）
1	宁波	4042.00	5.2
2	杭州	3634.00	3.8
3	嘉兴	2068.25	4.9
4	绍兴	1552.00	4.9
5	台州	1206.33	4.4
6	温州	1106.50	3.2

续表

排名	城市	增加值（亿元）	较去年增长（%）
7	湖州	978.00	5.1
8	金华	920.63	3.8
9	衢州	413.61	4.7
10	丽水	297.20	4.5
11	舟山	293.70	43.2

数据来源：依据浙江省2020年国民经济和社会发展统计公报。作者自绘。

（二）做强中心城区，提升城市发展能级

城市能级是一个城市能量、活力、优势的集中体现。湖州的地域文化比较"散"，城市精神向心力不够强，缺乏统一的城市品牌、城市象征和城市符号，文化的凝聚力、向心力不强。2020年，湖州中心城区长兴区GDP为720.4亿元，仅为相邻宜兴的39.3%；南浔为467.8亿元，仅为相邻吴江区的23.3%，吴兴区与太湖周边区县苏州吴中区、吴江区、无锡新吴区GDP差距巨大（见表10-2）。虽然拥有一个国家级、两个省级开发区和一批乡镇平台，但集聚高端资源要素的能力偏弱，"多而散"导致承载力不强、集聚度不高，多数产业处于价值链中低端。要提升城市发展能级，即要提升中心城区在全市经济中的占比，形成富有带动力的城市发展新形象。

表10-2　　　　　　　2020年太湖周边区县GDP一览表　　　　　　单位：亿元

区县名	GDP
湖州长兴区	720.4
湖州吴兴区	725.8
湖州南浔区	467.8
无锡宜兴市（县级市）	1832.2
苏州吴中区	1352.5
苏州吴江区	2003.2
无锡新吴区	1930.1

数据来源：依据2020年各地国民经济和社会发展统计公报。作者自绘。

（三）解决人才短板，创新氛围促进集聚

人口缺乏是湖州发展最大的短板。湖州不仅人口少，而且增长速度较慢。2020年，湖州常住人口为336.75万人，苏州为1075万人，嘉兴为540万人。2010年到2020年的10年间，湖州仅增长了27万人，嘉兴则增长了90余万人（见图10-3）。人才创业吸引力不够强，人气不旺、留不住人。若按照每平方公里1万人规模计算，目前主城区建成区面积82平方公里、常住人口57万人，缺口为25万人。湖州市两所本地高校年均培养大学毕业生8200余人，仅20%留湖就业。要从根本上解决人才问题，要形成浓厚的创新氛围、提振城市经济，引入集聚人气商气的高端业态、总部经济、楼宇经济和众创空间等。

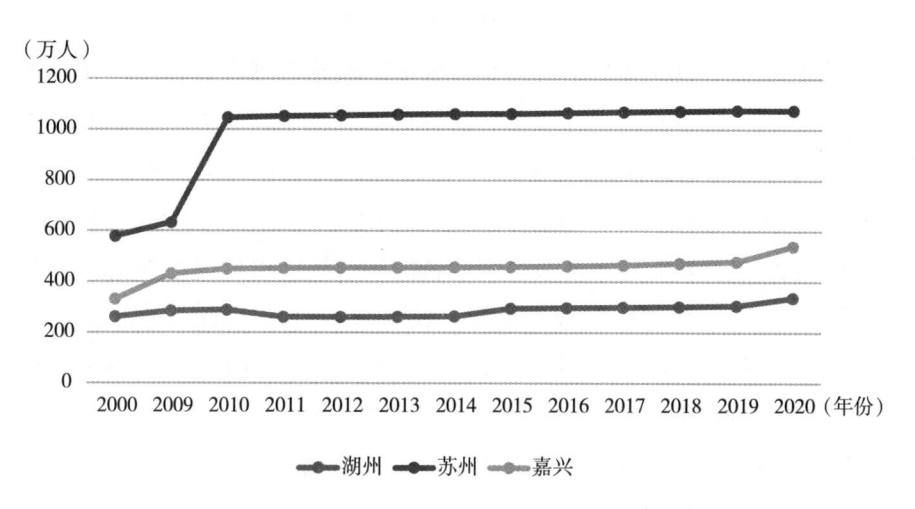

图10-3　2000年至2020年湖州、苏州、嘉兴常住人口变化示意图

数据来源：依据2020年各地国民经济和社会发展统计公报。作者自绘。

（四）加强区域一体化，融入长三角共同体

由于太湖的阻隔，湖州长期游离在区域一体化主核心之外，一度成为太湖南岸"洼地"。长三角核心区被分割成了南北两条线，即沪宁城市走廊和沪杭城市走廊，湖州远离城市交通重要枢纽。在沪苏湖铁路修建通车前，湖州与上海主要靠申嘉湖和申苏浙皖两条高速公路和水运联系，区域基础设施建设的滞后直接影响湖州承接上海人口外溢和经济辐射，

是环太湖区域发展相对较慢的城市。因此，加速推动交通设施一体化、沪湖绿色智造廊道、"乡村旅游第一市、滨湖度假首选地"品牌、科技创新行动、公共服务一体化全覆盖，融入上海、杭州、南京都市圈，挺进长三角区域一体化任重而道远。

三 建设现代化滨湖花园城市

在生态样板之城、绿色智造之城、滨湖旅游之城、现代智慧之城、枢纽门户之城、美丽宜居之城"六个城市"建设牵引下，经过提升国际竞争力，实施创新首位、紧扣绿色智造、融入开放战略，为2035年高品质建成现代化滨湖花园城市，基本实现高水平现代化，成为"重要窗口"示范样本的远景目标奠定坚实基础。

（一）深化"接沪融杭"，积极融入长三角一体化发展

坚持建设"现代化生态型滨湖大城市"城市发展总目标不动摇。坚持开放活市，打造国内国际双循环的特色节点城市，成为在长三角地区更有影响力、在国内同类型城市中更有辨识度的新势力城市。向万亿GDP、主城区300万人口级的区域副中心城市坚定迈进。实现长三角全面互联互通，成就新时代中国最强劲活跃的增长级。引导周边大量人口来此旅游、度假、定居、就业、投资，成为真正意义上的"都市圈后花园"。建设好杭宁高铁、商合杭铁路、沪苏湖高铁，与上海、苏州、杭州等长三角重点城市形成"1小时交通圈"，以交通一体化牵引长三角一体化高质量发展。发展更高水平开放型经济，优化升级对外贸易，提高使用外资、跨国发展和国际合作水平。

一是主动接轨上海大都市圈。纳入上海"1+10"同城化都市圈，作为上海由东向西辐射的重要节点、长三角生态涵养区和生态屏障。打造长三角世界级城市群中心城市，上海同城化都市圈西翼门户。承接人口辐射、参与产业分工。打造沪湖绿色智造廊道，承接上海高端要素溢出和转移，引进一批在沪高端产业项目、外资企业项目、新业态项目和领军人才。打造上海产业配套的"加工园"、休闲旅游的"后花园"、农产品供应的"果蔬园"，全面承接上海的产业、金融、人才辐射。

二是主动接轨杭州都市圈。实现杭湖一体化协同发展，打造创新创

业新空间，共建G60科创走廊，推动德清相关区块纳入杭州城西科创大走廊统一规划建设管理，规划建设沪苏湖绿色产业廊道和宁湖杭生态创新廊道。统筹推进新兴产业培育、传统产业改造提升和未来产业超前布局，打好产业基础高级化和产业链现代化攻坚战。明确德清为大走廊北翼中心，并以德清地理信息小镇、莫干山高新区和莫干山国际旅游度假区作为产业布局的重点，共建全球"地理信息+人工智能"创新应用策源地。

(二) 以南太湖新区为重要抓手，高质量打造千亿级产业新城

南太湖新区作为浙江省大湾区"四大新区"之一，实行"一个平台、一个主体、一套班子、多块牌子"的体制架构，目标打造为世界级滨湖旅游度假目的地，中国生态文明建设的样板区，长三角区域发展重要增长极，浙北绿色智造产业的集聚地，南太湖地区美丽宜居新城区。

一是在产业发展上，突出"绿色、智能"。坚定不移走差异化、集聚化、特色化竞争的路子，全面构建"3+1+N"绿色产业体系，重点发展新能源汽车及关键零部件、数字经济核心产业、生命健康和休闲旅游"3+1"主导产业，培育壮大绿色金融、现代物流、新材料、高端装备等战略性新兴产业。实施数字经济"一号工程"2.0版，加快推进数字产业化、产业数字化，力争数字经济增加值占全市生产总值的比重达到48%左右。推动服务业和制造业融合发展，加快农业现代化步伐，强化产业链供应链安全。

二是在实现路径上，突出"融入、协同"。始终牢固树立"借长三角水、浇南太湖田"的强烈意识，坚持高质量融入长三角一体化发展，全力打造综合交通枢纽、战略交汇枢纽、产业协作枢纽。利用"低成本创业之城、高品质生活之城"的高性价比，全面吸引、承接先进地区高端人才、优质项目。

(三) 以低成本创业、高品质生活为导向，吸引人才集聚策

以"人才新政4.0版"为抓手，打造国内人才治理现代化、人才生态最优化"两化"融合的城市，打造"众创空间+孵化器+加速器+产业基地+人才飞地"的人才平台闭环体系，出台富有竞争力的"组合拳"式

人口政策，释放最大人口红利。

一是建设杭湖人才科创走廊。主动融入 G60 科创走廊和全省三大科创高地建设，规划，加快推进城西科创大走廊德清片区规划建设，支持安吉建设杭州城西科创大走廊北部板块。聚焦植入新产业、聚引新人群，用好优质山水、人文资源，实施"五谷丰登"计划，集聚高端优质创新资源。高标准建设湖州科技城，集聚一批高层次人才团队、高质量孵化载体和高水平研发平台。高规格建设太湖实验室、莫干山实验室，加快创建省实验室。加大与浙江大学、清华长三角研究院合作力度，引进国内外高校、科研院所来湖建立新型研发机构。加快在上海、深圳、杭州等地布局"科创飞地"，探索推进"海外飞地"建设。

二是定向招引高层次人才。加快迭代完善科技攻关清单，定期发布"重点产业关键核心技术需求榜单"。引入"赛马"机制，集聚政策资源，靶向招引一批产业链上高层次人才，推动在湖高校、科研院所、企业开展关键技术、共性技术和前沿技术攻关，加快科技成果转化。

（四）立足地理信息优势，"数智""数治"共推共同富裕

湖州在数字经济引领下高质量发展，逐步缩小城乡数字鸿沟和区域差距，更通过数字化改革奋力争创高质量发展建设共同富裕示范区的先行市。

一是数字经济赋能双循环新格局。以数字赋能商贸，加快商贸综合体、商超等其他生活服务业场所进行"人、货、场"云改造，逐步构建立体化数字商贸新模式，加强数字生活地图应用场景。

二是现代化先行提升国际知名度。依托首届联合国世界地理信息大会成功举办，进一步提升德清在地理信息领域的国际知名度，吸引更多优质企业和创新元素涌向德清，立足地理信息产业优势，积极构建形成促进地理信息产业跨界融合发展的体制机制，重点强化基于数字化的智慧治理，积极打造全域数字化治理试验区，走出了一条数字赋能县域治理现代化的新路子，为全省乃至全国县域治理数字化转型提供"德清方案"。

三是大数据时代推进治理现代化。以全国首个地市级物联网数据平台为抓手，促进物联网集成创新与融合。首创"能源碳效码"，上线"碳中和支撑服务平台"，助推重点领域绿色低碳转型。将湖州的"社会治理

风险闭环管控"经验向全国推广。

四是数字乡村助力乡村振兴。实现"数字乡村一张图"乡村治理应用场景全覆盖。构建闭环式民生治理链条，打通多规合一、视频监控、基层治理四平台等15个应用系统，完善基层治理四平台功能，通过"随手拍""随心问"，打造线上群众路线新载体。

第四节　绍兴：国家创新型城市建设之路

一　绍兴建设创新城市的基础优势

（一）区位交通条件不断完善

绍兴市位于浙江省中北部，杭州湾南岸，东连宁波市，西接杭州市，南临台州市和金华市，北隔钱塘江与嘉兴市相望，为环杭州湾经济区"A"字形支点城市。"一环六横八纵三连"快速路网雏形初现。杭甬客专、杭甬高速入境而行，杭绍城际铁路已开通运营，与绍兴轨道交通1号线接轨贯通运营，绍兴城际线接入杭州南站，地铁2号线也在开工建设中。绍兴到杭州乘高铁只需20分钟，柯桥区处于杭州半小时辐射圈，将实现与杭州的同城效应。绍兴是G60沪昆高速沿线的重要节点城市，到上海乘高铁仅需一个半小时，在上海城市总体规划90分钟的车程内，利于融入以上海为首的长三角一体化战略，与上海的科创中心和自贸区建设融合发展。此外，连接宁波舟山港和上海港，通过义甬舟开放大通道建设，全面提升绍兴港口功能，绍兴市融入大湾区进程加快。新昌万丰通用机场已通航，柯桥、滨海、新昌、诸暨、上虞、嵊州通用机场正在规划建设中。通过陆海空多式联运，将助推绍兴融入"一带一路"倡议，增强国际合作与交流，集聚更多创新资源。交通开放格局不断提升，打开了区域联动发展的局面。

（二）土地、人才资源储备丰富

绍兴市总土地面积为8279平方公里，市区面积在全省居第三。2021年，绍兴市区计划供应国有建设用地总面积33939亩，其中经营性用地7857亩、工业仓储用地14781亩、公益性项目用地11301亩。严守全市

288.02万亩耕地保有面积和253.92万亩基本农田保护面积红线的基础上，土地开发强度远低于生态临界点30%，为绍兴市产业结构调整和发展提供了充裕的地理空间。2020年末，绍兴市常住人口535万人，城镇人口328.2万人，城市人口密度为1987人/平方公里，城镇化率65.5%。根据诺瑟姆曲线理论，绍兴市正处于城市化、工业化加速阶段，工业结构升级特点明显，工业化与城镇化的联系更加紧密。有普通高校12所，普通本专科在校生11.67万人；中等职业教育学校（含技工学校）18所，在校生4.78万人。新增"中本一体化"培养试点4个；普通高中54所，在校生9.01万人，初中140所，小学321所，幼儿园584所，专任教师5.94万人。教育资源丰富，创新要素集聚加速。

（三）经济总体增长态势稳健

2020年，绍兴市地区生产总值达6001亿元，在全省居第四，按可比价格计算，同比增长3.3%，年均增长6%，人均生产总值达11.6万元。分产业看，第一产业增加值219亿元，增长2.2%；第二产业增加值2712亿元，增长1.8%；第三产业增加值3070亿元，增长5.0%，三次产业结构为3.6∶45.2∶51.2，三产比重首次超过50%。其中，规上工业增加值1552亿元，同比增长4.9%；服务业增加值增速快于GDP 1.7个百分点，拉动GDP增长2.3个百分点，对GDP增长贡献率70.2%，产业结构逐渐完善。全年全体居民人均可支配收入56600元，同比增长5.1%，城镇常住居民人均可支配收入66694元，增长4.3%，农村常住居民人均可支配收入38696元，增长7.1%。固定资产投资同比增长6.7%，居全省第三，增速高于全省1.3个百分点，高新技术产业投资增长9.9%；进出口总额2578亿元，同比增长4.9%；财政总收入853亿元，同比增长3.4%；一般公共预算收入544亿元，同比增长2.9%。2019年居中国中小城市综合实力百强县市第14位，全国科技创新百强县市第16位，全面小康指数排名居全国县级市第12位。除此，还被评为全国绿色发展百强县市、全国新型城镇化质量百强县市、全国营商环境百强县。2020年入选县城新型城镇化建设示范名单。

（四）产业发展动能强劲

绍兴市被评为福布斯中国大陆最佳商业城市，是全省唯一的先进智造基地。绍兴有着纺织、化工、金属加工、黄酒和珍珠等传统产业基础，煤炭储量、天然气、石油、金属矿产等资源也比较丰富，为产业发展提供了比较充足的原料和产能来源。科创平台和创新投入不断增加，创新要素集聚能力显著提升，科技支撑经济发展的作用逐步显现，现代化产业体系不断完善。绍兴近些年生态环保力度加大，生态环境承载力较强，绿色产业发展迅速。目前，高端纺织、先进装备制造、绿色化工材料、金属制品加工、生命健康、文化旅游、信息经济、现代住建，在绍兴形成八大千亿级的中高端产业集群。2020年，引进投资50亿元以上产业项目13个，其中100亿元以上5个，总投资208亿元圆锦新材料项目成为制造业项目单体投资之最；开发区（工业园区）改革提升获中国改革2020年十佳案例；高端生物医药、先进高分子材料产业平台列入省"万亩千亿"新产业平台培育名单；全市集成电路、高端装备、新材料等新兴产业优势更加明显，高新技术企业主营业务收入占规上工业企业比重由34.9%提高至40.23%，科技进步贡献率由61%提高至65%。另外，获批国家级综合保税区、市场采购贸易方式试点。目前绍兴不仅成功创建国家创新型城市，还创建了全国质量强市示范城市、国家装配式建筑示范城市。

(五) 自然人文环境优越

绍兴市自然环境优越，且人文积淀深厚。有着鉴湖国家湿地公园和会稽山国家森林公园、古运河、曹娥江、浦阳江、鉴湖等滨水景观、钱塘江河口景观。绍兴是"东亚文化之都"，绍兴从新石器时代中期的小黄山文化开始，至今已有约9000年历史。绍兴是越国故地、西施故里，越国古都建于公元前490年，距今已有2500多年建城史。绍兴是首批国家历史文化名城、联合国人居奖城市，也是著名的水乡、桥乡、酒乡、书法之乡、名士之乡，素称"文物之邦、鱼米之乡"。著名的文化古迹有兰亭、禹陵、鲁迅故里、沈园、蔡元培故居、周恩来祖居、秋瑾故居、马寅初故居、王羲之故居、贺知章故居等，绍兴会稽山古香榧群是全球重要农业文化遗产。绍兴市目前规划的文创大走廊以萧甬线、古运河、新运河、鉴湖为主脉络，并辐射全市。得天独厚的自然人文优势促进了绍兴市文旅相关产业的发展，同时形成了较强的人才吸引力。

二 绍兴创新型城市建设之路与成效

（一）全面实施战略部署，不断完善相关政策体系

为大力发展湾区经济，绍兴市制订了大湾区建设行动计划（2018—2022年），力争到2022年，综合实力迈入全国"30强"行列。主动对接沪杭甬等城市发展，编制了《绍兴科创大走廊规划》和《绍兴科创大走廊三年建设计划》，并于2019年初实质启动科创大走廊建设，着力打造长三角重大科技成果转化承载区、浙江省科技经济联动示范区、杭州湾智能制造创新发展先行区、绍兴创新发展的新引擎。制定了《深度参与"一带一路"建设行动方案（2018—2022年）》，重点开展对外大通道建设、经贸合作跃升、国际产能合作、人文交流拓展、开放大平台构筑"五大行动"，形成面向全球的贸易、投融资、生产和服务网络。绍兴市政府下发《2018年国家创新型城市建设暨科技进步目标责任制考核办法》，明确了考核指标与相应分解指标。绍兴市科学技术局近年制定实施《绍兴市建设国家创新型城市2019年工作要点》和《绍兴市建设国家创新型城市三年行动计划（2018—2020年）》，加快建成科技驱动的高水平创新型城市。2020年，制定实施《全社会研发投入专项提升行动计划》，落实稳创新主体稳科创团队的8条政策举措，全力支持企业复工复产和研发活动。另外，近年制定出台《高水平建设人才强市的若干政策》《绍兴市产业创新服务综合体建设行动计划》《绍兴市产业创新服务综合体建设行动计划》《绍兴市发展众创空间三年行动计划》《关于加快科技创新的若干政策实施细则》等政策文件，累计兑现科技政策、落实税收减免政策资金超200亿元。科技公共财政支出占公共财政支出的比重保持5%以上。

（二）大力筑建创新创业平台，增强平台集聚力

绍兴聚焦"四个率先"的战略目标，持续打好以"两业经""双城计""活力城"为主要内容的高质量发展组合拳。绍兴科创大走廊建设，加快形成"一个核心、七大平台、十大标志性工程，百项千亿重点项目"的创新格局，杭州湾产业协同创新中心、水木湾区科技园等

一批标志性项目相继建成。鼓励各类创新载体增设扩建，系统谋划科技人才平台能级提升工作。在国家级高新区"一区多园"，其他高新区"一园一策"的基础上，对现有省级以上开发区实行整合优化、抱团升级、协同发展，对位于省级以上工业园区，通过"聚、退、转、改"进行布局调整。通过标准管控、分类整治、引导入园集聚、强化对标牵引和推进生态示范。开展"百家孵创"行动计划，大力发展特色化、专业化产业创新服务综合体、孵化器和众创空间，完善全链条孵化体系，并培育和树立了一批示范点。同时制定创新平台奖励办法，强化多主体协同创新，共建研究院联系服务制度、研究院联盟及重点产业平台提升"百日攻坚"行动，推进大众创业、万众创新。目前，集聚了绍兴高新区、柯桥高新区、滨海现代医药高新区、众创空间、科技企业孵化器、产业创新服务综合体、产业创新研究院、本科大专院校、特色小镇、海智汇·绍兴国际人才创业创新服务中心等产业创新平台，比如浙江省现代纺织技术及装备创新服务平台已全面形成"研发—中试—产业化—企业服务"一条龙推进的技术创新服务体系。建立有中科院新材料产业技术创新研究院、全国石油和化工行业技能人才示范实训基地等国家级新材料产学研合作平台。集成电路产业创业中心被列入《长三角一体化规划纲要》。另外，围绕产业平台和创新资源开展推介和对接，近年绍兴市成功举办大院名校创新载体合作对接交流会、绍兴发展大会、国际友城大会、"绍兴周"、中国新材料产业创新发展论坛、全球青年科技领袖峰会、科创之江百人会等系列活动。东西部扶贫协作、对口合作支援、山海协作任务全面完成。

（三）聚焦传统产业转型升级，推进数字赋能

作为全省传统产业改造提升唯一试点市，绍兴聚焦新技术、新产业、新业态、新模式"四新经济"，构建"5+4+3"产业体系，促进纺织、化工、金属加工、黄酒、珍珠5个传统产业转型升级，加快发展"电子信息、高端装备、生物医药、新材料"四大战略性新兴产业，大力助推"智能制造""集成电路""人工智能"三大产业。坚持破立并举，实现内部资源连接、整合和高效互促，推动新旧动能转换。迭代升级省级传

统产业改造提升试点，印染化工产业跨区域集聚提升实质性推进。全面实施制造业智能化改造、数字化赋能行动，深入推进数字经济"一号工程"。对创业项目、创新长期项目如企业引才薪酬补助和短期项目、高校院所、国有企业创新项目分类别给予项目资助。绍兴大力实施科技型企业"双倍增"计划，进一步落实高新技术企业所得税优惠、企业研发经费加计扣除等创新普惠性政策。坚持"亩产论英雄"的理念，推进以提高全要素生产率为导向的企业综合效益评价分类管理，建立企业效益与要素分配、资源价格、扶持政策相挂钩的差别化联动机制，推动要素资源向优质企业集中，倒逼企业加快转型升级。开展"双十双百"集群制造培育行动，现代纺织产业集群成为国家级先进制造业集群。上虞新材料产业发展势头迅猛，中芯绍兴一期达产，集成电路全产业链基本形成，集成电路产业产值突破 300 亿元。工业互联网平台体系加快建设，战略性新兴产业增加值占规上工业比重 44%。全面落实纾困惠企政策，实现直接融资 1043.7 亿元，各类市场主体获得政策红利超 450 亿元，年末不良贷款率 0.9%，为近 5 年来最低。

（四）推动优势企业做大做强，发挥"凤凰"引领作用

建立健全覆盖企业初创、成长、发展等不同阶段的政策支持体系和服务体系，深入实施"小微企业成长三年计划"，完善"微成长、小升高、高壮大"梯次培育机制，大力孵化科技型小微企业，推动科技型企业"小升规"。深入推进省级"创新国家高企培育机制试点"工作，实现科技型企业"双倍增"。依托上市公司和资本市场推进并购重组，培育现代产业体系，组织实施"科技领军企业建设计划"，持续发挥上市公司"凤凰"引领作用，推动区域经济创新发展。浙商银行"融资、融物、融服务"的金融模式创新与新昌县"陀曼智造"结合，在企业主导、政府引导、专家指导下，云平台数据大脑应用的促进下，新昌县展开轴承行业智能智造"百企提升"活动，实施效果明显，形成了一套可持续推进的智能制造"新昌模式"，并在全市得以推广，使得绍兴成为全省唯一的市级全面创新改革联系点。2018 年、2019 年累计净增国家高新技术企业 674 家，两年实现倍增。2020 年，为科技型中小企业和创新团队减免房

租1103万元；发放创新券3437万元、使用1420万元，同比增长147%、336%；组织400余家单位申报国家高新技术企业，完成首批省科技型中小企业认定716家，实现高位增长。深检集团华东总部基地落户，3家企业获省政府质量奖。"亩均论英雄"改革入选全国改革开放40年地方改革创新案例。海亮集团跻身世界500强。

（五）建设多层次研发体系，强化产学研合作机制

积极推广"一个产业一个研究院"模式，实施规上企业研发活动和研发机构"两个全覆盖"计划和综合体"一院两中心"建设，把企业研发投入和研发机构与研发团队建设作为项目申报的前置。全面实施"大院名所"建设工程，支持龙头企业整合科研院所、高等院校等力量，建立创新联合体，协同实施一批重大科技项目，形成一批重大创新成果。依托高校科研力量，推进高校技术转移中心建设，推进域外研发"飞地"建设。开展企校对接活动，加强项目研发合作。举办"大院名校绍兴行"系列活动，利用上海、杭州、宁波绍兴周活动，组织企业与上海大学、省内北航杭州创新中心、宁波材料所等科研院所开展对接活动，积极引进大院名校知名教授带项目、带成果来绍兴对接，推进研发项目产业化。较好地发挥了技术转移机构"人才—技术—项目"的桥梁作用，"企业出题、院校解题、政府助题"的技术创新组织模式在全省推广。中科院半导体研究所、清华大学、浙江大学、天津大学、武汉理工等研究团队揭榜27个攻关项目，揭榜率77%。

（六）注重招才引智，激发创新创业活力

按照《关于加强高层次科技创业创新人才队伍建设　加快推进创新驱动发展的意见》和《高水平建设人才强市三年行动计划》，结合实施国家"千人计划"、省"千人计划"以及绍兴的"3040"人才计划、"330海外高层次人才"计划、院士智能集聚工程和"技能绍兴"三年行动计划，通过创新人才引进机制、评价机制和激励机制等，完善人才支持体系建设。在住房、创业、信贷、保险、子女教育、车驾管理等方面给予优惠政策和优质服务，对受邀参加学习交流活动、见习实习等出台一系列补贴标准。建立宽松、畅通的多渠道人才流动机制，开辟"绿色通

道"，提供"最多三天办结"的加急服务和专员制服务，并建立人才特区。按照引、留、创"科技三服务"政策，实现创新人才集聚。按"一个体系、两项工程、三类平台、四个机制"的思路，构建一个更积极开放有效的人才政策体系，实施"十百千万"重大引进工程和"三个一批"人才培育工程，完善"人才+资本"、市场化引进、"店小二"服务、党管人才四个方面的人才创业创新生态机制。积极组织企业参加大型人才对接会，开展"大院名校绍兴行""外国专家绍兴行"等系列活动，连续六年举办了高端海外人才智力项目洽谈对接活动，牵头举办技术经纪人培训班，推动科技市场与人才市场整合，目前全市技术经纪人数量达到500多人。截至目前，省内外高校院所、人才团队与发榜企业进行线上线下对接120多次，出台人才新政3.0版，成功创建"浙江院士之家"，引进省级以上领军人才205人。实施"奔越""留绍"等计划，2020年新增就业大学生12.2万人和高技能人才2.2万人。面向全球发布99项重点项目攻关"揭榜挂帅"制，带动全社会研发投入超10亿元。累计引进各类人才超30万人，近三年年均增长30%以上。2021年上半年组织申报国家高端外专项目、国家领军外专人才项目、省"海外工程师"等数量均创历史新高。

（七）优化政府创新服务，严行科技创新管理

绍兴市率先组建"科技创新委员会"，调整优化机构设置，强化科技部门作为创新综合部门职能，完善不同区域部门创新服务协同运作机制、专家决策咨询机制和容错免责机制、科技创新风险分担机制，加强科技创新统筹，建立科技工作年度专项述职评议制度。全面推进简政放权，深化科技系统"最多跑一次"改革，加强科研项目申报、高新技术企业认定、研发机构认定、成果登记等服务事项的网上办理和集成化管理，精简申报材料、减少填报内容、压缩评审时间1/3以上。出台了一系列管理方案、行动计划、法规条例等，形成了多层次、多维度的政策法律环境。组建专家团开展线上咨询答疑，并线下组织开展"千企大走访"，实行"一对一"服务。制定出台《绍兴市科技创新基金管理办法》《绍兴市科技计划与计划项目管理办法》《绍兴市科技计划项目验收工作规

程》，规范立项评审、过程管理和验收评估、科技奖励等环节的管理，提高整个管理流程的科学性和规范化。制定了《加强科研诚信建设相关管理办法》，加强科研诚信合同管理，推进科研诚信制度化建设。实施专利提质增量工程，加强知识产权创造保护运用，成立绍兴市知识产权保护研究中心、知识产权纠纷人民调解委员会，市县联合开展专利联合行政执法专项行动，办理线上线下专利侵权纠纷案件。建立技术交易、管理服务和考核评价等一整套标准化运营规则。

（八）发挥科技大市场功能，促进科技成果转化

根据成果转化"一法两条例"，颁布《加快科技成果转化服务机构建设的若干意见》。科技创新体制建设坚持需求导向，积极开展技术需求"张榜招贤"、技术难题竞标活动。鼓励科技人员自己创办企业，增强高校、科研机构与企业开展人才交流合作或合同研究，对科学研究与技术开发所产生的具有实用价值的科技成果进行后续试验、开发、应用、推广直至形成新产品、新工艺、新材料，发展新产业，推进发明专利产业化。通过科技成果拍卖，大力实现科技成果有效转移。成立科技成果评估机构、知识产权服务机构、培训技术经纪人队伍等活动，加快发展科技中介服务业，推进线上线下融合，发挥科技大市场功能，促进科技资源的对接与合作。围绕纺织印染、化工、电子信息、智能智造、高端装备、现代医药和新材料等领域，先后牵头举办绍兴市生物医药科技创新对接会、绍兴市纺织产业科技创新对接会、绍兴市智能制造科技成果对接会、中国·绍兴"一带一路"创新合作暨中东欧国家科技成果对接活动、国际人才科技项目暨知名高校（新材料产业）创新成果对接洽谈大会、绍兴市军转民技术成果推介会等各类对接活动。

（九）优化市场科技创新服务，增强创新环境吸引力

鼓励风险投资机构、技术转移机构、律师事务所、会计师事务所、咨询机构等提供研究开发、技术转移、检验检测认证、技术测试分析、科技评估、创业孵化、知识产权（专利代理、专利分析评估、专利质押、专利保险、专利纠纷服务）、科技金融、人才培训、科技咨询、科技成果推广等创新创业服务。形成宽松的风险投资法律机制、健全的风

险资本管理和推出机制、灵活的科技银行服务机制和以人脉为核心的投融资网络，以企业信用体系为基础的信用激励机制、风险补偿机制和以股权投资为核心的投保贷联动的机制，建立了基础设施建设基金、创建产业发展引导基金、天使投资基金等融资平台，开通了创业投资、天使投资、境内外上市、代办股份转让、并购重组等10条融资渠道。政策支持范围覆盖技术创新全过程。科技部门无偿发放创新券，鼓励企业和创业者共享使用各类科技创新资源与服务，目前发放创新券3437万元、使用1420万元，同比增长147%、336%。创建了科技创新云服务平台、科技信息服务平台、科技统计大数据平台，推进科技资源开放共享服务，促进绍兴市与乐山、衢州、在产业资源共享、技术市场建设、新兴产业培育、现代农业等领域开展交流合作，初步形成了立体化的创新关系网络。

第五节 金华：新发展格局下强县弱市的突围

金华市建制久远，有着2200多年建城史，是国家历史文化名城，因位于金星与婺女（星）分野而得名金华。凭借婺江、衢江、兰江三江交汇的独特地理条件，金华有"水通南国三千里，气压江城十四州"之赞，成为浙江中西部的交通枢纽，也是浙江通往华东各省的交通要道，更是形成了独特的文化范围，称为"百工之乡"。改革开放以来，金华民营经济发达，各县（市、区）错位竞争、特色鲜明，市区汽摩配、义乌小商品，东阳建筑、木雕、影视文化，永康五金制造，武义五金、温泉，兰溪纺织服装，浦江水晶，磐安生态养生，在全国颇具盛名，也涌现了多个全国百强县。

金华走出来一条以县域平台为主的发展模式，伴随市域统筹能力弱化，又被称为"强县弱市"的发展模式。在以中心城市引领区域高质量发展新发展格局下，"低姿态"的金华转型发展的关键时期。只有充分理解、研究透彻、推演全域的特色性、发展的周期性、区域竞争性，才能破解"金华之困"，谋划新发展格局下的突围之路。

一　以县域平台为主的发展模式

金华下辖 2 个区、3 个县，代管 4 个县级市，即婺城区、金东区、武义县、浦江县、磐安县、兰溪市、义乌市、东阳市、永康市。金义都市区被确定为浙江省的第四个大都市区，义乌机场是全国第二个县（市）级中型航空港。2020 年，金华总面积 10942 平方公里，常住人口为 705 万人，实现地区生产总值（GDP）4703.95 亿元。进入发展新阶段，金华拉开了市区发展的大格局，从江北到江南，再到金东、婺城新区、金华山，金华迈入现代化、国际化都市的行列，凭着"莫名其妙、无中生有、点石成金"的改革闯劲，让火腿、木雕之乡等地理标志品牌，逐步探寻浙中崛起之路。

（一）实施民营经济强市专项夯基行动

金华实施民营经济强市"四大行动""九大工程"，推动经济增长实现"V"形反转，义乌、金东获评省"争先创优"行动"最佳实践"，2020 年市场主体从 59.7 万户增加到 126.9 万户，总量跃居全省第二。实施融资畅通工程，金融机构存贷款余额均破万亿元。新经济新业态蓬勃发展，狠抓数字经济"一号产业"，承办全国信息技术应用创新专题研讨会；横店影视文化产业集聚区挂牌，网络影视剧产量实现翻番。八大重点细分行业总产值增长 6.8%，高端装备制造业增加值增长 14.4%、居全省首位，现代五金产业入围国家先进制造业集群培育名单，武义电动工具、金华开发区健康生物医药获评全省"链长制"试点示范，永康获批建设国家林草装备科技创新园。科技创新和人才工作取得新进展，编制浙中科创大走廊规划，重大产业项目加快落地，研究制定招大引强政策措施，引进环宇、正威、欣旺达等一批单项投资超 50 亿元重大项目，花园生物、东方日升、自立环保、万里扬、晶澳等一批重大项目投产。

重大发展平台支撑作用不断强化，金义新区获批省级新区，强势开局"4288"战略体系；义乌智能显示材料产业、金义新区信息技术应用创新产业入选省"万亩千亿"新产业平台培育名单；东阳木雕小镇、义乌绿色动力小镇、磐安江南药镇获省级特色小镇命名；推进开发区（园区）整合提升，婺城省级经济开发区获批；金磐开发区"飞地"模式入选全省山海协作"最佳实践"。累计建成省级小微企业园 151 个，居全省第二。三次产业结构从 3.8∶44.6∶51.7 调整为 3.3∶38.6∶58.1。传统制造业改造提升省级试点数量居全省第二。高新技术产业增加值占比提高 21.8 个百分点。A 股上市企业从 22 家增加到 30 家，市值突破 2000 亿元。跻身国家创新型城市创建行列，创成国家知识产权示范市，加入长三角 G60 科创走廊。全域化发展影视文化产业，影视市场主体数量占全省 2/3。数字经济产业指数位列长三角 27 个中心城市首位。

（二）全力构建新时期城市开放新格局

金华市聚力先行先试、敢闯敢拼，改革开放多点突破。"无证明城市"改革开全国先河。"互联网+监管"改革率先破题，企业开办"零见面"改革经验全国推广，扎实推进国家和省部级重大改革试点，"无证明城市"改革入选全国法治政府建设示范项目，深化企业开办"智能登记"改革，高质量完成省统一行政处罚办案系统应用试点，创新推出"网上政策超市"，深化国资国企改革。

对外开放取得重大突破。中国（浙江）自由贸易试验区金义片区、省级金义新区、中国（义乌）跨境电子商务综合试验区、义乌国际贸易综合改革试验区、横店影视文化产业集聚区等一批改革开放大平台获批建设。"义新欧"班列开行量跃居全国第四。跨境网络零售出口全省占比达 46.4%。成功获批中国（浙江）自由贸易试验区金义片区，区内新增企业超万家。"义新欧"创新双平台运行机制，获评省改革创新最佳实践案例。大力推进义甬舟开放大通道建设，打造宁波舟山港"第六港区"。实施跨境电商发展"十大行动"，培育共建海外仓超 40 家，跨境网络零售出口增长 18%。外贸出口增长 14.3%，对全省出口贡献率达 27.5%，居全省首位，进口增长 37.2%，义乌入选全国进口贸易促进创新示范区。金义综合保税区二期通过竣工初验，义乌综合保税区获批。举办中非文化合作交流周暨中非经贸论坛。兰溪被认定为国家外贸转型升级基地。外贸出口从 2958 亿元增加到 4613 亿元，居全省第二。荣获中国"一带一路"最具活力城市称号。

(三) 在融入长三角一体化中提升都市发展能级

金华市聚力破散促聚、全域统筹，都市区共建加力提速。成功纳入长三角中心区范围，金义一体化、全域同城化取得新成效，金义都市区核心区范围实现扩容。融入长三角一体化步伐加快，成功举办首届"上海—金华周"系列活动，启用金华（上海）科创中心、人才大厦；数字经济产业园成为长三角G60科创走廊首批科技成果转移转化示范基地；医保异地门诊费用直接结算定点医疗机构达261家。全域同城化扎实推进，实施《金义都市区建设行动方案》，60个年度重大共建项目完成投资448亿元，增长258%；实现市区向兰溪供水，签订新一轮乌溪江引水工程、磐安向永康供水协议，开工建设义乌双江水利枢纽、磐安抽水蓄能及流岸水库工程。城市品质不断提升，深入实施三江六岸景观提升工程，浙中总部经济中心、三江里等项目加快推进，金华科技文化广场获"鲁班奖"；推出婺州古城十景，古子城商圈全新亮相；丹光东路、玉泉东路等7条断头路开工建设；新增省级美丽城镇样板9个，实施省级未来社区建设试点7个。武义列入国家新型城镇化建设示范名单。

(四) 打造全国性现代化综合交通枢纽

彰显浙江中西部的交通枢纽、浙江通往华东各省的交通要道的区域优势，启动建设金建铁路、杭温高铁二期，建成金台铁路，金义东市域轨道交通金义线全线铺轨。义东高速东阳段、金义中央大道开工，建金高速、杭绍台高速、金武快速路、市区双溪西路西延建成通车。金义国际机场选址加快推进。新建"四好农村路"1274公里，创建美丽经济交通走廊745公里。推动物流业产值、税收、车辆"三回归"，规上交通物流企业营收增长31%。

(五) 全力推高城市基本公共服务水平

加快教育事业振兴。过去五年，金华教育财政投入137.9亿元、增长8.9%，新建117所中小学和幼儿园，"公民同招"政策平稳落地，教育现代化发展水平在全省大幅进位；金华理工学院建设工程开工，中国计量大学现代科技学院建成招生，浙江大学"一带一路"国际医学院、复旦大学义乌研究院揭牌。持续提升健康金华水平。市人民医院和市妇保院新院区建成投用，市公共卫生应急保障中心开工建设，东阳市人民医院成为全省首家县级三甲医院；全面启动国家体育消费试点城市、国家全民运动健身模范市创建，长三角体育休闲博览会落户金华。扎实推进文化建设，县级新时代文明实践中心实现全覆盖；7个县（市）全部跻身全国县域旅游综合实力百强县，金华山旅游集散中心主体完工；婺剧入选首批浙江文化印记，白沙溪三十六堰入选世界灌溉工程遗产；举办横店影视节、李渔戏剧汇、上山文化遗址发现20周年学术研讨会等活动。大力推进健康医疗，大病保险"选缴保费法"成为国家医保改革典型案例；全国居家和社区养老服务改革试点获评优秀。三大攻坚战取得决定性成就，全面小康指数位列全国地级市第27。获国务院正向激励6项、省政府正向激励21项。全国双拥模范城创建实现"四连冠"。

（六）努力推进美丽金华建设

打响"金农好好"农产品区域公用品牌，农产品地理标志达21个，居全省首位，"两头乌"入选欧盟地理标志协定保护名录；义乌、浦江获评全国电子商务进农村综合示范县，武义获评国家有机食品生产基地示范县。和美乡村更加亮丽，新增美丽乡村风景线11条、省级美丽宜居示范村试点22个，承办全省深化"千万工程"建设新时代美丽乡村现场会，秀美浦江休闲游入选中国美丽休闲乡村旅游精品景点线路。浙中大花园建设扎实推进，深入开展第二轮中央环保督察反馈问题整改，成功创建省级生态文明建设示范市；成功创建全国文明城市、国家园林城市、国家节水型城市，开展全国首个地级市国家森林城市群建设试点，获绿色中国特别贡献奖。创成国家生态文明建设示范县3个。农村生活垃圾分类、美丽乡村建设入选党的十九大"砥砺奋进的五年"大型成就展。

二 新发展格局下中心城市引领区域高质量发展

（一）我国区域经济发展进入中心城市引领的新时代

新时期新思想明确支持中心城市发展。《求是》杂志于2019年岁末发表重要文章《推动形成优势互补高质量发展的区域经济布局》，指出要增强中心城市和城市群等经济发展优势区域的经济与人口承载能力。

2020年10月,《求是》杂志发表重要文章《国家中长期经济社会发展战略若干重大问题》,其中关于完善城市化战略指出,中心城市发展要统筹城市布局的经济需要、生活需要、生态需要、安全需要,建设一批产城融合、职住平衡、生态宜居、交通便利的郊区新城,推动多中心、郊区化发展。

国家政策支持加快形成以中心城市为引领的发展新格局。2018年11月,国家发布《关于建立更加有效的区域协调发展新机制的意见》,确立了以中心城市引领城市群发展、城市群带动区域发展新模式,大力推动国家重大区域战略融合发展,推动区域板块之间融合互动发展。2019年12月,两办印发《关于促进劳动力和人才社会性流动体制机制改革的意见》,提出以中心城市和城市群为主体构建大中小城市与小城镇协调发展格局,支持吸纳人口强的大城市、中心城市、城市群发展。2020年3月,国务院发布《关于授权和委托用地审批权的决定》,赋予京沪津渝以及广州、南京、杭州、合肥等城市享有除基本农田以外的农用地转为建设用地审批权限。国家"十四五"发展规划纲要提出,优化国土空间布局,推进区域协调发展和新型城镇化。具体明确要"优化行政区划设置,发挥中心城市和城市群带动作用,建设现代化都市圈"。

从全国发展来看,随着国家区域发展的整体战略先后部署,区域中心城市围绕城市发展能级、引领性产业体系、科技创新发展潜力、国际化发展战略以及国际一流营商环境等重点领域,全力提高城市发展综合竞争力,打造"一带一路"建设、国际国内双循环发展的重要节点,逐渐形成了更加明显的以区域中心城市引领发展的新格局。

(二) 金华处在突围的历史时刻

长期以来,金华以县域平台为主的模式,造成发展上"小马拉大车"的问题,使金华"城"的聚合功能不足,缺乏联动城乡区域协调发展的内劲,也影响了金华的城市迭代效率。金华有强县弱市地级市普遍存在的功能区与行政区、各级(同级)政府间的竞合博弈,其新发展格局下的突围之路具有较强的示范意义。

2020年,金华实现地区生产总值(GDP)4703.95亿元中,其中义乌市 GDP 最高，为 1485.6 亿元，增速为 4%，在全国经济百强县排名第 10、浙江省排名第 2，是全国权限最大、综合开放度最高、连接能力最强的县级市。永康市在全国经济百强县排名第 82、浙江省排名第 14；东阳市在全国经济百强县排名第 83、浙江省排名第 15。金华市所属 4 市、3 县 GDP 占全市 80.58%，在全国同列中心城市中实属少见，"强县弱市"即由此被证实，更有媒体提出"金华之困"（见表 10-3）。

表 10-3　　　　　　　　2020 年金华市各地 GDP 对比表

区域	GDO（亿元）	增速（%）	全市占比（%）	同级中地位
金华市	4703.95	2.8	100	全省地级市第 7
义乌市	1485.6	4	31.58	全国百强县第 10、全省第 2
婺城区	654.48	4	13.91	全省第 40
永康市	639.78	1.6	13.60	全国百强县第 82、全省第 14
东阳市	638.16	0.1	13.57	全国百强县第 83、全省第 15
兰溪市	400.16	3.4	8.51	全省第 59
武义县	271.33	3.7	5.77	全省第 68
金东区	259.27	2.9	5.51	全省第 70
浦江县	234.46	1.2	4.98	全省第 76
磐安县	120.7	3.4	2.57	全省第 83
所属 4 市、3 县占比			80.58	

数据来源：根据各省市统计局年鉴及各市统计公报整理。

金华在浙江地位特殊，是长三角西南辐射通道的边际首位城市。若金华不强，浙江四大都市区建设长三角的总目标必定成为空中楼阁，就算是建成了"金南翼"，肯定也是折翼的翅膀。但当前的发展格局不适应新时期区域发展规律。无论是杭州城西科创大走廊，还是绍兴科创大走廊，均在有基础条件好的区域进行发力。相比湖州科技城，金华科技城是郊区的存在。嘉兴科技城，金华更是望尘莫及，嘉兴科技城是坐拥赫赫有名的浙江清华长三角研究院。金义都市新区、金华科技城、金义科创廊道，几乎未在除金华市级外的更高层级的单独报告中明确出现。

从全省中心城市所属县（市）经济占比看，金华远高于其他城市（见表10-4）。省会杭州所属二县一市的经济占比仅仅为6.3%，即便把新设区的富阳、临安加在一起，不过为15%。全省平均51.3%，超过70%的只有金华和丽水，而金华高达80.58%，比丽水高出近7个百分点。

表10-4　2020年浙江省中心城市所属县（市）经济占比

区域	全市GDO（亿元）	县、市GDO（亿元）	县、市占比（%）
杭州	16106	1008.8	6.3
宁波	12408.7	4514.5	36.4
温州	6870.9	3656.6	53.2
绍兴	6001	2425.2	40.4
嘉兴	5509.5	3831.07	69.5
台州	5262.7	3343.05	63.5
金华	4703.8	3790.19	80.58
湖州	3201.4	1733.6	54.2
衢州	1639.2	870.9	53.1
丽水	1540	1133	73.6
舟山	1512.1	501.29	33.2
全省平均			51.3

数据来源：根据各省市统计局年鉴及各市统计公报整理。

三　金华高质量发展的战略选择

我国城市国际化已经处于2.0版，即不再是城市规模和量级的问题，而更多的是城市品质和内涵的发展问题。顺应科创和金融是驱动地方发展核心要素的发展规律，参考全省强县弱市城市（如衢州、湖州、丽水）普遍选择让行政级别高于县级的产业集聚区与开发区合署等做法，金华"破局"之路在于全力提升中心城市的能力，在"九个城市"[①]上精准发力。

---

① 《2021年金华市政府工作报告》。

(一) 提升市域统筹能力，加快城乡融合发展

突出形成城乡一体化发展、共同富裕新机制，建立与城市国际化发展相适应的体制机制，引导市域资源向市区集聚，突出市区中央活跃区引领功能，聚集创新研发、金融服务、高端商务、文化创新等经济形态，强化外向资源集聚、内向辐射带动效应，加快城乡融合发展。

一是全面放开落户限制，加快人口集聚。实施"来了即落户"的完全自愿落户政策，出台专项鼓励县城乃至乡镇居民在市区购房、创业就业的优惠政策，推进以县城为主要载体的城镇化发展。对于移居市区的新人口，解决零就业家庭，确保一人就业。

二是发展市区总部经济，加快产业集聚。出台吸引企业向市区集聚发展政策，鼓励企业在市区设立办公总部、研发总部；开辟创新园区，鼓励创新型企业在市区落地，集聚发展。

三是推进土地指标交易的市域范围内统筹。激活农村发展活力，形成城市发展带动的城乡融合发展和全面乡村振兴的新局面。

(二) 建设国家创新型城市，注入数字赋能新动力

大力实施人才科技首位战略，突出数字化引领、撬动、赋能作用，加快补齐人才科技短板。按照"一廊六城"空间布局，基本建成浙中科创大走廊，创成国家高新区，规划布局"环浙师大"等创新圈，争取"浙中实验室"列入省实验室，打造浙中科创策源地。实施高新技术企业、科技型中小企业"双倍增2.0"行动，促进创新要素向企业集聚。高水平办好金华发展大会、工科会等活动，深入实施顶尖人才、领军人才、"双龙计划"等引才计划，深化"揭榜挂帅"全球引才机制，打造高层次人才蓄水池。建立以人为中心的科技创新激励机制，开展"包干制"改革试点，打通创新、创业、创投、创客服务链条，建设浙中科技大市场升级版，争创长三角G60科技成果转移转化示范区，打造一流创新生态圈。

(三) 建设民营经济强市，培育现代产业新体系

强化数字经济"一号产业"和传统制造业改造提升双轮驱动，实施"新智造"计划、未来产业培育计划，争取"5G+工业互联网"国家试

点，数字经济核心产业制造业增加值年均增长15%以上，做大做强一批标志性产业链，打造一批千亿级先进制造业集群，力争全市规上工业总产值达8000亿元、规上工业企业数达7000家，高新技术产业增加值占规上工业增加值比重达60%。加快发展现代服务业，建设现代物流强市、会展强市。开展产业平台提升行动，培育建设省级"万亩千亿"产业平台、现代服务业创新发展区，实施亩均效益提质倍增行动、特色小镇2.0工程。实施金融赋能民营经济计划，打造浙中金融中心。

（四）建设双循环发展先行市，构筑内陆开放新高地

以自贸试验区金义片区建设引领新一轮高水平开放，聚焦"五大自由"形成一批制度创新成果，努力建设国际小商品自由贸易中心、数字贸易创新中心、内陆国际物流枢纽港、制造创新示范地和"一带一路"开放合作重要平台。实施开放大通道升级工程，推动"义新欧"班列双平台高质量发展，打造长三角中欧铁路班列枢纽中心；推进义甬舟开放大通道西延，建成华东联运新城等一批示范性项目；建设"网上丝绸之路"先行区，打造"世界货地"。实施扩大内需战略，持续打好招商引资大会战，发挥投资和技改对优化供给结构、提升供给质量的关键作用，推进"两新一重"建设；建设浙江中西部消费中心城市，推动义乌小商品市场、永康五金城、东阳木雕城等实体市场高质量发展，培育一批具有全球竞争力的现代流通企业和商贸枢纽市场。

（五）建设"两优一高"城市，取得重大改革新突破

以数字化改革为牵引，统筹运用数字化技术、数字化思维、数字化认知，加快建设数字金华，推动全方位改革、系统性重塑。实施"效能革命"，营商环境便利度达到90%以上。深化"最多跑一次"改革，建立整体智治体系，巩固扩大"无证明城市"等改革成果，推出一批领跑全省的"一件事"，实现更智能的"网上办"、更便捷的"掌上办"、更方便的"就近办"。坚持"要素跟着项目走"，完善要素市场化配置体制机制，推动资源要素更多向优势地区、优势产业、优势项目集中。推动国资国企改革发展，市属国有企业资产总额达2800亿元以上。推进各项改革综合集成，深化国家和省部级改革试点，在先行先试中再创发展新

（六）建设全国综合交通枢纽城市，迈出都市区共建新步伐

突出交通先行，加快都市区一体化协同发展，加快建成长三角世界级城市群的重要区域中心。基本建成全国性综合交通枢纽，实现"县县通高铁"，完成金义国际机场前期工作，推动航运复兴，加快打通都市区轨道、高速公路、城际快速干线三大交通闭合圈，构建市区高速环。大力提升都市区中心城市能级，加快金义一体化、全域同城化，高标准建设金义新区，做强金义主轴和发展主核。推进以人为核心的新型城镇化，以"未来社区"理念引领城市建设，加快城市有机更新步伐，创建一批未来社区省级试点和美丽城镇省级样板，促进中心城市、县城和小城镇协调发展。建成"城市大脑"，打造智慧城市。积极推进社会民生领域共建共享。

（七）建设文化国际传播强市，弘扬信义和美新风尚

坚持以社会主义核心价值观为引领，大力弘扬红船精神、浙江精神和新时代金华精神，擦亮全国文明城市"金名片"，实施诗路文化带建设和公共文化繁荣提升行动计划，打造浙江中西部文化中心。大力发展文化产业，以横店影视文化产业集聚区为龙头，带动影视文化产业全域化发展，打造全球最强的影视产业基地；推进数字文化产业创新发展，培育壮大网络直播、电子竞技、数字阅读等新业态。深化文旅融合，创成省级全域旅游示范市，争创国家级文化和旅游消费试点城市。高质量推进文化精品创作、八婺文化展示，高水平办好2022年亚运会金华分赛区和第17届省运会赛事。

（八）建设浙中美丽花园城市，实现生态文明建设新进步

深入践行绿水青山就是金山银山理念，全方位加强生态文明建设，打造更高层次、更高水平的浙中大花园。推动绿色循环低碳发展，坚决落实碳达峰、碳中和要求，持续压减淘汰落后和过剩产能，加快构建低碳、智慧多元的清洁能源供应体系，大力倡导绿色低碳生产生活方式。持续推进蓝天、碧水、净土、清废行动，打好生态环境巩固提升持久战，全域建成"无废城市"，建成金义都市区国家森林城市群，创成国家生态

文明建设示范市。

(九) 建设共同富裕范例城市，创建数字金华新家园

坚持以人民为中心的发展思想，着力完善人的全生命周期民生服务，扎实推动共同富裕。全面加快乡村振兴步伐，实施农业农村现代化建设工程，促进农业高质高效、乡村宜居宜业、农民富裕富足。实施高质量就业提升工程，大幅提升在金高校办学水平，打造浙江中西部教育中心。全面实施"大健康"战略，构建强大的公共卫生体系，深入推进"三医联动、六医统筹"集成改革，大力推进龙头医院建设，加快县域医共体与城市医联体能级提升，高质量建设养老服务体系，打造浙江中西部医疗中心。

(十) 创建国际营商环境示范市，开创法治金华新局面

坚持和深化新时代"后陈经验""浦江经验""龙山经验"，充分发挥"最多跑一地"改革牵引作用，以"三大员"为主载体深化"三服务"，持续开展"大家访、大代办、大接访、大化解"活动，迭代完善"一中心四平台一网格"，构建"县乡一体、条抓块统"高效协同治理模式。创成全国法治政府建设示范市，形成"大综合一体化"行政执法新格局。提升安全发展能力，完善风险闭环管控的大安全机制，坚决守住不发生区域性金融风险的底线，努力防范和化解现代化进程的各种风险。

第六节 丽水：新时代全域山水花园城市

丽水地处瓯江之畔，栝苍逶迤，云雾缥缈，山清水秀，风光秀美，古文献记载，五千年前的华夏人文始祖轩辕黄帝的封地即在境内缙云县，故黄帝又称缙云氏。丽水人民勤劳智慧，创造了灿烂的古代文明。境内龙泉市曾是中国历史上最著名的兵器和瓷器产地，龙泉剑为传世之宝，著名的越王剑干将莫邪即产于此。其青瓷产品在 17 世纪即远销欧洲，被称为雪拉洞。境内青田县产的青田石为中国名贵的玉石，其雕刻作品价值连城，曾获 1925 年巴拿马万国博览会金奖。这里还是世界培植香菇的

发源地，香菇区域产量世界第一。

丽水市域面积1.73万平方公里，是全省陆域面积最大的地级市（占全国的1/600，全省的1/6），而人口仅有250万人。绿水青山是丽水最重要的资源基底，以"丽水山居图"打造处州山水的国际化影响力，打造具有丽水特色的生态经济；以剑瓷文化、石雕文化、黄帝文化、畲族文化为媒介，联通世界"朋友圈"，打造联通中外的重要"文化符号"。

一 丽水是文化之都、生态绿谷、蝶变之城

（一）丽水是博古通今的文化之都

丽水是浙江省历史文化名城、中国地级市第一个民间艺术之乡，历史文化遗存丰富。蜚声中外的龙泉青瓷、龙泉宝剑、青田石雕被誉为"丽水三宝"。全市共有3项联合国人类非物质文化遗产（龙泉青瓷、丽水木拱廊桥、遂昌班春劝农），18项国家级非物质文化遗产；这里保存有全世界最古老拱形水坝、首批世界排灌工程遗产的通济堰；还有51个国家级、省级历史文化名城名镇名村，257个国家级传统村落，是华东地区古村落数量最多、风貌最完整的地区，被誉为"最后的江南秘境"。丽水历代名人辈出，有宋代著名诗人叶绍翁、明代开国功臣刘基，近代救国会"七君子"之一的章乃器、国民党政要陈诚等。明代汤显祖曾任遂昌县令，在此期间创作了中国文学史上脍炙人口的《牡丹亭》，被誉为"东方的莎士比亚"。此外，丽水也是红色文化圣地，是全省唯一所有县（市、区）都是革命老根据地县的地级市。

（二）丽水是美不胜收的生态绿谷

丽水是"浙江绿谷"，是华东地区重要生态屏障，有着无与伦比的生态优势，素有"中国生态第一市"的美誉。山是江浙之巅，水是六江之源。全市森林覆盖率高达81.7%。水和空气质量常年居全省前列，是全国空气质量十佳城市中唯一的非沿海、低海拔城市。生态环境状况指数连续17年全省第一，是首批国家生态文明先行示范区、国家森林城市、中国气候养生之乡、中国天然氧吧城市。2002年11月，习近平总书记第一次来到丽水，由衷赞叹"秀山丽水、天生丽质"。

（三）丽水是创新发展的蝶变之城

从全省排名来看，丽水市总体 GDP 在全省 11 个城市中排名第 10，说明丽水市总体发展水平偏弱，暂时还不足以摆脱山区城市带来的影响。但从增长数据来看，丽水市在 2020 年 GDP 突破 1500 亿元大关，各县市区增速也保持稳步增长，总体呈稳步上升发展状态。2020 全市生产总值年均增长 6.7%，高于全省 0.2 个百分点，人均生产总值达到 1 万美元；一般公共预算收入由 2015 年的 94.51 亿元增加到 143.86 亿元，年均增长 8.8%，高于全省 0.3 个百分点；城镇和农村居民收入分别从 32875 元、15000 元提高到 48532 元、23637 元，年均增长 8.1%、9.5%，高于全省 0.6 个、0.9 个百分点，其中农民收入增幅连续 12 年全省第一。丽水将通过加快构建浙西南区域科创体系、升级现代化生态经济体系、智慧建设新时代数字绿谷等形式，突围发展，形成绿色生产输出和国际共融接轨的"现代化宜居之城"。

二 跨山统筹、创新引领、问海借力三把"金钥匙"

丽水是习近平总书记"绿水青山就是金山银山"理念的重要萌发地和先行实践地。10 多年来，丽水始终坚定生态优先、绿色发展的核心战略定力，加快建设以"生态经济化、经济生态化"为基本特征的现代化生态经济体系，提出了跨山统筹、创新引领、问海借力三把"金钥匙"等系列策略方法，全面奏响"丽水之干"最强音，推动 GDP（地区生产总值）和 GEP（生态系统生产总值）规模总量协同较快增长、转化效率持续较快提升，以"绿起来"首先带动"富起来"进而加快实现"强起来"，精彩书写践行"绿水青山就是金山银山"理念的时代答卷。

（一）跨山统筹

1. GEP 改革为龙头的重大改革稳步推进

立足"生态是最大优势、发展是最重任务"的基本市情，保持生态优先、绿色发展的核心战略定力，充分贯彻"发展服从于保护，保护服务于发展"的理念，在全省率先把 GDP 和 GEP 作为"融合发展共同体"，确立为核心发展指标，突出强调实现 GDP 和 GEP "两个较快增长"。出台全国首个山区市 GEP 核算地方标准，初步构建全市域生态价值底图。完成全国首笔公共机构会议碳中和交易，发放全国首笔 GEP 贷，实现"两山银行"县（市、区）全覆盖，各类绿色金融产品余额达 187.47 亿元。建立市级生态产品政府采购和市场交易制度，完成生态产品政府采购 5.92 亿元。获批中国（丽水）跨境电子商务综合试验区。

2. 扩能升级，建立现代化生态经济体系

把生态工业确定为高质量绿色发展主攻方向，启动实施生态工业高质量绿色发展倍增行动，6 条产业链列入省级链长制试点，新引进制造业大项目 73 个，战略性新兴产业、高新技术产业增加值分别增长 7.4%、5.5%。丽水山耕蝉联全国区域农业形象品牌榜首位，新增省级以上农业龙头企业 12 家，建成全省首个大型茶树种质资源圃，创成省级绿色农业先行示范市。另外，高标准建成国家级全域旅游示范区，打造丽水一城一文化一品牌。深化"一县一品"特色产业战略，加快推进地方特色文化产业发展。

(二) 创新引领

1. 双招双引，以创新激活跨越式发展新动能

坚持创新在现代化建设全局中的核心战略地位，坚定人才强市、科技兴市战略和创新驱动发展战略，以"双招双引"为战略举措，实施科技创新力提升八大工程，构建一心支撑、点面联动的浙西南区域创新体系，省市县联动建设浙西南科创走廊。积极融入全省打造全球创新策源地布局，深度对接杭州城西科创大走廊，依托杭州（丽水）数字大厦，联动谋划布局和建设一批"科创+特色产业"区域性科创基地。

2. 人才强市，推动浙西南科创中心建设

实施"157 创新引领行动计划"，围绕人才强市、科技兴市战略，聚焦五大产业集群，按照接轨大上海、融入长三角的要求，凸显企业主体作用，加快引进和培育领军型创新创业人才，提高青年人才集聚度，真正推动浙西南科创中心建设。开展的"七大行动"包括双创人才"提质增量"行动、企业家"创新意识和能力提升行动"、"生态丽水"柔性聚才行动、创新平台"提能扩量"行动、"智汇丽水"人才科技峰会品牌提升行动、大学生"鸿鹄行动"、长三角人才服务"暖心行动"。

(三) 问海借力

1. "问海借力" 1.0——山区市向沿海借力

丽水全面践行绿色发展理念,高新技术产业、战略性新兴产业增加值年均分别增长9.9%、11%。芯片、细胞、未来建筑等新产业从无到有。全面践行开放发展理念,全市域、全方位对外开放格局初步形成。实现与上海"区—县"结对合作全覆盖,如青田与上海市金山区签署友好协作框架协议,重点在农产品市场、旅游市场等领域进行合作;庆元与上海市宝山区签订一体化发展战略合作协议,建立了两地旅游信息互联互通合作平台。加强与长三角地区一流高校、科研院所合作,主动对接G60科创走廊,打造长三角G60(丽水)科创基地,加入长三角资本市场城市联盟,长三角招商中心新签约落地大项目26个。设立长三角招商中心、旅游推广中心,落地长三角招商项目37个,来丽上海游客量年均增长7.9%。

2. "问海借力" 2.0——国内向海外开放

通过组织动员海外130多个国家的345个侨团,丽水在海外建立1720个侨界"网格化"管理网络,有效整合集聚了全球华侨资源。提前在海外储备、孵化一批符合青田产业发展的海外高层次人才科技项目,现已累计引进各类海外人才约5000人,高层次人才100余人,人才项目10余个。此外,丽水还在法国、德国、瑞典等国家设立了"双招双引驿站",通过市场化实体运作,引进符合丽水产业发展的项目;在意大利、西班牙等国家聘请了"双招双引大使",对外推介丽水投资政策,引荐对接重点发展产业项目。目前,共有170多个侨资项目签约或落地丽水,新增海外飞地4个,侨商回归签约项目24个、总投资133.18亿元。

三 高质量绿色发展背景下的丽水城市国际化路径

从国际化大形势看,当今世界正经历百年未有之大变局,新一轮科技革命和产业变革深入发展,新冠肺炎疫情影响广泛深远,经济全球化遭遇逆流,不稳定性不确定性明显增加。从丽水自身发展来看,历史欠账仍然较多,发展不平衡不充分问题比较突出,创新不足的短板尤为明显,城乡区域协调发展不够平衡,交通等基础设施配套相对落后,距离城市国际化还有不小的差距。丽水要发挥生态优势、保持发展势头，努力在危机中育先机、于变局中开新局。

(一) 挖掘丽水特色资源，积极参与"一带一路"建设

实施国际合作五大行动，精心打造一批国际开放交流平台，与欧美日、"一带一路"沿线国家在农业、园林建设和标准化生产等方面深度合作。深入实施华侨要素回流工程，高标准建设华侨经济文化合作试验区，建设华侨产业城，办好华侨进口商品博览会，打造进口商品"世界超市"，建设中国华侨名城。发挥龙泉"海丝之路"内陆起始地优势，复兴"丽水三宝"等非遗产业。加快建设浙江自贸区丽水联动创新区、综合保税区。推进国际贸易"单一窗口"建设，引导和支持企业用好《区域全面经济伙伴关系协定》加快发展，建设一批中外科创、产业合作平台和境外经贸合作区。

(二) 加快发展开放型经济，打造高能级对外交流和经贸合作平台

全面对接国际高标准市场规则体系，推动由商品和要素流动型开放向规则等制度型开放转变。发展跨境电子商务、数字贸易，建设中国（丽水）跨境电子商务综合试验区。支持本地龙头企业跨国发展，推进全球精准合作，鼓励境外融资，发展更高能级总部经济，谋划建设境外产能合作平台。健全外商投资政策和服务体系，支持外资企业投资战略性新兴产业和现代服务业。推动"丽水山耕"品牌国际互认，打造生态农产品直供出口基地。办好世界丽水人大会、丽水摄影节、世界剑瓷大会、国际茶商大会、国际木玩节、青田石雕文化节、庆元香菇文化节等重大节会，打造更多国际化高能级对外交流和经贸合作平台。

(三) 深度融入长三角一体化，打造山海融通共赢的沪丽发展共同体

坚持全域融入、战略协同、重点突破，依托优越自然资源禀赋，建设长三角生态安全农产品供应地，深度融入长三角生态文化旅游圈，打造长三角幸福美丽大花园核心区。完善全方位高质量接轨上海工作机制，强化战略、规划、体制等一体协同，推进人才、科技、产业、项目、金融、服务等各领域深度接轨，实现飞地互飞互促、资源优势互补、设施互联互通，打造山海融通共赢的沪丽发展共同体。积极引进上海等地的

优质教育、文化、医疗卫生资源，扩大公共服务领域深度合作。支持和推动各县（市、区）与上海各区开展紧密互惠合作。

（四）做大做强生态经济优势，打造生态工业国际化品牌

率先创建全国生态产品价值实现机制示范区，建设国家级生态资产和生态产品交易中心，拓宽市场化实现路径。加快建立一批碳汇基地，争创中国碳中和先行区。积极融入全省建设全球先进制造业基地战略布局，实施生态工业高质量发展倍增行动，稳步提高制造业比重，打造制造业绿色发展标杆地实施现代产业集群培育升级工程，创新高端产业植入路径，加快培育具有丽水特色的战略性新兴产业和未来产业，打造一批生态工业国际化品牌。

（五）加快建设区域重大创新载体，提升智能智造水平

加快建设浙西南生态科技城、科创产业园、科创小镇、科创走廊等重大科创载体，高标准、大手笔打造国际化双创人才特区，打造凝聚高水平科研团队、高新技术企业、高端资本协同创新的区域科创硬核。全面加强与顶级研究院、重点实验室、数字经济头部企业战略合作，实施"产业数字化"赋能工程。推动园区数字化转型和企业"上云用数赋智"，推广新智造模式，建设一批数字化车间、智能工厂标杆项目，探索建设"未来工厂"，提升制造业数字化、网络化、智能化发展水平。

（六）全面振兴现代乡村产业，壮大农村双创群体

把科技强农作为推进农业现代化的核心战略，深化农业供给侧结构性改革，推进农业绿色发展的深刻革命，重塑现代农业产业体系、生产体系、经营体系，构建"三位一体"高质量为农服务体系。扩大"丽水山耕""丽水山居""丽水山景"等"山"字系品牌市场影响力，推出一批具有较强规模效应和市场竞争力的拳头产品，重点打造若干具有地域代表性的现代农业全产业链促进农村第一、第二、第三产业融合发展。发展农村电商经济，壮大农创客群体，组建青年农创客联盟。建设一批综合型农产品加工物流园区和区域性骨干市场，推动线上线下市场融合升级。

（七）积极申报世界文化遗产，谋划创建国家生态文化公园

整合提升历史文化设施，保留非遗文化传承。推动"龙泉窑大窑—

金村遗址"、处州廊桥申报世界文化遗产，建设传统文化传承发展创新区。鼓励非物质文化遗产的转化利用和产业化开发，应用数字化技术，做好各级非遗名录建设，加强非遗知识产权的保护，传承非遗记忆，培育一批非遗传承人，建设一批非遗体验基地。保护和利用好畲族歌舞、畲族婚俗、畲族祭祀、畲族服饰、畲族语言等少数民族非物质文化遗产，谋划创建国家生态文化公园。

（八）增强旅游业发展动能，培育有国际影响力的文旅IP

开展全域旅游"微改造、精提升"行动计划，推进千亿大投资、全域大创建、景区大提升、度假区大建设、品牌大培育五大工程建设，打造一批具有引擎效应的高等级旅游景区、国家级旅游度假区。支持古堰画乡、云和梯田等旅游景区建设。构建康养度假、艺术文创、乡愁体验、亲子游学、户外运动等产业集群，场景化打造"瓯江行旅图""处州风华录""江南秘境乡"等经典旅游产品。积极参与浙皖闽赣国家生态旅游协作区建设，争创国家级旅游休闲城市和街区。打响巴比松油画艺术、"三宝"文化、华侨文化、木玩文化、香菇文化、黄帝文化、汤显祖文化、田园文化、畲族文化等十大地域特色文化品牌，培育有国际影响力的丽水文旅大IP。

第七节　衢州：四省边际物流枢纽新秀

一　四省通衢南孔圣地

衢州地处浙闽赣皖四省边界，南接福建南平、西连江西上饶和景德镇、北邻安徽黄山，东与省内金华、丽水、杭州三市相交，位于钱塘江上游，处在浙江省金衢盆地西端，是浙西水陆要冲，交通四通八达，素有"四省通衢"之称（见表10-5）。衢州市是沿海经济发达地区和内陆腹地的接合部，这一独特的空间区位，赋予了衢州市在新时期肩负着"城乡融合、区域联动""乡村振兴与共同富裕""打造四省边际中心城市"等重要使命。

表 10-5　　　　　　　　2020 年衢州市城市数据一览表①

相邻省份（简称）	浙、皖、闽、赣
土地面积	8837 平方公里
GDP 总量、增长率	1639.12 亿元，3.5%
第一、第二、第三产业占 GDP 比重	5.6∶40.3∶54.1
常住人口	2276184 人
城镇人口占常住人口比重	57.57%

衢州以"南孔圣地·衢州有礼"为城市品牌，境内江郎山、烂柯山、龙游石窟等 150 多处景点，素有"神奇山水，名城衢州"之称，于 1994 年被国务院命名为国家级历史文化名城。近年来，衢州持续发掘"南孔圣地·衢州有礼"城市品牌的商业价值，支持"三衢味"等衢州本土优质品牌与商业巨头企业的合作，持续推进"好吃衢州"推广和"域外餐馆"打造，有效打响了"四好衢州"品牌。衢州在建设国家历史文化名城、生态山水美城、开放大气之城、创新活力之城上积极主动作为，逐渐将"活力新衢州、美丽大花园"从蓝图走向现实。衢州是孔氏南宗文化的重要发源地，自东汉初平三年（192 年）始建县，至今已有 1800 多年的建城史，在众多的历史文化遗存中，最为有名是南宗孔氏家庙，为全国仅有的两座孔子家庙之一，被孔氏子弟称为"第二圣地"。城市品牌内涵中南孔文化的历史积淀，为城市人文、社会、商业等发展赋予了厚重且独特的意义。当下正处于世界百年未有之大变局的深度调整期、"双循环"发展新格局的形成期、浙江建设开放型经济"重要窗口"的关键期，以及衢州打造"四省边际中心城市"的加速发展期，衢州城市建设华丽蜕变指日可待。在城市总体规划引领下，衢州城市建设跨越了不同时期的发展门槛，从老城区的"南湖时代"（1978—1985 年）蹒跚起步，经过"泛南湖时代"（1986—2000 年）的南区拓展提升后，又在 21 世纪之初走向西区更宽阔的"衢江时代"（2011—2017 年），如今昂首迈向高铁新城的"活力新衢州"时代（2018 年后），优化了"一港三基地两区"

---

① 数据来源：浙江省统计局。

功能布局,构建了"四港联动"的公铁空水联运体系,积极建设四省边际多式联运枢纽港,打造浙江经济向中西部临省拓展的物流桥头堡,逐渐清晰展现出"大小三城"城市蓝图①。

二 产业基础 日新月异

在衢州市委"1433"发展战略引导下,在过去的五年间,衢州城市从产业规划、商贸流通和数字化改革方面,为成为区域中心城市孕育了产业基础,也取得了一些成绩。例如,衢州市"最多跑一次"改革已成为全省示范样板;营商环境走在全国前列,被国家发改委列为全国15个标杆城市之一。连续六年夺得"五水共治"大禹鼎,成功创建全国首批"绿水青山就是金山银山"实践创新基地和省级建设示范市,荣膺联合国"国际花园城市"称号。乡村振兴深入推进,"衢州有礼"诗画风光带建设富有成效,创成全国森林旅游示范市。全域构建"县乡一体、条抓块统"高效协同治理格局成为全省试点。②

(一)城市产业推动开放格局

城市产业决定了未来的发展基础与方向,过去的五年间,衢州城市贸转型、外资利用、外经合作和开放平台能级等方面,均取得了较大提升。外贸相关支撑产业转型加快,2020年,全市进出口规模358.4亿元,实绩出口企业1024家,分别较"十二五"末增长31.6%、29.8%。产业集群发展"链长"作用明显,以巨化为龙头的氟硅新材料产业,以欧派木门为龙头的门业,以元立等企业为龙头的金属制品产业,以明旺乳业等企业为龙头的绿色食品产业,以仙鹤、夏王纸业等企业为龙头的特种纸行业等产业集聚,贯通产业链、提升附加值。衢州市外贸转型升级基地(非金属材料)获批国家外贸转型升级基地,巨化(美国)仓储加工基地获评浙江省境外外经贸综合服务体系建设试点。

正是因为产业基础不断加深,良好的营商环境对吸引外资尤为重要,同时也为企业"走出去"提供了良好的母国土壤。"十三五"期间,实际

---

① 四个"时代"的提法,参考《衢州市中心城区两个"三城记"及城市规划研究思路报告》。
② 本部分数据主要来源于《衢州市商务高质量发展"十四五"规划》。

利用外资3.5亿美元，比"十二五"时期增长20.5%，外资来源地覆盖32个国家和地区，第二、三产业外资占比分别为59%、40%。随着利用外资数量增加，逐步引育了投资千万美元的大项目28个，例如引入百威英博、瑞典斯凯孚、法国阿尔诺维根斯、德国夏特、台湾旺旺控股以及韩国晓星、LG集团等一批跨国公司投资设立企业。过去的五年间，境外投资总额14.3亿美元，中方投资总额14.0亿美元，超过"十二五"规划目标的26.8%，涉及境外项目46个，境内企业24家，布局覆盖国家及地区27个。连续举办2届"一带一路"（中国·衢州）国际经贸合作活动，有来自亚洲、美洲、非洲、欧洲共34个国家的驻华使馆、驻沪总领事馆、外国政府机构中国首席代表、外国商会、企业，以及来自浙闽赣皖22个城市的政府部门和企业代表参加盛会。

外贸与外资的迅速增长，促成了对外经济合作平台能级提升的良好格局。2020年4月，国务院批复衢州跨境电商综试区，7月出台《关于中国（衢州）跨境电子商务综合试验区实施方案》，"十三五"期间，跨境网络零售出口（B2C）19.2亿元，年均增长32.3%，全市跨境电商特色产业集群3个；健全跨境B2C综合服务板块，培育衢州市柯城创客孵化园等9家园区成为第一批市级跨境电商实践基地，实现多个零的突破。开发区全面整合提升，全市有国家级开发区1个，省级开发区5个，积极推进开发区产业链"链长制"实施，衢州经济技术开发区、江山经济开发区被评为浙江省开发区产业链"链长制"试点示范单位，浙江中韩（衢州）产业合作园成为浙江省首批省级国际产业合作园之一

（二）商贸流通优化营商环境

城市营商环境是经济发展的制度土壤，能够很好体现一座城市的人文商业温度。2020年，衢州入选全国营商环境标杆城市。在过去的五年间，衢州吾悦广场和万达广场相继建成并投入使用，2020年入选浙江省绿色商场名单；智慧新城东方大酒店、悦苑酒店等先后建成。与武汉卓尔控股投资建设衢州客厅、长江青年城（衢州）、华东（衢州）数字经济示范区项目，总投资约300亿元；与"盒马鲜生"合作，在衢江区杜泽镇共建国内最大"盒马村"。引进百世集团在浙江省的首个客满云基地项

目、万有引力选品中心"新媒体+电商新零售"项目,以及迈微、长远飞鹰、浙江契禾、赢家时尚等多个亿元级的优质电商总部项目。这些成绩的背后,是投资方对城市发展的笃定信念。

现代流通体系布局加快建设,是优化营商环境的线下基础。全市2个乡镇、7个行政村入选首批省级现代商贸特色镇和商贸发展示范村。浙西粮食物流中心、浙西绿色农产品现代综合物流中心等项目落地,初步形成了物流园区—物流中心—配送中心—农村货运站的四级物流网络。成功入选第二批省级供应链创新与应用试点城市名单,3家企业被列入中央供应链创新与应用试点,11家企业被列入省级供应链创新与应用试点;11家农产品经销企业建设项目得到了国家农商互联农产品供应链试点补助,农产品生产、加工、冷链配送、销售供应链体系已见雏形。数字化改革,是优化营商环境的线上基础。"政企通"平台以"一站式"服务模式,目前已有26项政策上线"政企通"平台,为企业提供移动端涉企事项服务。

(三) 数字改革迭代供需双侧

衢州凭借优质环境和政府有效引导、投入,积极引导数字改革赋能供给侧,在农产品电商上开辟了一条"共同富裕"的新路子。过去五年间,网络零售额年均增长42.2%,在全省的占比翻了一番多,增速已连续六年位居全省前列。开化、江山、龙游入围国家电子商务进农村综合示范县,全市获评省级电商专业村50个、电商镇8个。衢江、江山、常山入围浙江省数字生活新服务标杆县。全国首个乡村振兴村播学院落户衢州,建设衢货直播基地平台,"柯城区乡村振兴村播基地"被评为2020年浙江省省级直播电商基地;开展"浙播季"主题直播2000多场,在国内主要电商平台上直播逾2万场次,参与直播的商品数达8万个,投放率7.9%,零售额近18亿元。

同时,衢州市政府为拉动新消费,积极为消费端创新数字应用场景建设,入围浙江省新零售标杆创建城市,全市社会消费品零售总额年均增长6.6%,增速位列全省前列,可见近五年来消费市场提振效果明显。东方集团、驰骋控股、不老神食品等7家企业列为浙江省新零售示范企业;水亭门步行接获首批"浙江省高品质步行街";打造"三衢味"区域公用品牌，发布《"三衢味"区域公用品牌准入和管理规范》地方标准，成立品牌运营公司。

三 天时人和 补齐短板

衢州，作为内陆开放桥头堡与经济发展新增长极，迎来高铁时代、数字时代、消费升级时代的多重机遇，历史性地迎来"天时、地利、人和"的新发展环境。政策机遇和地利为大花园核心区跨越式发展创造历史机遇。省委省政府支持建设四省边际中心城市，山区26县高质量发展成为新一轮发展战略重点，山海协作迎来升级版，"两山"机制不断完善，各类政策红利叠加加快推动衢州城市实现绿色高质量跨越式发展。"双循环"新发展格局和区位条件改善为打造四省边际中心城市提供"地利"。国内国际"双循环"新发展格局下，我省实施义甬舟开放大通道西延行动，衢州加快融入长三角一体化，"四省通衢"的区位优势进一步凸显，四省边际中心城市战略地位显著提升。开放合作新格局和制度新优势为提升城市竞争力凝聚"人和"。

新一轮区域竞合发展格局下，区域协同联动发展成为共同愿景，浙皖闽赣四省九方区域协作机制逐步建立和完善，县域经济加速向都市区经济转型，市域一体、县市联动发展成为主旋律，城市吸引力和凝聚力进一步增强。衢州虽然近年来发展迅速，但经济社会发展的不平衡不充分问题、经济总量、产业结构、创新能力、城市能级、开放合作、安全环保、民生保障等方面仍需补齐短板、砥砺前行。[①]

四 区域枢纽 已现雏形

未来，衢州城市主要依托加快建设四省边际中心城市，打造商贸物流"桥头堡"的战略定位，通过重构"大小三城"[②] 商贸格局、创新现代流通体系、提升开放平台能级、加强区域要素联动、吸引关键要素集

---

① 本部分数据主要来源于《衢州市国民经济和社会发展第十四个五年规划和二〇三五年远景目标纲要》。

② "大小三城"："大三城"是指智慧新城、智造新城、空港新城；"小三城"是指南孔古城·历史街区、核心圈层·城市阳台、高铁新城·未来社区。内外联通"大小三城"，是打造四省边际中心城市政策、制度等高地的城市格局基础。

聚、赋能绿色生态发展等战略举措，稳固区域中心地位和发挥引领作用。

(一) 公铁空水联运，形成区域物流枢纽

地理位置上的"四省通衢"为衢州打造四省边际新型商贸物流中心提供了独特优势，物流拉动区域经济总量与开放度，从而对接更高级别平台，这是区域物流枢纽的使命。衢州在其"十四五"规划中，明确建设四省边际城市国际物流分拨中心与智能仓储基地，拓展"义新欧"专列物流合作新渠道，利用"金义"自贸片区毗邻及外溢效应，推进义甬舟开放大通道西延的区域协作。加快建设衢江区空港新城，依托"一港、三基地、两片区"功能布局，推动海陆空内水联运中心建设，将衢江区打造成为浙西航空物流枢纽和多式联运中心港。借力华东（衢州）数字经济示范区项目，加强衢州客厅和智能供应链产业园建设。建设立足衢州面向四省的全流程冷链物流配送体系。打通衢州特色农产品供应链全流程物流环节，培育辐射四省边际物流快递的重要中转基地。

进一步地，衢州城市将农业、农产品"注入"物流和供应链体系，拉动区域农民收入，实现"共同富裕"。以入选第二批省级供应链创新与应用试点城市为契机，挖掘衢州传统商贸中心的品牌影响，依托特色绿色农产品、农副产品、五金机械、各县特色产业等专业交易市场，配建公共服务型商贸物流园区，推动空港物流园建设，构建高品质快速轨道交通网，搭建公铁水多式联运信息平台，推进航空物流体系建设，创新铁水联运、江海联运、铁空联运等多式联运新模式。推出网红孵化（电商产业）基地、柯城电商直播孵化基地、衢江中专校企合作电商直播实训基地等项目，进行农村直播电商人才培训，培养农民网红主播，建设农产品直播间。依托全国首个"阿里巴巴村播基地"，深化构建"新农人培育+供应链整合+流量带货"直播体系，扩大"农民当主播"IP影响力和影响范围，提升衢州村播品牌影响力。

(二) 数字化促改革，集聚新业态新服务

是否吸引年轻人、留得住年轻人，在很大程度上是可以衡量城市生命力的。数字化改革的目的，也是为了开发、创新、服务年轻人对消费的新需求。衢州为了提升四省区域范围的商务品牌知名度和影响力，赋能衢州建设长三角新零售标杆城市，开发了许多年轻群体的研学旅行等项目，拓展了夜间经济集聚区的消费者终端服务功能立体辐射范围，提升了信安湖景观桥对年轻消费群体的商业服务能力。同时，在推进"数字生活新服务行动"的过程中，新消费模式如雨后春笋般应运而生，例如智慧商圈、智慧网点、未来社区等列入建设清单，衢州"域外餐饮"品控体系、"衢州有礼"诗画风光带商旅一体化发展进入了工作日程。

（三）创新体制机制，赋能区域之间联动

衢州成为四省边际中心城市，需要在体制机制上做好"破、立"，同时也亟须考虑人才的长期吸引。发挥好"四省九市协作机制"，建立议事机制，是体制机制突破的关键点。挖掘"南孔圣地·衢州有礼"城市品牌的内涵价值，赋能"神奇山水，名城衢州"的称号，打造浙皖闽赣（衢黄南饶）"联盟花园"。

在区域人才吸引上，衢州一直致力于"飞地研发+衢州生产"的创新模式。推进衢州海创园、杭州绿海飞地、柯城科创园和上海张江（衢州）生物医药孵化基地等飞地平台建设。深度融入G60科创走廊协同创新体系和长三角区域创新网络，深化与张江等综合性国家科学中心对接，加快科技资源开放共享，高标准打造衢州长三角科技成果转移转化集聚区。做好与杭州未来科技城对接，积极引进物联网、大数据、人工智能等新技术新产业落户智慧新城。抓住与盒马鲜生的合作机遇，共建数字农业示范区，成为连接长三角、泛珠三角和海西经济区的数字农业重要节点。打造华东（衢州）数字经济示范区，接轨以上海为中心的长江三角洲经济区、省域东部的温台经济密集区，发展开放经济。

第八节　台州：在和合中建设共富城市

作为中国民营经济的发祥地、和合文化的主要发祥地，"人与自然的和谐""人与人的和谐"等"和合"观念浸润在台州的山魂海魄中，"和合"已成为台州的文化符号，民营经济已成为台州的经济亮点和支柱，台州依靠文化和经济的优势，正谋求与中心城市共建国际性世界级创新平台、产业合作平台、绿色生态平台，打造长三角对外开放新高地，向着城市国际化的目标奋勇向前。

经济高质量发展和社会幸福感提升能否兼得？台州用改革开放40多年的历程交出了一份答卷：一方面，民营经济高度发达，贡献了90%以上的GDP、70%以上的税收。截至2020年底，台州99.5%的企业是民营企业，拥有制造业企业6.81万家、规上工业企业4277家，299个制造业产品细分市场占有率国内外第一，105个产品国际市场占有率第一。[①] 另一方面，2007年、2017年、2018年、2019年和2020年五度荣膺"中国最具幸福感城市"，宜居宜业宜游的社会环境，得到国家层面的认可和宣介。在浙江"重要窗口"和共同富裕示范区建设中，应当展现怎样的"台州风景"？本文通过剖析台州国际化发展的突出亮点和优势，试图探索台州提升国际化水平的现实路径。

一 抢占国际市场的民营经济

中国第一家经工商注册的股份合作制企业、第一个支持股份合作企业发展的政策文件、第一家民营汽车企业、第一条民资控股高铁、299个制造业产品细分市场占有率国内外第一、105个产品国际市场占有率第一……无数个第一，刻画了国际市场上的"台州印象"。

（一）民营经济发祥地，底气何来

台州民营经济发展历史悠久、底蕴深厚。

改革开放初期，台州以传统手工加工业为基础，民间开始自发积累资金和经验。20世纪80年代初，台州地委、行署提出"两通一能"（发展流通、交通、能源）"两建一出"（建材、建筑、劳务输出）"两户一体"（专业户、重点户、经济联合体）"两水一加"（水果、水产、食品加工）的发展思路，发挥劳动力资源丰富的优势，推动家庭工业和专业村快速发展，"家庭工业+专业村"成为农村经济中的新亮点和台州民营

[①] 中国报道网：《浙江台州民营经济东风再起》（http://sdjd.chinareports.org.cn/plus/view.php？aid=18359）。

企业的新起点，台州工业化实现了初始积累①。

1982年12月18日，由台州市温岭县社队企业管理局批准成立的牧南工艺美术厂等4家股份合作制企业，成为我国改革开放以来首批由农民自主组建的农村股份合作制企业，进一步推动台州民营企业合法化发展。

1989年，中共台州地委决定国有企业搞股份制试点、二轻扩大股份制试点、乡镇办集体全面推开股份制。集体资产股份制改革开始成为推动民营经济"台州现象"的起点。②

在地方政策大力扶持下，台州市场主体迅速壮大。1994年，台州拥有股份合作企业16242家，乡镇工业总产值达564亿元，占台州工业总产值的90%。2020年，民营经济创造了全市90%以上的GDP、70%以上的税收，全市拥有6.81万家制造业企业，4277家规上工业企业。

（二）加速扩张，外向型发展为区域经济提供支撑

台州民营经济尤其是制造业对外市场依存度较高。1996年，台州出口商品货值已经达到32858万美元，年均增长速度高于全国、全省平均水平③。

进入21世纪后，外向型经济加速增长，特别是企业的出口业务快速增长，形成了"5+1"支柱产业部门（"5"是指汽车摩托车及配件、医药化工、缝制设备、家用电器、塑料及模具，"1"是指造船业）。

此后，台州不仅常年位列中国外贸百强城市，在2020年全球性新冠肺炎疫情影响下，外贸实现进出口总额1898.5亿元，同比增长11.7%，居全省第7，创历年新高，12月单月外贸进出口增速更是位列全省第1。

一方面，外向型经济大大拉动了区域经济增长，尤其是20世纪末21世纪初台州主要经济指标增长速度居全省前列，成为国内市场经济的鲜

---

① 《台州日报》：《台州民营经济再创新辉煌》（http：//paper.taizhou.com.cn/taizhou/tzrb/pc/content/201901/02/content_16867.html）。

② 《台州日报》：《台州民营经济再创新辉煌》。

③ 《台州日报》：《台州民营经济再创新辉煌》。

活样板。另一方面，对外依存度高也增加了发展的风险性和不确定性。历经1997年亚洲金融危机、2008年全球性金融危机和2020年疫情等带来的严峻挑战，台州民营经济发展势头相比省内发达地区有所下降。2018年初，台州提出"再创民营经济新辉煌"，大力营造最优营商环境，开启新时期民营经济转型升级之路。

（三）深化市场化改革，建设中国民营经济示范城市

外向型经济是台州长期以来高质量发展的重要特征，因而高水平的国际化发展是提升台州民营企业竞争力的重要途径。要通过深化市场化改革，充分发挥台州民营经济的底蕴和优势，激发发展新活力。

其一，台州市场主体创新创业热情高。民营企业对市场变化反应敏锐，主动融合国内外市场，善于组织资源、发现机会、开拓市场，涌现了钱江、吉利、海正、飞跃、苏泊尔等一批知名企业，块状经济和支柱型产业集聚效应明显。近年来，台州被授予"国家汽车及零部件出口基地""中国缝制设备制造之都""中国再生金属之都"等30多个国字号生产基地的称号，"台州制造"品牌享誉国内外。

其二，台州的营商环境有利于拓宽国际市场。历届党委政府亲商重商、开放开明。从提出"建设民营经济创新示范区"到"再创民营经济新辉煌"，放权让利和尊重市场一直是政府的主导理念。民间资本宽裕，以民间借贷为主体的民间金融为民企成长提供沃土。2015年，国务院将台州确认为全国小微企业金融服务改革创新试验区；同年12月，台州成为全国唯一民间投资创新综合改革试点。截至2020年底，台州累计有境内外上市公司62家，其中A股上市公司57家，列全国地级市第4，2020年上市公司净利润209.22亿元，同比增长70.59%，增数远超浙江省和全国整体水平①。常年来，在资本市场形成以医化、泵业、橡胶制品、汽摩配等制造业为主导的"台州板块"。

台州"十四五"规划和2035年远景目标纲要明确提出建设中国民营经济示范城市，而"提升民营经济国际化水平"是必要路径。要进一步

---

① 《台州上市公司白皮书（2020年度）》（http://jrb.zjtz.gov.cn/art/2021/8/19/art_1229039065_58925439.html）。

扩大先进制造和服务业领域对外开放，聚焦技术溢出和带动能力强的高端产业、关键环节，推动民营企业与外企基于价值链的深度合作；鼓励上市公司、拟上市企业及其他优质民营企业开展境外上市、发债融资，积极引进海外资金；大力培育本土跨国公司，推动有条件的企业建立海外生产基地、研发机构等，提升企业国际化经营水平；办好中国（台州）民营经济论坛，构筑企业家对外合作交流平台，争取设立中国民营经济论坛永久性会址，等等。

二 在开放发展中彰显台州作为

习近平总书记强调，"我们将实施更高层次的对外开放，推动形成全面开放新格局""加快形成以国内大循环为主体，国内国际双循环相互促进的新发展格局"。顺应经济全球化依然是发展大势。台州要借力国内和省内重大战略发展机遇，在国际化发展中彰显作为。

（一）北承宁波南接温州，积极投身"四大建设"

近年来，浙江把大湾区大花园大通道大都市区建设作为聚焦聚力高质量、竞争力、现代化的关键举措。台州区位条件优越，可以有效承接宁波前湾新区、宁波都市区、温州都市区等大湾区和大都市区的溢出效应和辐射效应，共促甬台温城市连绵带建设；现代化湾区建设迈出重要步伐，玉环撤县设市，台州湾新区成立；与温州签署《温台民营经济协同发展战略合作协议》，攻坚民营经济高地；荣获"全国住房城乡建设系统先进集体"称号，大花园建设成效明显。

要进一步找准自身定位和特色，打造"四大建设"中的战略性节点城市，加快推进基础设施建设，谋求与中心城市共建国际性、世界级创新平台、产业合作平台、绿色生态平台。

（二）找准区域合作站位，打造长三角对外开放高地

台州民营经济以制造业为主，是长三角重要的制造业基地。目前，全市已形成百亿级产业集群21个，国家级产业基地68个；正着力打造七大千亿级产业，构建汽车、医药、智能缝制设备、医疗器械等10条示范产业链，现在已引进西门子（中国）有限公司共建台州制造数字化赋能中心，加快以"产业大脑+未来工厂"建设为引领，系统推进产业数字化

改造，致力打造工业 4.0 标杆城市。①

2020 年，台州牵头联合长三角三省一市有关市、区，共同发起成立了长三角民营经济跨区域协同发展联盟，以更加有效地整合区域产业链、创新链和资金链，实现联动协同、优势互补，推动市场力量在更多空间释放。在此过程中，台州既为长三角的产业链提供支撑和服务，也积极嵌入了长三角产业循环体系，可以进一步发挥出台州民营经济的活力和灵性，着力打造长三角南翼充满活力的新增长极。

（三）建设"双循环"节点城市，融入新发展格局

加快构建新发展格局是根据我国发展阶段、环境、条件变化做出的重大决策，是重塑我国国际合作和竞争新优势的战略抉择。台州市场化起步早、国际化程度高，参与构建新发展格局既是使命所在，又是机遇所在。今年初，台州深入谋划"十四五"发展思路，将努力打造"双循环"节点城市作为"六个城市"战略抓手之一。

"十三五"期间，台州获批中国（浙江）自由贸易试验区联动创新区、国家级跨境电子商务综合试验区、国家市场采购贸易方式试点、国家民间投资创新综合改革试点，要落实落细相关试点工作，加快形成一批畅通双循环的可复制、可推广的台州样本、台州经验。

商贸物流是双循环的"大动脉"，也是打通双循环堵点的关键。台州地处长三角南翼，东临东海，在全省独占三湾，是现代物流的重要枢纽。随着沿海高速、杭绍台高速等交通脉络拓展延伸，台州港、台州机场等的兴建，加上联通"义甬舟大通道"，台州"海、陆、空"三位一体对外开放的区位优势将更加明显。

台州是深化"一带一路"国际合作的先行者。台州民营企业目前在境外的投资遍布欧洲、亚洲、非洲、北美洲、南美洲等 100 多个国家和地区，产品更是畅销"一带一路"沿线国家和地区。目前，台州正在加快建立与国际规则接轨的高水平开放平台和经济体系，加快国家级重大开放平台申报和建设，构建对外开放的"四梁八柱"。

---

① 上观新闻：《台州市委书记李跃旗：一体化是战略性风口，要乘风而行》。

三 台州文化力量彰显精神创造力

(一)"和合圣地",历久弥新

习近平总书记说:"我们的祖先曾创造了无与伦比的文化,而和合文化正是这其中的精髓之一。"在全面构建和谐社会、和谐世界的当下,提倡、传承与弘扬和合文化,具有十分重要的现实意义。

台州是中华和合文化主要发祥地之一。"和合二圣"源自天台山。唐寒山隐居天台山 70 余年,与国清寺高僧拾得结为挚友,他们与世无争、包容友善、融入自然、天人合一的事迹和诗篇,被人们广泛传颂。宋真宗大中祥符八年(1015 年),国清寺建三贤堂,祀丰干、寒山、拾得三大士。雍正十一年(1733 年),雍正皇帝出于"和合"满汉文明的需要,顺应民意,大力提倡"以儒治世、以道治身、以佛治心",并敕封寒山、拾得为"和合二圣",至此成为和合文化的象征,天台山被誉为中华和合文化的发祥地。

"和",原义是声音相应的意思,后来演化为和谐、和平、和睦、和善等。"合",原义是指上下嘴唇合拢的意思,后来演化为汇合、结合、合作、凝聚等。新中国,台州和合文化核心价值全面凸显。台州和合文化所体现的"尚和合、求大同、和而不同、和谐相处"的哲学内涵,契合"和平发展、合作共赢"的时代主题,助推国家治理能力和治理体系现代化建设,以"和合圆融"的中华精神、文化内涵构建世界文明新秩序,打造人类命运共同体。

改革开放以来,台州领风气之先,在城市国际化的进程中,创造了举世瞩目的"台州现象"。波澜壮阔的发展背后,蕴藏着和合包容的台州密码。台州人传承和合文化与"丝路精神",创造和发展了举世瞩目的"台州模式",其内在动力就是和合文化浸润下的台州人具有"海的大气、山的硬气、水的灵气、人的和气"的精神品质。今天,台州正以和合文化为纽带,以天台山和合小镇与台州海上丝路港城为支点,加强国际人文交流与经济贸易合作,为实现中华民族伟大复兴的中国梦做出台州文化贡献。

(二)传承垦荒精神,打造红色基地

20世纪50年代中后期,先后5批来自温台地区的467名青年垦荒队员,响应团中央"建设伟大祖国的大陈岛"的号召,毅然登上满目疮痍的大陈岛,以满腔热情、冲天干劲和炽热青春,与驻岛部队一起开展战天斗海的垦荒事业,用青春和汗水培育了"艰苦创业、奋发图强、无私奉献、开拓创新"的"大陈岛垦荒精神"。

60多年来,大陈岛垦荒精神已成为当代浙江精神的有机构成部分、社会主义建设时期传承革命文化传统的生动体现和社会主义先进文化的重要基因。习近平总书记始终牵挂大陈岛,曾"一次登岛、两次回信",强调要大力传承弘扬大陈岛垦荒精神,为实现中国梦贡献力量。

中共台州市委书记李跃旗认为,垦荒精神立心,就是在新时代进一步以垦荒精神感召人、激励人、鼓舞人,磨砺心志、激发斗志,以伟大精神引领伟大事业。一是立"不负新时代的赤诚之心";二是立"点亮追梦者的奋斗之心";三是立"坚守终不悔的执着之心";四是立"不畏行路难的勇毅之心";五是立"温暖一座城的大爱之心"。用垦荒精神培育树立每一个台州人崇德向善尚美的价值追求,让美德和善行在台州大地绽放,让城市更有内涵、更有温度。垦荒精神立心的目标导向是把台州打造成浙江人文精神高地,进一步树立起精神灯塔,让垦荒精神的信仰之光、文明之光、奋斗之光照进每个人的内心。

台州是一座有精神的城市。大陈岛作为一座红色的岛屿、奋斗的岛屿,镌刻进共和国的光辉历程中。时代的主题一直在变,"垦荒"的内涵也在不断丰富和升华。新时代的垦荒路上,台州人告别了战天斗海的垦荒岁月,迎来了"两山"理论指引下的绿色发展道路,迎来了发展海洋经济和现代化湾区建设的新时代;但垦荒精神不老,家国情怀永在,红色的初心和使命也永远不变。

(三)融入长三角,文旅当先行

台州文化底蕴深厚,自然风光秀美,是独具魅力的"山海水城、和合圣地、制造之都"。山川雄奇、海疆瑰丽的自然禀赋,佛宗道源、和合圣地的文化底蕴,绘就了台州的文旅金名片。

在长三角一体化发展的历史机遇下,台州文旅积极接轨大上海,与兄弟城市紧密互动,向着"建设长三角最向往的山海休闲旅游目的地"目标,迈出了一条高质量融合发展之路。

文旅融合,发展文旅增长极,正是台州未来极力所向。而今,长三角一体化上升为国家战略,在"开放接轨上突围"也是台州新时代的发展路径。借着这股"东风",台州文旅扬帆起航,加强区域文旅协同发展,希冀成为长三角区域发展的重要增长极。

回望"十三五",台州文旅成绩喜人。台州不但全面打响"追着阳光去台州"文旅品牌,全线打造浙东唐诗之路目的地文旅经济带,而且文旅项目建设实现历史性突破,文旅惠民"台州样本"全国领先,"文旅融合"台州实践取得新成果,市域文旅治理创新引领长三角。

2021年上半年,全市共接待游客1435.2万人次,实现旅游总收入149.1亿元,同比分别增长54.9%和55.2%。

在文旅融合的时代背景下,古城临海台州府城文化旅游区C位"出圈",构建古城类旅游开发的"台州模式"。天台山是浙东唐诗之路目的地、和合文化发源地。天台深化文旅融合,打响诗路品牌,修建"百里和合唐诗廊",营造"百里游廊千首诗"景象,筹建唐诗之路博物馆,集中展示诗路文化,加快开发一批有影响力的、充满诗情画意、诗心自在的文旅深度融合产品。①

四 从最具幸福感城市通向共同富裕

"为中国人民谋幸福,为中华民族谋复兴",中国共产党在第十九次全国代表大会上如此宣誓她的初心和使命。如何提升人民幸福感?台州"十四五"规划,坚持以人民为中心的发展思想,切实加大民生投入,完善人的全生命周期服务,让最具幸福感城市更有质感。

(一)五获"最具幸福感城市",感受"稳稳的幸福"

"十三五"期间,台州生态环境明显改善,空气质量稳居全国重点城市前列,治土模式和经验入选美丽中国先锋榜,"湾(滩)长制"试点工

---

① 《台州文旅融合绘就"诗与远方"》(https://baijiahao.baidu.com/s?id=1709787448968594939&wfr=spider&for=pc)。

作经验全国推广，成为全国首批无黑臭水体城市，获得省"五水共治"（河长制）、海洋水环境质量工作"大禹鼎"。

全国文明城市实现"两连创"，台州五度荣膺"中国最具幸福感城市"，全国双拥模范城实现"五连创"，创成国家公共文化服务体系示范区，平安台州实现"七连创"。

台州城在水中，富"江南水乡"韵味，境内大小河流8000多条，市区水域面积超46平方公里，玉环漩门湾国家级湿地公园、临海三江国家级城市湿地公园、黄岩鉴洋湖国家级城市湿地公园，无不彰显着台州山水诗画之美。

(二)加速美丽台州提档行动，提升城市能级

台州正在实施新一轮国土空间规划编制，实施新一轮市区体制改革，构建市区融合发展新机制，加快农业转移人口市民化进程。做大做强中心城市，精心谋划城市设计，推进"一江两岸"、高铁新区、永宁江畔、飞龙湖等重点区块开发建设，打造城市快速路网，建成现代大道，开行金台铁路市郊列车，开工建设路泽太高架二期、和合大道、市府大道西段快速化改造、台州机场进场道路和市区公交BRT一期，加快市域铁路S1线建设，做好椒江大桥改扩建、过江隧道、市域铁路S2线、海城快速路、市区至临海快速通道等项目前期。建成官河古道，推进中央公园、滨江公共空间等一批环境品质项目。争取"十四五"时期未来社区增点扩面到10个左右，改造提升老旧小区45个，推动老旧小区加装电梯，建设公用充电桩200个，新建改造供水管网100公里以上、公共停车位4000个，新增绿地90公顷、绿道100公里。加强城市智能化、精细化、人性化管理。台州推进小城市培育、中心镇发展。

(三)深化"百村示范、千村整治"工程，推进"五美联创"

为了争创国家级城乡融合发展试验区，台州努力探索工商资本上山下乡和乡贤带富新模式，推动脱贫攻坚成果同乡村振兴有效衔接，推动新时代乡村集成改革试点，努力抓"三位一体"农合联改革、农村集体产权制度改革、乡村治理体系改革试点等工作，争创200个省善治示范村。

同时，台州积极践行"绿水青山就是金山银山"理念，铁腕推进中央环保督察反馈问题和长江经济带生态环境问题整改。深入实施蓝天、碧水、净土、清废四大行动，深化河（湖、湾滩）长制，推进碳和大气污染物协同减排，争取在"十四五"期间，新建改造污水管网150公里以上，新增危废年处置能力5万吨，建成美丽河湖15条。深化城乡生活垃圾分类工作，完成14个废弃矿山生态修复，实施国土绿化行动和海洋生态保护修复工程。

（四）"双十双百双千"工程加油，民生福祉提质

在庆祝中国共产党成立100周年主题活动上，台州启动助推共同富裕"双十双百双千"工程。中共台州市委书记李跃旗表示，台州作为浙江示范区的重要板块，要扛起使命担当，奋力争创"高质量发展建设共同富裕先行市"。

台州市委提出的"九富"路径，将重点实施"民营经济人士创富、新乡贤带富、港澳台侨人士助富、党派社团商会帮富、民族齐富""双十双百双千"工程，全力助推共同富裕。力求到2025年底，打造十个新乡贤创业基地、十个党派社团"同心"服务基地，结对百个集体经济相对薄弱村、落地百个产业带富和智力帮富项目，设立千个公益就业岗位、千万元带富基金。

台州现已成立"同心"社会服务团10个，致力于开展农技辅导、名师送课、名医坐诊、法律援助、文化下乡、金融授信等社会服务。先富带后富，先富帮后富。台州在浙江率先开展新乡贤工作，台州市委统战部在深化"我的村庄我的梦"行动基础上，实施"新乡贤带富"工程，进一步挖掘新乡贤资源，在共同富裕的道路上更好发挥新乡贤的优势和作用。

五 进一步提升台州国际化水平的路径简析

国际化是一个双向的过程，既要承接和汇集国内省内其他地区的优质资源助力本土发展，更要自身具备独特优势和竞争力，在国际形成不可替代的吸引力。台州国际化发展已获得显著成果，要增强发展后劲，在新阶段浙江打造"重要窗口"、高质量发展建设共同富裕示范区中先行

示范。

(一) 老牌民营经济强市如何维持发展后劲

民营经济的发展推动了区域工业化、城市化和国际化发展。然而，新时期以来，发展速度有所减缓，国际知名度也不如杭州、宁波等中心城市。主要原因有：民营企业数量多，但平均规模相对偏小，缺少高质量、大体量、带动能力强的龙头企业，知名大型民营企业入吉利、苏泊尔等，都在规模扩大之后"出走"，使得规上企业断层明显。产业仍以传统产业、低端产业为主，块状经济主要集中在"微笑曲线"底部的加工环节，在技术、品牌、国际分工等方面处于劣势，工业"低小散"格局未根本改变。随着国内国际环境的深刻变化，尤其是全球新冠肺炎疫情加剧、贸易保护主义、逆全球化思潮涌现，民营企业进入国际市场难度加大。台州要突破这一瓶颈，必须要靠自身发力。

政府方面，要继续秉持"再创民营经济新辉煌"的理念，以数字化改革为抓手，加快向服务型政府转型。深化调研，推出一系列有针对性的政策举措和地方性法规，完善商事登记、投融资、财税、知识产权保护等相关体制机制及配套服务，破解企业"急难愁盼"的问题。积极引进或搭建高能级开放平台，争取国家级、省级政策、相关试点、多边合作项目落户台州，为企业国际化发展提供更多的信息和机会。对接国内顶尖律师事务所、券商、会计师事务所等中介机构资源，为企业跨国投资、经营、并购重组等提供专业化服务，切实保护企业合法权益。加强国际化人才培养，为本土企业家、民营企业骨干提供培养和进修的平台，帮助其积累知识、开阔眼界，制定能够吸引和留住国际化人才的激励机制，建立人才库，解决其衣食住行、医疗、子女教育等需求，打造包容性的都市生活。

企业方面，要破除"小富即安"的传统思维，牢固树立国际视野、创新意识、质量意识，谋求长远发展。要坚持"产品为王"，时刻关注行业前沿，加大科研创新投入，持续向产业链价值链上游攀升；瞄准"卡脖子"的关键技术和核心技术，专注新兴产业、高端产业、细分市场，敢于开拓新蓝海，培育更多的独角兽、隐形冠军和单项冠军；积极参与

"一带一路"建设、新发展格局构建等国家战略,更大力度地汇集项目、投资、信息、技术、人才、设备,主动参与所在产业国际标准制定与实施,抢占国际市场,提升竞争力和话语权。民营企业家更要弘扬企业家精神,自觉培育现代企业管理观念、品牌经营意识、现代营销意识和创新意识,建立有利于规模化、国际化运营的管理和运行模式。

(二)"重要窗口"要展示怎样的"台州风景"

浙江"重要窗口"建设的出发点和落脚点,在于向全国、全世界全面展示新时代中国特色社会主义制度优越性。台州也将省委部署和地方实践结合起来,讲好独具特色的台州故事。

既要物质富裕,也要精神富有。当前,高质量发展建设共同富裕示范区是全省上下的头等大事。台州民营经济活、民富程度高,推进共同富裕具有较好的基础。日前,台州市委提出锚定"高质量发展建设共同富裕示范区先行市"的目标,走出一条富有台州特色的共同富裕之路,努力以台州的共富成果为浙江"重要窗口"增光添彩[1]。此前,台州确立了"三立三进三突围"的新时代发展路径和"九富"路径,这些都是台州发展的优势和重点所在。要通过具体实践将顶层设计落到实处,在经济发展、政治建设、文化服务、社会治理、生态文明建设等领域加快形成共同富裕体制机制,在做大蛋糕的基础上分好蛋糕。此外,通过大力弘扬本土的和合文化、垦荒精神,鼓励各社会主体相互帮助、共建共享,共同营造物质富裕、精神富有的社会生活,为"重要窗口"提供源源不断的展示素材。

持续擦亮"山海水城、和合圣地、制造之都"的外宣品牌。台州自然人文资源丰富,文旅产业发展迅速,此前更是凭借夜间经济"出圈"。但置于各地旅游资源都比较丰富的旅游大省浙江,台州的独特优势还不够明显。要借鉴国内西安大唐不夜城、南京夫子庙、杭州湖滨路、重庆解放碑等IP打造、运营、引流的理念方式,打造更多具有趣味性、创意性、多元化的外宣品牌和文旅产品,如浙东唐诗之路、"追

---

[1] 《中共台州市委书记李跃旗:高质量发展建设共同富裕先行市 为浙江共同富裕示范区建设探新路作贡献》。

着阳光去台州"等，做好域内国家级景区景点的宣传推广，继续挖掘台州绿水青山背后的深刻内涵和长远价值，提升国内国际吸引力和知名度。要响应国家号召、关注产业前沿，运用现代技术，推动文旅与交通、体育、养老、健康等产业跨界融合，探索"文旅+VR""文旅+乡村""文旅+康养"等模式，不断提升文旅产业链的延伸度和附加价值，刺激消费需求、激活地方经济、助推乡村振兴、引领新兴社会风潮和生活方式。

第九节　舟山：彰显"重要窗口"海岛风景线

舟山东濒太平洋，南接象山县海界，西临杭州湾，北与上海市海界相接，踞中国南北沿海航线与长江水道交汇枢纽，是长江流域和长江三角洲对外开放的海上门户和通道，与亚太新兴港口城市呈扇形辐射之势，境内拥有由国务院批准设立的大宗商品交易管理与监督中心。"勇立潮头、海纳百川、同舟共济、求真务实"的舟山精神，既是舟山自古以来人文精神的沉淀和积累，更是舟山改革开放以来，顺应海洋文化的文脉，发展、革新、创造的属于这座城市独有的新文化。

一　全面形成开放发展新格局

进入新发展阶段以来，舟山推进国家战略实施，积极融入长三角一体化，全面开放形成新格局。获批国家第三批自贸试验区，三年试点任务圆满完成，油气全产业链初步形成，制度创新成果数、全国复制推广数位居前列，成为全国油气企业最集聚的地区。舟山港区成为全球第八、全国第一大加油港。新区"四岛一城"建设初具成效，综合实力在国家级新区中处于中上水平。推进甬舟一体化，沪舟甬跨海通道列入国家规划，普陀山机场改扩建完成，旅客年吞吐量突破150万人次。2020年，舟山市实现地区生产总值1512.1亿元，比2019年增长12.0%。根据第七次人口普查数据，截至2020年11月1日零时，舟山市常住人口为115.78万人（见表10-6）。

舟山市全力建设品质高端独具韵味的海上花园城市，城乡面貌展现新形象。重大基础设施建设取得历史性突破，甬舟铁路顺利开工，甬舟高速复线前期工作加快推进。建成富翅门、秀山、鱼山、港岛、新城、新江南6座跨海大桥，东西快速路、滨海大道建成通车，改造提升海天大道等一批高品质城市道路，舟岱大桥主线贯通。成为全省首个全域旅游示范市。省级美丽乡村示范县覆盖率全省第二，全域美丽乡村画卷初步呈现。

城市建设强势推进。实施海上花园城市建设攻坚行动，新建、提升改造城市道路24条，整治隧道12座，整治完成城区道路飞线6条。举全市之力打赢创城攻坚战，以优异成绩进入全国文明城市行列。开放发展取得突破，自贸试验区新一轮建设扎实起步，国务院改革赋权获批落地，上期所入股浙油中心，跨港区供油试点、低硫油出口退税政策顺利实施。

表10-6　　　　　　　2020年舟山市各区、县发展宏观指标

名称	面积（平方公里）	陆地面积（平方公里）	海域面积（平方公里）	岛屿	人口（万人）	GDP（亿元）
定海区	1444	568.8	875.2	127	35.87	569.6
普陀区	6728	458.6	6269.4	454	34.76	439.9
岱山县	5242	326.83	4915.17	404	20.8	384.8
嵊泗县	8824	86	8738	404	6.69	116.5

资料来源：2021年5月18日舟山统计局发布的《舟山市第七次全国人口普查公报》。户籍人口数据来源于舟山及各辖区的2020年国民经济和社会发展统计公报。

二　舟山群岛新区

舟山群岛新区，是中国首个国家级群岛新区、长三角城市群组成部分。2011年3月14日，舟山群岛新区正式写入国家"十二五"规划，规划瞄准新加坡、中国香港等世界一流港口城市，要拉动整个长江流域经济发展。2011年6月30日，国务院正式批准设立浙江舟山群岛新区，舟山成为中国继上海浦东新区、天津滨海新区、重庆两江新区后又一个国家级新区。

舟山群岛新区地处中国东南沿海，长江口南侧、杭州湾外缘的东海洋面上，背靠上海、杭州、宁波等大中城市和长江三角洲等辽阔腹地，面向太平洋，踞中国南北沿海航线与长江水道交汇枢纽，是长江流域和长江三角洲对外开放的海上门户和通道，与亚太新兴港口城市呈扇形辐射之势。根据批复，舟山群岛新区未来定位是建设大宗商品国际物流基地，建设现代海洋产业基地，建设海洋科教基地，建设群岛型花园城区。

三 打造"重要窗口"海岛风景线

坚持新发展理念，坚持深化改革开放，坚持系统观念，聚焦聚力高质量发展、高效能治理、高品质生活，积极构建新发展格局，率先建设现代化海洋经济体系，率先塑造人与自然和谐共生的生态文明标杆，率先推进市域治理现代化，率先推动全市人民实现共同富裕，彰显城市之美、发展之美、生态之美、人文之美、和谐之美，建设"四个舟山"，展示"重要窗口"海岛风景线，争创社会主义现代化海上花园城市。[①]

（一）创新驱动，全力构建凸显舟山特色的现代海洋经济体系

突出创新在现代化建设中的核心地位，全面提高产业链供应链创新链现代化水平，加快构筑现代海洋产业体系，打造海洋经济强市。建设区域性海洋科技创新高地。建成国家高新区，布局海洋科技创新港，以东海实验室为引领，突破海洋关键技术应用，大力发展以企业为主体的技术创新中心，引进科研大院大所，激发浙江大学海洋学院、浙江海洋大学等在舟高校创新活力，加快海洋高技术服务基地建设，着力打造"产学研用金、才政介美云"十联动创新创业生态系统。

打造具有国际竞争力的现代海洋产业。加快发展绿色石化、船舶装备、新材料、新能源、电子信息、现代渔业等产业，大力发展现代服务业，推动产业链价值链向高端延伸。大力发展数字经济。实施数字经济三年行动计划，着力发展智慧海洋、海洋电子信息、海上智能终端、5G、数字基础产业等，打造海洋人才高地。

（二）开放引领，全力打造链接国内国际双循环的海上战略枢纽

以系列国家战略为牵引，深度融入"一带一路"和长三角一体化，

---

① 《2021年舟山市政府工作报告》。

充分发挥舟山在全球资源配置、链接国内国际双循环中的战略枢纽作用。全力建设自贸试验区。坚持油气全产业链发展特色不动摇,坚持"三个1亿吨"建设目标不动摇,坚持谋划推进自由贸易港不动摇。加快建设国际油品交易中心、亚太铁矿石分销中心、国际农产品贸易中心和LNG登陆中心,提高大宗商品战略资源全球配置能力。争创国家自由贸易港。建设国际一流现代化枢纽港口。坚持陆海统筹、内外联动,推进港口国际化、标准化、智慧化、绿色化发展,提升港口集疏运能力,全力推进宁波舟山港建设世界一流强港,增强联动长三角、联通长江、辐射亚太的枢纽功能。

(三) 城市驱动,全力建设品质高端独具韵味的海上花园城市

持续提升城市品质。加快建设滨海城市带,提升"三湾两岸"品质,打造海上画廊。加快城市有机更新,深入开展棚户区、城中村、旧厂区、老旧住宅改造和古城保护五大攻坚行动。高质量推进美丽城镇建设。加快建设智慧城市,完善"大城管"体制机制,以一体化、网格化、智慧化、法治化推动城市治理精细化。构建以甬舟高铁为标志的现代化基础设施体系。全力建设甬舟铁路及甬舟高速公路复线,打通连接大陆的第二条通道。加快普陀山机场向浙东中型国际机场目标迈进。谋划推进舟山引域外优质水工程。

(四) 区域融入,全力参与长三角一体化中创建全球海洋中心城市

争取将沪舟甬跨海通道纳入国家高速公路网。推进北部海域和跨洋山港区供油常态化,试点开展LNG加注业务。推进各县(区)与上海市辖区结对,加强产业转移和优质教育、医疗资源合作。深入推进甬舟"六个一体化"重点项目,启动创建全球海洋中心城市。

(五) 农村奠基,全力创新渔农村治理中打造乡村振兴海岛样板

壮大渔农村经济。启动实施农业农村现代化规划,实施新一轮提升村级集体经济发展能级五年行动计划,加快美丽乡村建设。深化"千万工程",实现美丽乡村示范县全覆盖。加快数字乡村建设,实现主要乡村5G网络全覆盖。创新渔农村治理,集成推进渔农村各项改革。开展耕地非农化、非粮化、抛荒专项整治行动,建立农村合理用地保障机制。

第十一章　别样精彩的县域城市

浙江最早推进"省管县"发展模式，被称为"强县弱市"的发展道路。县域城市发展是浙江在城市发展的突出亮点，并孕育出了全国第一个由镇改市的龙港经验。我们精选出 10 个城市加以评述，点面结合，以期展示浙江县域城市开放与可持续发展面貌，凝练发展经验和路径，提出浙江县域城市发展模式。

第一节　义乌："世界商贸城"的任性与张扬

义乌市位于浙江省中部，地处金衢盆地东部，市境东、南、北三面群山环抱历史上义乌先后出了"初唐四杰"之一骆宾王、宋代名将宗泽、金元四大名医之一朱丹溪及现代教育家陈望道、文艺理论家冯雪峰、历史学家吴晗等历史名人。义乌是全球最大的小商品集散中心，被联合国、世界银行等国际权威机构确定为世界第一大市场。习近平同志在任浙江省委书记时曾指出："义乌的发展是过硬的，在有些方面还非常突出；义乌发展的经验十分丰富，既有独到的方面，也有许多具有普遍借鉴意义的方面。"从挑货担、摆地摊，到"买全球，卖全球"，义乌走出了一条以商贸业为抓手，推动全域实现工业化、城市化、国际化的均衡发展之路，持续创造就业机会，居民收入不断增加。

如今，义乌百姓的获得感、幸福感越来越强，成千上万来自世界各地的人在这里追逐财富、成就梦想，一条通向和谐相处、共同富裕的康庄大道日渐明晰。义乌目前共有 169 个淘宝村，电商经营户 28.07 万户，2020 年网络零售额 1909 亿元，在全国县域中最多，已经超过义乌小商品市场的成交额。义乌的常住人口达 186 万人，10 年增加 50%，其中户籍人口 76 万人，只占四成。义乌不再只是义乌人的义乌，它成了"中国义乌""世界义乌"。在"中国网店第一村"青岩刘村，2.5 万电商相关人员高密度集聚，是本村户籍人口的将近 15 倍。江西、安徽、河南、湖北……来自全国各地的追梦者来到义乌，把淘宝村作为落脚的第一站，在那里，许多人改变了自己和家人的命运。

一 农业穷县蝶变成国际化名城的历程

义乌，本是浙江省的一个小镇，因其小商品批发，使得一个名不见经传的小镇，在全世界都负有盛名。那么，创造了辉煌成就国际化名城的义乌究竟经历了怎样的发展历程呢？

昔日的义乌这片土地上，有着"七山二水一分田"的说法，七山指的是它的地形地貌有七分是山地和丘陵，这样的环境导致义乌这个地方资源匮乏，交通十分不便，当时义乌民众的生活条件非常差，人均只有四五分地，农村不少人饭都吃不饱，可以说一方水土养不活一方人。

后来，改革的春风吹到义乌时，这里的居民发挥了自己的勤劳、吃苦耐劳的精神。义乌的居民挑着货担，摇着拨浪鼓，他们用双脚走到不同的乡镇，然后喊着"鸡毛鸭毛换糖喽……"的口号，获取微薄的利润，因而义乌的货郎还得了个"敲糖帮"的名声。凭着自己的努力，义乌的居民们逐渐打响了义乌"小商品市场"的名声，义乌居民也由路边摊式的经营模式，逐渐转型为商贸城。

改革开放初期，以谢高华为代表的义乌地方领导人在义乌小商品市场的成长过程中发挥了重要的影响，其有远见的决策和开放开明的政策为义乌市场的健康成长奠定了厚实的根基。

义乌小商品市场最早起源于 20 世纪 60 年代末的廿三里，这里算第一代市场。对义乌小商品市场发展起关键的一年是 1982 年，谢高华书记是 1982 年 3 月到义乌工作的，经过半年的调研和思考，他对于如何让市场红起来、火起来、旺起来有了比较清晰的认识，他深知开放市场只能算是"扶上马"，给市场经营户创造优良宽松营商环境才是最重要的，才算是"送一程"。于是，谢高华和同事们经过反复调查研究，采取一系列举措，如实施"四个允许"，制定"兴商建县"区域经济发展战略，特别是冒着政治风险在市场里推行"定额计征"税收征管办法，不但公平税负，创造良好的市场营商环境，还大幅度增加了税收收入。这一"点石成金"的举措，等于给义乌挖了一座"大金矿"，迅速吸引了全国各地的"淘金者"。"要致富，到义乌"成了当时各地市场精英的口头禅。

义乌太祖殿畈的第二代市场开张后，近2000个摊位迅速摆开，每天前来交易的超过万人，其中六成以上为外地人，申请进场者络绎不绝，20世纪80年代初在温州从事小商品经营的个体户，后来有一半以上的人去了义乌。1985年底，第二代市场摊位总数达到了2847个。1986年9月26日，第三代市场正式开业。国务委员陈俊生派代表参加，省长薛驹寄来题词，常务副省长沈祖伦专程参加开业剪彩，22家新闻单位43名记者参加了开业典礼。义乌第三代小商品市场经两次扩建，到1990年底已成为我国最大的小商品专业批发市场。1991年，义乌市场的成交额突破10亿元。义乌第四代市场于1990年筹办，1991年动工兴建，1992年1月17日通过交工验收，可安排摊位7100个。1994年，义乌小商品市场更名为"浙江省义乌市中国小商品城"，同年义乌小商品市场成交额突破100亿元。再到后面就是第五代市场宾王市场和现在的义乌国际商贸城。从鸡毛换糖到世界超市，义乌，这座农业穷县，通过市场化的力量，人民和政府通力合作，完成了向国际化名城的美丽蜕变。

二 市场和政府作用最佳实践者的启示和经验

义乌发展的奇迹，既是义乌人敢为人先，追梦逐浪，诚信包容的明证，也是当地历届党委、政府敢于担当、不求名利、锐意进取的成果，更是中国特色社会主义市场经济强大生命力的生动阐释，义乌堪称城市国际化进程中市场和政府作用最佳的实践者。义乌发展经验，成为继温州模式之后，浙江又一个解读与剖析以发展社会主义市场经济为价值取向、以共同富裕为最终诉求的中国改革最典型样本之一。梳理义乌经验，解析义乌精神，对我们当前推进供给侧结构性改革、实现高质量发展，有着重要的现实意义。

（一）党的坚强领导是义乌实现蝶变的永恒根基

习近平同志主政浙江期间，去了义乌很多次，他用"莫名其妙""无中生有""点石成金"三个关键词来形容义乌的发展。2006年6月8日，他在义乌召开座谈会，推动当时已在浙江掀起的学习义乌发展经验热潮向纵深发展。自习近平总书记对义乌做出重要指示的15年来，义乌历届市委、市政府将"兴商建市"一张蓝图绘到底，同时重视发展电商、直播等新兴业态，既大力发展针织等优势产业，又"无中生有"，培养光电光伏、装备制造两大千亿产业集群。无论在"一带一路"建设，还是融入"双循环"，以及疫情防控和复工复产中，义乌始终树立"窗口"意识和担当。

（二）人民的首创精神是义乌实现蝶变的不竭动力

以前义乌人虽然曾经很穷，但是很能吃苦。而且义乌人经商头脑特别发达，胆子很大，很直爽，还特别讲情义，有着勤奋好学、刚正勇为、诚信包容的义乌精神。现在义乌小商品世界有名，原因很多。有参观团到义乌参观，他们想不通义乌这个地方为什么能有今天的样子，这里既没有什么资源，又没有原材料，交通也不方便，但就是能生产出各种各样的商品。关键的原因在于义乌人民的首创精神。"义乌的市场成就归功于人民，是义乌人民的伟大创造，不是我的或者其他领导干部的功劳，群众才是真正的英雄。"这是在改革开放初期主政义乌的谢高华书记后来对义乌的市场成就原因的概括。

（三）政策适时创新是义乌实现蝶变的重要推手

乘着改革开放政策的东风，20世纪80年代初的谢高华书记打破禁区，决定开放小商品城，走上兴商建市的路子。当时县委专门划了一条街，从义乌湖清门到火车站，让他们集中摆摊。这就是第一代小商品市场，其实就是马路市场。马路市场卖的东西五花八门，有雨伞、袜子、衣服等。刚开始时他们是从外地进货，慢慢地也开始自己生产，前店后厂、小作坊生产。随着营商环境的改善，谢高华提出四个允许和放水养鱼：允许农民进城；允许农民经商、摆摊、开店都可以；允许长途贩运；允许多渠道竞争。

政策适时创新的另一关键举措是定额计征，把摊位按品种大致分了几类，定额也相应分几类。这条政策一出，效果非常好。原来老百姓偷税漏税，导致几个税收干部跑断腿，一年也收不上多少钱。现在老百姓主动缴税，一下子税收就超过历史最高纪录。在2018年12月18日中央举行的庆祝改革开放40周年大会上，谢高华被授予"改革先锋"荣誉称号。

（四）交通先行和人尽其才是义乌实现蝶变的关键举措

义乌城市的国际化基础是交通的国际化，现在高铁、机场都有了，甚至还有铁路能直接通到欧洲。义新欧班列使现在的义乌已经发生了翻天覆地的变化，从一个穷县成为全球最大的小商品市场，有200多个国家和地区跟义乌有贸易往来。

改革开放初期，谢高华书记在人才的认识上有超前的眼光。他认为吸引外来人口，要开放包容，要发展经济，就要聚集人才。他想尽办法提高知识分子的待遇，只要来义乌，待遇就能比其他地方高。而且义乌本身也有人才，奇才怪才也很多，以前都被打压了，当政策宽松了，他们的积极性也就有了。由于义乌的环境比较宽松，优惠的政策吸引了很多外地人来义乌做生意，同时还鼓励当地人"走出去"，到发达地区开眼界。以人为中心的发展思想在义乌得到生动实践和完美诠释，看得见、有温度、普惠型的执政理念深深扎根，共同富裕、和谐相处的美妙画卷正在义乌展开。

三 新时代义乌城市发展的新思路

（一）打造以小商品自由贸易为主题的改革示范区

1. 率先建设数字自贸区

实行全域数字化监管，推动综保区"一线"不报不税不检、彻底放开，"二线"智慧监管、高效管住，实现高水平开放。创新贸易规则，探索正面清单、数字溯源、信用管理的进口贸易模式，实施简化申报、简证放行、简易征管等便利化举措。探索小商品与大宗商品新型易货贸易模式。

2. 推进自贸试验区区内区外联动发展

充分发挥自贸试验区高能级平台优势，构建立足浙江、辐射全国、面向全球的协同开放经济体。完善"改革+项目+政策"落地机制，发展保税加工等新业态，实现新型国际贸易、先进制造业和现代服务业互促发展。积极与各自贸试验区、海关特殊监管区联动发展，实现保税商品区内便捷流动，探索以"改革飞地"形式，加强与上海、海南、香港、澳门等联动，建立义乌—澳门跨境金融合作示范区。

(二)打好新型进口市场和出口市场为重点的贸易牌

1. 建成国际商贸城六区市场

推动实体市场创新提升，率先从抢占市场向创造市场跃迁，坚持优化供给和创造需求同向发力，牢牢把握扩大内需这一战略基点，不断创造更为广阔的市场空间。建成集研发设计、品牌孵化、时尚智造、展示贸易、新媒体营销等功能业态于一体的国际商贸城六区市场，打造全球数字自贸中心。

2. 启动"全球贸易商计划"

启动"全球贸易商计划"，支持外贸主体做大做强。依托数字技术推动服务贸易模式创新，提升服务跨境交付能力，推动离岸、在岸服务发展。

(三)建成世界光明之都、绿色动力小镇两大产业平台

世界光明之都全力打造国家光伏产品智造基地，加快形成智能显示产业集聚高地。到2025年核心企业实现产值1000亿元，其中半导体产业总产值突破200亿元。绿色动力小镇积极招引汽车零部件企业，力争再引入高质量的新能源整车企业，打造全球规模领先的汽车动力生产基地，建立产业基金，构建"政金银企"互动的发展格局，到2025年绿色动力小镇实现产值300亿元。实施开发区、高新区整合提升，形成3—5个具有国际竞争力的产业集群，推进产城融合。培育壮大生命健康等产业，2025年实现产值150亿元。

（四）打造国家新型智慧城市和协同高效的数字政府

1. 推进城市大脑建设

运用大数据、云计算、区块链、人工智能等前沿技术，推进城市大脑顶层设计，聚合政企数据，集成各领域数字化服务平台，打造城市综合运营管理中枢。对城市照明、园林绿化、桥梁道路、地下管廊等城市家具和居民小区、重要建筑等实行数字化管理，实现城市全要素实时感知、自主决策、自动流转的管理闭环，提升城市整体运行效率。建成市区停车空位实时可知、城市家具损坏5分钟发现处理、突发事件10分钟内快速响应、救护车自动交通信号优先通行等30个以上可亲、可感、可用的便民惠企应用场景。强化数字系统安全和个人隐私保护。

2. 打造协同高效的数字政府

将现代信息技术融于政府决策、公共服务、监督导向等制度供给，形成实时感知、迅速反应、智能监管的新型政府智治模式，实现决策科学化、治理精细化、服务高效化。建立健全大数据辅助科学决策机制，探索建立各种实用性数据分析模型。完善"互联网+监管"，推进跨层级、跨地域、跨系统、跨部门、跨业务的协同管理。统筹推进全国网络交易监测平台和企业信用风险分类监管国家试点。建成"可办事项最多、办事体验最好"的一体化政务服务体系，打造"网办之城""掌办之城"，让群众足不出户就能享受到政府的贴心服务。

（五）推动乡村振兴，打造中国众创乡村

1. 全域实施农业标准地发展现代农业

以农业"标准地"为抓手全域整治农村土地，严格落实耕地保护制度，有序推进粮食生产功能区提标改造和"非粮化"整治，粮食种植面积稳定在13万亩，总量保持在4.5万吨以上。积极招引高质高效农业项目，提升农用地使用价值和产出收益。加强生猪稳产保供，实现省级美丽牧场创建全覆盖，生猪自给率达到60%以上。完成义亭省级现代农业园区建设，大陈镇创建省级特色农业强镇。实施"义乌三宝"复兴行动，打造红糖非遗园区，取得"义乌南枣""义乌蜜枣"地理标志证明商标，制定义乌火腿传统工艺标准。

2. 打响"中国众创乡村"品牌

推进美丽乡村片区化、组团式发展，打造美丽乡村众创组团，把十条精品线打造成为农业农村现代化的示范线。推动农村电商与直播电商等新业态结合，建成电子商务专业村 200 个，打造全国领先的数字乡村建设示范地。深化国企结对帮扶，基本形成农村多元投入格局，所有村集体年经营性收入达到 50 万元以上。深入实施"两进两回"行动，发挥新乡贤积极作用，"一村一青年委员"形成制度性成果。统筹推进新时代美丽乡村集成改革。提高农民科技文化素质，培育新型农民。

（六）加快发展文旅产业，打造特色文旅产业聚集基地

深入实施新时代文化义乌工程，着力推动物质文明和精神文明协调发展，加快发展文化事业和旅游产业，打造诗画浙江精彩明珠。

1. 建好桥头国家遗址公园

有序推进考古发掘，做好出土文物修复和科技保护。按照国家级标准启动建设 3.7 平方公里的考古遗址公园，申报全国重点文物保护单位，未来申报世界文化遗产，将桥头遗址打造成为"上山文化"的样本、文化旅游的金名片，带动上溪、城西片区开发，成为展示义乌灿烂历史文明的文化新地标。

2. 打造新时代文明实践中心义乌样板

培育践行社会主义核心价值观，大力弘扬时代精神、义乌精神、劳模精神和工匠精神，深化"诚信义乌"建设。健全文明城市创建常态长效机制。深入推进新时代文明实践中心全国试点。实施人文素养提升行动，推进新时代公民道德建设，深化移风易俗，涵育厚植文明乡风。实施"最美"品牌培育行动，完善志愿服务体系，建设"志愿之城"，彰显"义乌温度"城市形象。

3. 构建"城区 10 分钟、乡村 20 分钟文化圈"

加强重大文化设施和文化项目建设，建成义乌大剧院。科学布局市镇村三级公共文化设施网络，实现公共文化设施总面积和人均面积全省前列，提升文化礼堂运行使用效能，年举办文化活动 8000 场以上，办好骆宾王国际儿童诗歌大赛、冯雪峰文艺奖，培育乡村音乐节、戏曲文化

周等新活动品牌。巩固万商云集优势，建设一站一特色"丝路文化驿站"，办好世界商人之家，做优做特宾王商贸区异国风情街，争取举办RCEP经贸博览会和高级别论坛，办好中外商人运动会等文化体育赛事活动，打造独具义乌特色的"国际商贸文化"样板。

4. 打造特色文化和旅游产业聚集基地

积极争创国家级全域旅游示范市，加快4A级以上高等级旅游景区建设，加快佛堂省级旅游度假区和双江湖文旅项目建设，深入挖掘陈望道、冯雪峰、吴晗等名人故居和红色文化资源，凸显红色文化、商贸文化、孝义文化、廉政文化。支持创作文艺精品。做大做强文化贸易，持续推进文创、时尚消费等传统优势产业，探索保税拍卖等新业态，打造具有义乌特色的文化贸易基地。

第二节 桐庐：最美县叠加最强快递

桐庐县始建于225年，621年桐庐西部设分水县，同时于桐庐县城置严州府。桐庐是浙西地区经济实力第一强县，有"中国民营快递之乡""国际花园城市"等荣誉称号，历史悠久、人文荟萃，素有"钟灵毓秀之地、潇洒文明之邦"的美誉。北宋名臣范仲淹感慨于这片土地的奇山异水，赞之为"潇洒桐庐"，并写下了传世名篇《潇洒桐庐郡·十咏》。

一 "最美县城"声名鹊起

桐庐城内道路宽阔，高楼林立，大道两旁的商务大厦颇有气势。仅从县城来看，感觉桐庐的城建就是地级市的模样，甚至比中西部很多地级市还好。

(一) 规划理念新颖，紧扣时代脉搏

桐庐县城市建设提出"全域景区化"理念，实现城区即景区。所谓"全域景区化"，即注重整体风貌控制，以景区的理念规划全县，以景点的要求建设城乡，按照打造县域大景区、实现全域景区化的思路，将"美丽"融入规划，让规划尽显"美丽"。作为浙江省唯一的全域旅游专项改革试点县，桐庐树立了"全域景区化"的建设新理念，将历史人文底蕴、生态经济发展与农村自然田园风光有机融合，全县是景区、村村是景点、处处是景观成为了桐庐城市建设的新特色。

(二) 分区布局合理，城市功能完善

桐庐县城分为老城区和新城区，老城区雅拙古朴，新城区现代摩登。桐庐人最为得意和自豪的是高速出口的景观带、迎春商务区以及滨江景观带，这三个地方被当地人形象地称为城市"窗口""客厅""大阳台"。迎春南路景观带包括一条双向8车道的迎宾大道，每一个乘车从高速公路到桐庐县城的人，第一眼看到的就是这扇"窗"。迎春南路的两旁种满了各种绿树红花，汇聚成一座总面积近36万平方米的生态公园。这座生态公园四季常绿，风景怡人，打造了城市生态主题公园区。所谓"客厅"，就是在迎春路中段的两旁，建有26幢26层到40层的高层商务楼宇，总建筑面积100万平方米，成为省级现代服务业集聚示范区，并成为浙江县域楼宇经济发展示范区和中国最具活力的楼宇经济样板区。所谓"阳台"，就是富春江水利风景区，也是市民的慢生活体验区，桐庐市民可以在富春江边散步、打拳、下棋。该景观带是集品质居住、市民休闲、商贸旅游、文化娱乐和城市防洪等为一体的城市活动空间和滨江绿色长廊。

(三) 绿化亮化精致，管理整洁有序

坚持"不以规模拼大小，只以精致比高低"理念。绿化方面，目前，桐庐县城建成区绿化覆盖率达43.02%，人均公共绿地面积达到11.2平方米，市民出门500米以内就有一个主题公园。一是精心选草种。迎春南路两旁的生态公园所种草皮，与高尔夫球场草皮品质一致，四季常绿。二是细心搭树种。通过合理搭配杨梅、银杏、红枫树种，进行林相改造后，呈现出红、黄、绿等多种色彩。三是用心种花草。在高速公路出入口的这座生态公园中，有一片著名的薰衣草田吸引桐庐本地及外地大量游人游玩取景。亮化方面，考察了桐庐富春江夜景灯光秀。其中，"梦幻桐君山"以千年古刹桐君山和富春江水为背景，以激光灯、变色探照灯、光幕灯等现代灯光技术，利用"山、水、光、音、色"的组合，演绎了大气、动感、梦幻般的移步易景山光水色画卷。"印象富春江"，用灯光艺术的手法，勾勒了两岸建筑和公园明快、朦胧、华贵之夜景，在与流水的交融中，营造了桐君山和富春江的静谧与深邃。

（四）总部经济推动，产城互促互动

借助毗邻杭州的区位优势，借助优美的城市生态环境，桐庐迎春商务区吸引了包括比利时海格林国际贸易中国总部、上海融高投资、浙江华睿投资等商务贸易、金融证券、文化创意和信息通信企业入驻。打造出了五大产业集聚平台，形成了电子商务、中间服务、金融服务、文化创意四大特色产业园。以前散居于市区各地的企业也集聚起来，进驻商务楼宇，营业收入及缴纳税收增长迅速，"楼宇经济""总部经济"成效凸显。

（五）统筹城乡发展，乡村宜居宜游

在美丽乡村荻浦村，开发了传统民居、古祠堂、古戏台等景观，农村生态环境整治卓有成效，农家乐项目经营有方，村容村貌干净整洁，田园风光秀丽精致。一是规划先行。着眼富民美村，大力培育有利于美丽乡村可持续发展的"高效特色农业、乡村旅游产业、生态工业"三大特色产业。高起点、高标准编制完成秀美乡村建设总体规划和183个行政村整治规划，重点细化完善了32个中心村和30个美丽乡村精品村建设规划。二是产业支撑。按照"宜工则工、宜农则农、宜游则游"原则和"什么来钱种什么"的思路，推行"一乡一业"工程，优化农村产业结构，大力发展生态高效农业、农产品深加工业、农家乐产业和休闲乡村旅游业，形成了农村经济新的增长点，为美丽乡村建设注入了活力，提供了有力的产业支撑。三是整治环境。大力实施"清洁桐庐"三年行动计划、农村生活污水处理工程、农村安全饮用水及其他民生工程。在全国率先实现农村生活污水处理行政村全覆盖，改变了以往"垃圾靠风刮，污水靠蒸发"的状况。

二 "中国快递之乡"邮发海内外

桐庐县是中国民营快递发源地，是快递品牌"三通一达"（申通、圆通、中通和韵达）的故乡，桐庐县大约10万人在从事快递工作，占桐庐总人口的25%，被中国快递协会授予"中国民营快递之乡"称号。近年来，该县将快递特色产业作为先导性产业之一，在原有快递产业的基础上，积极推动"快递回归"，做强快递特色产业，全力从"快递人之乡"向"快递产业之乡"迈进。

桐庐全县42万户籍人口，1/4从事快递相关工作，是"中国快递之乡""浙西第一经济强县"。2020年，桐庐城乡人均可支配收入分别为56450元和34176元，城乡收入比只有1.65。以快递行业为重要带动力，桐庐农村居民普遍地富了起来，15年增收4倍。

（一）主要做法和经验

1. 围绕项目承接，打造最优产业平台

一是建好集聚平台。依托富春江科技城，打造占地1000余亩的中国（桐庐）快递产业服务园区，集聚快递物流、包装印刷、自动分拣、智能货架等近百家相关企业。二是建好高端平台。建设占地3平方公里的快递小镇，引入行业研究、产品研发、资本运作等快递业高端业态，谋划建设快递业专用装备研发中心、快递业标准化示范基地、快递业发展基金、快递大学等，与国家邮政局合作筹建的中国快递物流发展研究院落户小镇。三是建好交流平台。举办中国（杭州）国际快递业大会、中国国际快递物流采购博览会等活动，汇聚电子商务、快递信息化、通信、航空等领域的行业组织和企业家，畅通快递企业与关联企业的联系渠道。

2. 围绕资源整合，打造最优产业生态

一是重创新引领。以中国快递物流发展研究院为抓手，加快推进人工智能、无人机、自动驾驶、自动分拣等高端产品的研发与生产，为快递智能化发展提供技术支撑。建设华东地区快递绿色用品用具检测中心等技术认证平台，提供权威认证检测服务。二是强基础支撑。依托中通云谷项目，进一步完善快递从业人员培训、资格认证等人才服务体系。引进蚂蚁金服战略投资的广州合摩科技有限公司，为快递企业及加盟企业提供劳务派遣、法律法务、财务会计、技术鉴定、金融保险、交易结算等综合性服务。三是促产业融合。依托"三通一达"资源，积极引导本地装备制造、包装印刷、服装制作等企业调整发展或投资方向，融入快递特色产业链，先后成立博悦自动化、祥龙科技等9家快递相关企业。

3. 围绕服务保障，打造最优营商环境

一是出台专项产业政策。在税收优惠、装备采购、费用补助等方面支持快递特色产业发展。如对于落户桐庐的快递产业链项目，给予增值税和所得税留县部分80%额度返还。对新评定为国家3A、4A和5A级的物流企业，分别奖励10万元、30万元和100万元。二是建立专门服务机制。建立完善由县领导牵头的找项目、包装项目、对接项目、引进项目、服务项目等五项工作机制，为快递产业的项目招引和建设提供全方位服务。同时，在上海（"三通一达"总部所在地）成立快递招商点专门服务快递经济。三是组建快递发展中心。组建正科级机构"中国（桐庐）民营快递发展中心"，按1正科3副科标准配备领导职数，专门负责快递产业的规划、政策、招商、服务和对外交流等工作。

(二) 未来举措和任务

1. 建设国邮快递物流科学研究院，打造快递业创新"硅谷"

由国家邮政局和浙江省政府共同主办，杭州市政府和国家邮政局发展研究中心共同发起，桐庐县政府承办的国邮快递物流科学研究院，定位为国家级、国际化的专业科学研究机构，依托国家邮政局平台优势，拓展浙江省行业先发优势，整合龙头企业资源优势，加强行业共性关键技术攻关，整合行业最新技术成果，聚焦人工智能、5G通信技术、物联网大数据在快递物流行业的应用、新材料与快递物流绿色包装等科研方向，成为科技成果创新应用的孵化器、加速器和倍增器。杭州市高度关注国邮快递物流科学研究院建设，参照之江实验室，重视和支持研究所建设。同时，积极引导"三通一达"回归桐庐布局高端产品研发中心，全面推进申通快递智能制造产业园、圆通国家工程实验室创新孵化基地、韵达国际科创中心等项目落地。

2. 规划建设快递科技小镇，打造全产业链生态集群

支持桐庐县打造快递科技小镇（或快递特色小镇），构建多业联动、

产城融合、相生互进的快递上下游全产业链生态体系，形成"一核、两翼、多点"的发展布局。"一核"：以富春未来城为核心，实际安排快递特色产业用地不少于1000亩，承接智慧先行、研发引领、总部集聚、平台支撑、配套服务任务，提升软实力，催生新需求，推动硬发展。"两翼"：以富春江科技城（集中连片1000亩）和富春江镇（集中连片600—800亩）为两大实体翼，构建科研配套基地，承接集成生产、实业支撑任务，形成但不限于智能装备、技术、车辆配套服务等为主营的产业园区。"多点"：在江南、凤川、城南、横村、钟山等乡镇街道，根据当地产业基础，结合快递产业细分领域如印刷、服装、文创等需求，建设特色小微园区。

3. 打造以中国（杭州）国际快递业大会为主要品牌的交流合作平台

中国（杭州）国际快递业大会是由国家邮政局、浙江省政府和中国快递协会共同主办，杭州市人民政府承办的行业内最有影响力的国际交流平台，永久会址在桐庐，每两年举办一届。按照特别重要的国际性、国家级会议会展活动的要求，将中国（杭州）国际快递业大会列入杭州市会议会展工作计划，以市级层面进行全面统筹，按"一事一议"的办法予以支持。鼓励各类快递物流业会展论坛在桐活动，鼓励各类新产品在桐发布，努力建设快递物流及关联产业会议会展中心，将其纳入杭州市会议会展政策予以支持。支持桐庐利用集中采购交易中心的契机，每年持续承办中国快递物流产业链采购交易博览会。

4. 建设中国快递博物馆，弘扬快递精神

支持桐庐推动集快递物流产业的收藏保护、陈列展示和研究于一体的全球首个快递博物馆建设，加快快递之源项目推进，全面系统展示包括企业合作方在内的中国快递发展历史，尤其是快递企业发展和变迁历史，包括具有历史价值的文件、纪念品等珍贵资料，反映快递企业家和快递人的奋斗历程，以起到历史传承作用。

5. 打造快递物流行业人才培养和人力资源交流平台

以快递研究院、中通云谷等项目为抓手，帮助桐庐积极争取国家邮政局等相关部委的认证资质许可，探索建立面向"三通一达"等在内的快递物流业公共的人才培训基地，为我国快递物流企业培养企业高管人才，包括 CEO、CFO、COO、运营管理、客户管理、营销管理、国际快递管理、智能化技术应用管理等高管人才的培训，争取在两年内形成高端人才常态化培训的机制。

6. 建设快递物流行业融资创投平台

发挥杭州金融优势，帮助支持桐庐快递物流产业融资创投平台建设。结合"三通一达"上市后桐庐民间资本非常充裕的契机，发挥桐庐人在快递物流领域的人才优势，参考阿里巴巴上市后各类阿里校友成立的投资基金反哺杭州互联网创新创业的模式，加快推动桐庐县快递特色产业基金成立，积极投资各类快递物流关联产业创新型企业，提供天使轮、A轮及各类后期基金乃至于并购上市等全流程金融支持，引导其在桐落户，为桐庐在产业链的技术更新迭代奠定坚实的金融支持，形成上市套现资金反哺桐庐快递特色产业的正循环。市级国有公司参与支持蜂网投资有限公司，整合"三通一达"和顺丰公司资源，发挥投资驱动产业发展作用。

7. 建设快递物流装备暨物料展示交易中心

以推动蜂网投资公司五家股东（顺丰、"三通一达"）的集中采购作为切入点，支持桐庐建立快递物流装备暨物料集中采购交易中心网站，以互联网交易为主，建立采购、支付、保险、报关和发货运输"一站式"服务体系的国际快递物流装备暨物料集中采购交易中心。同时，积极与德邦、菜鸟、EMS、百世、安能、壹米滴答等 11 家第三届快递业大会上与桐庐县政府签约企业对接，加快相关企业集中采购的事宜落地。

8. 建设快递物流行业检验检测和绿色认证中心

以物流（快递）绿色封装用品检验检测中心建设与 TUV 南德检验检测中心落户桐庐为契机，推动行业标准化进程，积极争取国家邮政局相关资质认证许可，广泛开展装备检测与认证、信用认证与绿色认证，打造快递物流领域权威资质认证基地。

9. 建设快递物流行业"一站式"综合服务平台

积极打造快递产业链法律法务、财务会计、技术鉴定、金融保险、交易结算等综合性服务平台，建立全国物流车辆交易、评估、开票等平台，为快递企业、各级加盟企业、供应商提供一条龙式综合服务。

第三节　安吉：坚定"两山"转化路

安吉是习近平总书记"两山"理念的诞生地、中国美丽乡村的发源地，是环保部授予的"两山"理论实践试点县，也是全国首个生态县、全国首个联合国人居奖和首批生态文明奖获得县，是全省首批大花园典型示范建设单位和唯一优秀县。安吉县连续3年蝉联全国县域旅游综合实力百强县榜首，被国家旅游局评为"中国十大乡村旅游目的地"，还获得全国首个休闲农业与乡村旅游示范县、国家森林城市、国家生态文明建设示范市县、美丽乡村示范县、国家乡村旅游度假实验区、全国旅游标准化示范县、国家首批全域旅游示范县、中国最美县域、新时代美丽城镇建设优秀县、首批"无违建"县等荣誉称号。

作为"两山"理论的发源地，安吉以"生态"为核心，与经济、文化、艺术、文明相关联、相融合，创新地做出了"生态+"发展模式示范。安吉县正是以"绿色、循环、低碳"发展模式为主基调，改善生态环境并厚植生态环境优势，通过开放合作创新，全面发展绿色产业，将自身的生态环境优势转化为生态农业、生态工业、生态旅游的经济效益，创新了不少乡村经营和治理模式，收获了众多荣誉和好评，实现了乡村振兴和县域综合经济的高质量发展。

一　安吉县发展魅力

(一) 人文底蕴丰厚

安吉有着近千年的县治历史，是名副其实的"江南古城"，安吉境内故鄣县建县已2235年，汉灵帝中平二年（185年）始建安吉县，源于《诗经·无衣篇》之"安且吉兮"，意为"舒适而美丽""平安吉祥"，县治设于今孝丰。文物蕴藏量居全国各县（区）前十，境内的上马坎旧石器文化遗址，将浙江境内人类历史提前到距今80万年前。

安吉竹之秀美，茶之韵美，人文底蕴深厚，名人辈出，是艺术大师吴昌硕、南宋藏书家和目录学家陈振孙等人的故乡，形成了竹文化、茶文化、昌硕文化、移民文化等多元交融的地域特色文化。白居易盛赞"此乃竹乡"。著名导演李安取安吉竹海为《卧虎藏龙》的拍摄地点，大大提高了安吉的知名度。何建明的长篇报告文学《那山，那水》（载《人民文学》2017 年第 9 期）从浙江安吉余村入手，围绕"村、水、竹、茶、林、人"，讲述了当地农民告别传统生产方式，坚定不移地走绿色经济发展道路，建设美丽中国农村的生动故事，作品营造出安吉独特的自然意境、人文意境之美。

安吉之水的"母亲"西苕溪为黄浦江源，"中国安吉——黄浦江源文化节"因此而生，安吉与上海增强了文化联系。

安吉红色文化和绿水青山资源禀赋，创新"红色文化 绿色生态"的文旅融合发展模式，让文化与生态同频共振，打造一张独具特色的安吉旅游新名片。

（二）生态环境优美

"山上层层桃李花，云间烟火是人家"，这是唐代诗人刘禹锡在《竹枝词》中描绘的乡村美景，也是现代人回归乡土田园的思乡情怀和休闲需求。安吉境内"七山一水两分田"，安吉县森林覆盖率 70.1%，拥有 101 万亩竹林、海拔 1587 米的浙北第一高峰龙王山、总面积 1244 公顷的安吉小鲵国家级自然保护区。空气优良率高达 94.5%，臭氧改善幅度全省第一，空气优良率稳居全市第一，一村一落皆美景，安吉因其良好的生态，成为诗意栖居之地。

多年来开展全域高标准治水，24 个县控及以上断面水质全部 Ⅱ 类及以上，地表水、饮用水、出境水达标率均为 100%，森林覆盖率、林木绿化率达到 70% 以上，土壤安全利用率 100%，被誉为水、土、气"三净之地"，建设有亚洲第一、世界第二的天荒坪抽水蓄能电站。

安吉县推进生活垃圾精准分类，资源化利用率、无害化处理率均达 100%，2020 年启动省级"无废城市"试点，在全市率先完成垃圾填埋场标准化封场。获批全国唯一山水林田湖系统治理创新基地、自然资源综合改革国家级试点，创成省级美丽河湖 4 条，省级森林城镇实现全覆盖，成为2020年全省唯一"省级森林休闲养生城市"。在有特色、有形式地做好乡村绿化美化的同时，安吉还注重利用绿道、廊道、河道等细胞建设工程促进城乡互通，先后编制实施了《安吉县珍贵彩色森林建设总体规划（2016—2020年）》《浙北森林生态廊道申嘉湖高速安吉段试点建设方案》《浙江省安吉县绿道规划》等重点工程规划方案。

（三）综合实力强劲

2020年，全县实现地区生产总值487.06亿元，增长4.3%，增幅为湖州市全市第一；完成财政总收入100.1亿元，增长11.1%，其中一般公共预算收入59.8亿元，增长11.6%。城乡居民人均可支配收入分别为59518元和35699元，增长4.5%和6.6%。固定资产投资增长6.9%，其中工业投资增长23%。"十三五"期间，地区生产总值从324.2亿元增加到2020年的487.1亿元，年均增长7.9%，高于省均1.4个百分点。财政总收入从55.7亿元增加到100.1亿元，其中一般公共预算收入从33亿元增加到59.8亿元，年均分别增长12.4%和12.6%，分别高于省均4.5个和4.1个百分点。在2020年中国社会科学院财经战略研究院发布的《中国县域经济发展报告（2020）》中，安吉县在"全国县域经济综合竞争力排行"中排名第51。

二　安吉县发展模式特色

坚守"两山"理念，未来安吉县将通过创新、开放、绿色、共享，继续领跑省大花园示范县创建，深入推进省"耀眼明珠"建设，全力建设新时代浙江（安吉）县域践行"两山"理念综合改革创新试验区，奋力打造展示美丽中国的县域窗口，全力争当社会主义现代化先行示范县。

（一）立足生态农旅开发，着力推动美丽乡村建设

近年来，安吉县致力于建设中国最美县域，全面推动"美丽乡村、美丽城镇、美丽县城"三美共建，新时代浙江（安吉）县域践行"两山"理念综合改革创新试验区落地实施。建成全国新时代乡村电气化试点，"四好农村路"成为全国样板，由安吉县为第一起草单位的《美丽乡村建设指南》经国家标准委员会发布施行，获中国标准创新贡献奖，并

成为美丽乡村建设国家标准。获评全国乡村振兴百佳示范县、县域数字农业农村发展先进县，其中天荒坪镇获评美丽城镇省级样板，梅溪镇入选省小城市培育试点，浙江自然博物院安吉馆工程获"鲁班奖"。获评省级样板点位12个，创成省级美丽城镇2个。全县建成国家级美丽宜居示范村5个、省级美丽宜居示范村31个，创成省级美丽乡村特色精品村23个，精品示范村55个、乡村经营示范村15个、善治示范村34个、精品观光带4条。目前，安吉所有行政村实现美丽乡村创建全覆盖和省A级村庄全覆盖。

余村通过"农业+""旅游+""文创+"，发展毛竹、白茶和林下经济，把生态环境优势转化为生态农业、生态工业、生态旅游等生态经济的优势，将业态延伸至教育培训、课题研学、案例推广。将集体土地资源、财政扶持资金等要素转化为村集体资本股份，用观光小火车串起18个家庭农场，打造成集"吃、住、游、购、娱"为一体的"田园鲁家"，吸引了20亿元社会资本，村集体经常性收入从不足3万元增加到335万元，集体资产从50万元增加到1.2亿元；高家堂村以休闲旅游为主题，2012年引入社会资本，村集体和村民作为股东与投资商合作成立旅游公司负责开发包装与营销，通过村企合作，形成"一园一谷一湖一街一中心"的休闲产业观光带，2013年成为全域国家3A级景区；刘家塘村以国家3A级景区为基础，成立旅游发展有限公司和物业公司，按"一心一带三片区"的布局，将"生态、人文、宜居"三大要素作为主基调创建美丽乡村精品示范村，发展乡村旅游并形成乡旅品牌；被誉为"浙北农家乐第一村"的天荒坪镇大溪村，全村70%的村民从事乡村旅游，70%的全村经济总收入以及70%的村集体收入来自乡村旅游产业。

(二)构筑生态工业体系，打响茶、竹、椅产业品牌

安吉县积极培养高新生力军，建立高新企业培育后备库，构建高新技术企业梯队发展格局。目前初步形成以健康休闲为优势产业，绿色家居、高端装备制造为主导产业，信息经济、通用航空、现代物流为新兴产业的"1+2+3"生态产业体系，三次产业结构比5.9：45.1：49。全县拥有1个国家级农业科技园区、1个省级经济开发区、1个省际承接产

转移示范区和1个国家级旅游度假区，共有主板上市企业5家、新三板挂牌企业14家。外商投资规模也持续扩大，全县现存外资企业230余家。30年间，共引进外资项目702个，其中港澳台投资企业389家，外商投资企业313家，累计实到外资19.02亿美元。安吉县坚持"科技+生态"模式，大力发展绿色产业，实施传统制造业改造提升2.0版，整治提升"低散乱"企业，出清低效企业，重点打造茶、竹、椅产业高端品牌。2020年，"两化"融合发展水平首次迈入全省第一梯队，分行业试点评估全省第一，家具及竹木制品产业创成国家新型工业化产业示范基地。

一是打造"一片叶子"名片。2020年白茶品牌价值40.92亿元，白茶收入占全年农民人均可支配收入的20%以上。其中，黄杜村是"中国白茶第一村"。2003年4月9日，时任浙江省委书记习近平到黄杜村考察，给予安吉白茶"一片叶子成就了一个产业""一片叶子富了一方百姓"的高度评价。以"茶旅融合"的发展理念，黄杜村坚持绿色发展之路，并将生态保护和脱贫攻坚结合起来，进行生态扶贫。目前，安吉县正在加快推进总投资60亿元的中国·安吉白茶小镇建设，推动安吉白茶产业实现更高水平的三产融合发展。安吉逐渐形成种植生态化、加工规模化、包装特色化、经营品牌化和茶产业、茶经济、茶文化协调发展的现代产业体系，努力向着"百亿产业 百年品牌"目标奋进。

二是打造"一根竹子"名片。全县有林地面积203万亩，其中竹林面积101万亩，是中国著名竹乡，安吉竹产业以全国1.8%的立竹量创造了全国20%的竹业产值，享有"世界竹子看中国、中国竹子看安吉"的美誉，先后获得"中国竹地板之都""中国竹凉席之都""中国竹纤维名城""国家毛竹生物产业基地""全国乡村振兴林业示范县"等荣誉。

"片片绿色自然发光，根根竹子变金条"，目前，安吉县的竹制品在吃（竹笋及膳食片）、喝（竹叶饮料、竹酒）、居（竹建筑、竹家具、竹活性炭）、穿（竹纤维衣、被、毛巾、袜子）、玩（竹工艺品）、游（竹林景区、农家乐、民宿）等方面，已形成了完整的产业链，产业循环利用率达到 100%，实现了第一、第二和第三产业的高度融合发展，三产服务业与竹林下经济、竹旅游产品的开发形成互促效果，实现了竹产业的广泛深度融合。

三是打造"一把椅子"名片。安吉被誉为"中国椅业之乡"，是全国最大的坐具生产基地。自 1981 年安吉研制开发出全国第一把"五轮"转椅以来，目前，安吉县拥有椅业企业 700 多家，其中规上企业 192 家，亿元以上企业 56 家，有 3 家家居企业在上海主板上市，安吉椅业已形成了地方特色鲜明、专业分工完善、创新能力强劲、竞争优势突出的现代产业集群，成为安吉县第一大支柱产业，其椅业生产规模、市场占有率和品牌影响力等，在全国乃至全球都具有领先地位。

(三) 创新乡村经营模式，多要素服务经济发展

一是创行"多村联创"模式。为避免村庄在发展的过程都出现的"发展不平衡、单打独斗、重复建设、后劲不足"等问题，推进全域美丽乡村建设，安吉县积极探索"多村联创"发展模式，诸如以土地资源共享、公共产品共享为主的资源共享模式，以地理位置互补、产业协同发展为主的优势互补模式，以"强村带弱村"、优化产业布局为主的抱团发展模式。整合资金、资源和资产，有助于资源和要素的有效配置，优化产业发展，将重心放在优化产业布局和产业多元化上，梳理出生态农业、休闲旅游、农产品加工等产业发展项目。同时，提高了基础设施建设水平和利用效率。

二是大力发展跨境电商营销。为应对国外疫情影响，安吉县政府携手京东，启动"中国·安吉绿色家居产业拓市增效京东双引擎计划"，从通销路与降成本两大方向入手，通过入驻电商平台挖掘内需市场。2020年，安吉县完成网络零售额 145.1 亿元，增长 25.8%。构建"产业集群+跨境电商"新模式，完成自营出口 338.4 亿元，总额全市第一，跨境电商交易额增长 80.3%，稳外贸工作获评省争先创优行动"最佳实践"。推进外贸"三转"，转引出口额 14.9 亿元。推出全省首个"承保跨境电商+海外仓"试成功入围全国县域综合竞争力百强县、首批国家创新型县创建。

三是深化绿色金融改革。2020年4月27日,《安吉县"两山银行"试点实施方案》正式印发实施,意味着安吉生态资源价值转化走上了一条规范化道路。在"两山银行"试点建设中,安吉引入了县城投集团作为运营管理方,牵头成立县级"两山"公司。同时,构建起"1+13+N"的主体架构,即以县级"两山银行"为总公司,在试点乡镇成立二级"两山银行"子公司,广泛吸纳N个多元主体参与建设"两山银行"项目。深化乡村经营,将山、水、林、田、湖、草等自然资源以及农村宅基地、农房、古村、古镇、老街等闲散资源,统一纳入"两山银行",实现生态资源向资产、资本的高水平转化,创立了群众共治、专业统制、公司运营、镇级监督的长效管理机制。安吉农商银行率先在天荒坪支行试点探索"零碳银行"示范点建设,开展机构网点低碳建设和日常低碳运营,开发碳排放计量工具进行测算和实时管控,开辟专属绿色信贷,积极参与碳交易市场。针对绿色农业产业主体推出"两山系列"信贷产品,并协助解决中小企业低碳转型中的融资难题。

四是鼓励科技创新转化。安吉县积极培养高新生力军,建立高新企业培育后备库,构建高新技术企业梯队发展格局。加大对高新技术企业建设奖励力度,落实各项优惠政策,鼓励企业加大研发投入,强化科技创新。2021年上半年,安吉高新技术增加值同比增幅35.3%,位居全市第一,且连续6个月增幅位居全市榜首。目前,安吉还成立了乡村振兴专家联盟,与省农科院、浙江大学、浙江农林大学、安徽农业大学等院校建立了合作关系,开展科技服务、成果转化。成功举办第二次长三角科技成果拍卖会,促成9项优质科技成果项目落地。新成立的乡村振兴学院成为农村干部、新型农民综合性教育培训平台。

(四) 利民商、促文明,树立全国县域治理典范

亲清环境吸引人才和资本投入乡村振兴。近年来,安吉县乡两级财政投入20亿元,吸引约180亿元社会资本。2019年,安吉县颁布全国第一个《乡村治理工作规范》,为乡村治理规范化和标准化建章立制,明确乡村治理的16项量化指标,安吉乡村治理围绕"村民幸福感"构造了"动力学模型""静态结构模型"和实现路径。全国首块农业"标

准地"、旅游"标准地"分别挂牌出让，消化处置"五未"土地8978亩。加快政府数字化转型，"无纸化会议、无纸化办公"成为常态。建立重大改革、重大事项、重点指标定期分析评价制度，政府执行力有效提升。公立医院综合改革、县域医共体建设全省优秀，获评全国平安建设先进县，新时代乡村治理"余村经验"全市推广，社会大局持续和谐稳定。

（五）拓展优化空间规划，促区域开放协同发展

随着商合杭高铁、申嘉湖高速西延段的通车，安吉县将正式迈向"两高"时代，随着综合交通网络的不断健全，形成至杭州、德清、长兴等县市区"半小时交通圈"和至苏州、南京、上海、宁波等周边省市主要城市"1小时交通圈"。坚守"两山"理念，未来安吉县将通过创新、开放、绿色、共享，继续领跑省大花园示范县创建，深入推进省"耀眼明珠"建设，全力建设新时代浙江（安吉）县域践行"两山"理念综合改革创新试验区，奋力打造展示美丽中国的县域窗口，全力争当社会主义现代化先行示范县。

第四节　德清：数字赋能县域治理现代化的做法与启示

按照浙江省委省政府关于数字化改革的决策部署，加快推进数字赋能对县域治理的体制机制、组织框架、方式流程、手段工具等全方位系统性重塑，将成为今后县域治理新课题。近年来，德清依托首届联合国世界地理信息大会成功举办，立足地理信息产业优势，积极构建形成促进地理信息产业跨界融合发展的体制机制，重点强化基于数字化的智慧治理，积极打造全域数字化治理试验区，走出了一条数字赋能县域治理现代化的新路子，为浙江县域治理数字化转型提供了"德清方案"。

一　德清建设"全域数字化治理试验区"主要做法

（一）率先试点"城市大脑"，打造县域整体智治核心平台

一是构建"一屏可知全局、一图全面感知"的线上孪生德清。建立全省县域唯一的"城市大脑"平台，超前布局5G基站、云控平台等智能

基础设施，实现县域面积5G网络覆盖超60%和全域绘制精度10厘米的高精度地图；归集58个部门近10亿条基础数据，实现70多个智慧应用场景。二是以需求导向建立城市大脑系统迭代升级的闭环管理机制。坚持用户思维、需求导向，建设"城市大脑"，吸收"快速迭代""小步快跑"等互联网发展理念，不断从用户体验角度优化政务服务流程和应用设计，积极探索以第三方评价、公众参与等方式开展效果评估和满意度调查，努力提供高效便捷数字化惠民利企服务。三是以"城市大脑"建设推动制度机制变革形成新规制。形成每一项技术创新都至少有1项制度创新来配套保障的互促机制，形成与政府数字化转型相适应的制度、机制及配套政策，实现技术革命与制度建设的良性互动。

（二）致力于"一次都不跑"，提升政府服务水平

一是率先探索政务服务标准化管理机制。德清率先制定全省首个《政务办事"最多跑一次"服务规范》县级地方标准规范，梳理提出政务办事"最多跑一次"服务的制度规范，并在全省进行复制推广。二是率先以"互联网+政务服务"模式优化便民服务机制。建立健全民生事项"一证通办"清单管理机制，推出"网上简办""限时即办""承诺免办""就地快办""全程代办""上门约办""六办"服务模式。创新形成政务服务"下沉"便民机制，精准化梳理可在村级（社区）服务网点网办、掌办、自助办或帮办的事项清单，打造群众办事"小事不出村、大事不出镇"的服务模式。

（三）推动数据联通，提高政务服务效能

一是建立公共数据归集管理。大力实施"数据治理沃土计划"，率先建立公共数据合法安全采集管理、政府管理和服务机构之间无偿共享公共数据、公共数据资源统一目录清单管理等机制。依托"城市大脑"建设，推动德清公共数据目录索引系统上线，打通省、市、县三级数据共享的索引系统，建立起从数据产生到销毁的全生命周期管理体系。二是分步推行"无差别"全科受理。按照县镇两个层面分步推进。县级层面，率先设立综合受理窗口并完善人员设置，推动流程并在不动产、企业投资项目、商事登记、公积金、医保、社会事务、公安7个主题板块领先

实现"全板块"无差别受理。镇街层面，通过以点带面、先行示范，逐步推动全平台无差别受理全覆盖。三是推动跨部门业务协作联通。推动各部门间自建系统与政务服务网对接，实现群众办事上"浙里办"，数字生活服务统一入"我德清"，实现企业和个人全生命周期"一件事"办理。

（四）丰富应用场景，提升县域政府治理能力

一是建立完善县域空间治理数字化应用场景。基于省域空间治理数字化平台"3+X"总体框架，深化各类规划空间性内容的"多规合一"，建设完善"一个库"（县域空间治理大数据库）、绘就"一张图"（县域空间治理一张图）、用好"一个工具箱"（县域空间治理工具箱），深化 X 个"应用场景"（包括自然资源和规划协同平台等 20 个应用场景）的空间治理数字化平台架构，成功入选全省"观星台"优秀应用。二是探索建设地理信息+智慧交通应用场景。建成支持自动驾驶的 5G 通信网，持续推进道路设施的智能化改造，建设覆盖全县域的北斗地面差分基站，建成支持自动驾驶的全县域位置网，推进智能汽车测试与场景建设，探索自动驾驶车辆高速公路公开测试管理机制，研究出台智能道路相关行业标准。三是实现"数字乡村一张图"乡村治理应用场景全覆盖。构建闭环式民生治理链条，打通多规合一、视频监控、基层治理四平台等 15 个应用系统，完善基层治理四平台功能，通过"随手拍""随心问"，打造线上群众路线新载体。

（五）构筑"一系统一图一地一码一平台"，增强经济智治能力

一是建成县域经济智能运行系统。构建经济运行数据库、县域产业数据智能中枢和经济运行监测平台、工业大数据平台，实现对经济运行状况的数字化监测分析和决策。二是构建"多规合一+大数据"的产业智慧地图。由规划协同平台、审批服务平台、部门服务平台组成的"1+1+N""多规合一"信息平台；并将此与项目招商、审批紧密结合，一键生成招商引资和工业技改项目"体检报告"，实现了项目审批"一站式"办理，建立形成一体化、智能化的产业智慧地图。三是运用数字化手段全国先行探索"标准地"改革。作为省级唯一"标准地"企业投资项目信

用监管试点,推动上线全省首个"标准地"企业投资项目信用监管服务平台,积极推动从增量土地向存量土地扩展。四是量身定制覆盖企业全生命周期服务的"企业码"。作为全省首个企业码试点地区,积极打造覆盖企业全生命周期的服务直通车,上线运行"码上名片、码上政策、码上诉求、码上直办、码上融资、码上合作、扫码进玛、码上信用"等通用功能,初步形成企业精密智控"码上生态",相关做法已在全省推广应用。五是运用"云治理"中枢管理运行平台打造数字园区。全省首个园区"云治理"中枢在德清经济开发区启用,将当地工商、统计、环保等10余家数据实时更新平台进行整合,形成对10000多家企业、100多项指标、100多个项目的"云监管""云跟踪""云服务"。

二 德清数字赋能现代化先行对县域治理的有益启示

德清率先在全省首创提出建设"全域数字化治理试验区"取得成效,要义在于在县域全面数字化转型中推进系统性变革,以数据思维推动服务流程再造;大力推动治理主体现代化,构建"全链条协同机制"中形成更广泛合力,在横向打破责任壁垒上形成更管用机制,善于利用数据决策、管理、服务建立起一系列跨地区、跨部门、跨层级的协同工作平台和相应管理机制,为大数据时代县域治理体系和治理能力现代化提供了实践经验。

(一) 县域现代化治理要善于运用现代数字科技变革治理体系

习近平总书记提出"要运用大数据促进保障和改善民生""让百姓少跑腿、数据多跑路",数字化时代政府即平台,需要政府善于运用大数据、人工智能、区块链、物联网、互联网信息化技术手段实现跨领域跨层级治理,形成政府、企业、社会各方主体合力实现双向协同共治其核心是坚持人民群众需求和问题导向,逐步形成基于系统治理、依法治理、综合治理、源头治理的数字化转型框架,打造以数据驱动、平台应用、人机协同为主要特征的县域治理新模式。

(二) 在形成以数字技术为支撑构建社会治理的系统性框架上创新

县域要聚焦未来数字化转型趋势,善于从若干关联性数据中构建适应县域治理的逻辑架构,着力在信息共享机制和治理变革模式上创新突破，为实现社会治理数据贯通提供技术支撑，包括大数据、人工智能、区块链等。

（三）在以数据共享为前提持续完善治理的合法性规则上创新突破

从依法治理角度看，除了具体治理手段要求合法合规，在治理行动之前的数据标准和运行规范也需要一定的法律规则，这是实现跨层级、跨地域、跨系统、跨部门、跨业务的数据共享的前提。持续完善数据的获取方式，从技术架构和数据源两个方面建立数据标准并以法律法规形式固化。

（四）在促进各个领域之间社会治理的数据贯通与集成上创新突破

从综合治理角度看，就是坚持"上下联动、逐级打通"的原则，而不需要新建类数据库，确保实时汇聚和传输各部门的各类信息资源，实现基层治理、市场监管、综合执法、便民服务等数据有效对接，从而提升综合分析研判能力。

（五）在充分利用数据溯源做好治理的有效防范上创新突破

从源头治理角度看，必须坚持以防范化解风险为着力点，从风险源头着力强化防控机制，增强治理的可预见性。这就需要基于历史数据的精准预测，同时做好数据溯源工作，推动县域治理从事后应对向事前防范转变。随着信息数据在更广范围的开放共享，还要做好数据自身的安全风险评估，对高安全等级的数据进行必要的技术隔离。

（六）在政府推动形成丰富的治理场景上有作为创新突破

建立以"产业地图应用""大数据招商应用""智慧招商服务应用"为核心的全球精准合作招商体系；构建"数字乡村一张图"；打造首个全域城市级自动驾驶与智慧出行的德清"城市大脑"，推动农业智慧化和制造业数字工厂建设，政府创新引导的政策配套至关重要。

第五节　慈溪：浙江强县的崛起之路

GDP总量不断增加，代表着一个地区的综合实力、发展水平，某种意义上也决定着一个城市在区域发展竞争中的地位。2020年，慈溪市实现地区生产总值（GDP）2008.30 亿元，按可比价计算，同比增长 4.8%。其中，慈溪市级实现地区生产总值（GDP）1328.28 亿元，同比增长 3.8%。持续、显著向上拉升的数据无疑是激动人心的，这是慈溪市坚定不移推进高质量发展的成果，来之不易。慈溪市 2013 年 GDP 首次突破千亿，只花了 7 年时间，挺进了 2000 亿元俱乐部，成为浙江首个 GDP 超 2000 亿元强县（市）。

一　天生丽质难自弃

（一）越窑青瓷的中心产地

慈溪，隶属于浙江省宁波市，距宁波市区 60 公里。慈溪因治南有溪，东汉董黯"母慈子孝"而得名。宁波慈溪蕴藏着丰富的海涂资源，围垦开发的海涂 10 余万亩，是浙江省土地后备资源最富足的地区。宁波慈溪地处江南，属江浙民系，有悠久的青瓷文化，中国陶瓷格局南青北白。

慈溪是中国瓷器的发源地之一，也是越窑青瓷的中心产地，全市遍布有瓷窑遗址近 200 处，越窑是我国古代最著名的青瓷窑系，我们日常所用的食具、酒具、茶具、文房用具、化妆用具等等都可以见到越窑青瓷的影子。东汉时，中国最早的瓷器在越窑的龙窑里烧制成功，这是人类文明史上的一个里程碑。慈溪人民用他们的聪明智慧和勤劳勇敢创造了辉煌灿烂的青瓷文化，留下了一笔丰厚的文化遗产。青瓷的烧制时间上始于汉，下终于宋。自晚唐至北宋的近两个世纪里，兴盛不衰，成为名副其实的唐宋瓷都。孟郊也有诗云："蒙茗玉花尽，越瓯荷叶空。"慈溪也是著名的"海上陶瓷之路"的重要起点。以上林湖青瓷为代表的越窑珍品，在唐代与金银器、宝器、丝绸并列为四大珍宝。从明州港出发穿越茫茫大海抵达斯里兰卡、印度等，最远的到达西班牙。慈溪青瓷文化造就了慈溪人民"能商善贾、精工细作"的精神，同时也深切地体现出浙东人民"农商皆本"和"经世致用"的务实精神。

（二）沪杭甬金三角中心地带

如果说到慈溪的优越地理位置，一定要连在一起说的就是沪、杭、甬，沪是上海，杭是杭州，甬就是宁波的简称，沪、杭、甬恰好构成了一个金三角，沪杭甬"2 小时交通圈"目前已经形成。如果从宁波始发，

19分钟就可以到余姚，再14分钟就能到绍兴，然后，高铁一路往西北走，差不多一个小时，就可以到杭州。从杭州开始，高铁的车头转向东北方向，经过嘉兴，直奔上海。从宁波到上海，差不多2个小时。如果不选择高铁，从宁波到上海，可以走壮阔的杭州湾跨海大桥，杭州湾跨海大桥是中国浙江省境内连接嘉兴市和宁波市的跨海大桥，开车也是2个小时左右到上海。

不过，慈溪没有高铁站，坐火车的话，要么就是去余姚，要么就是到宁波。但是，好消息是，一个伟大的跨海高铁工程——通苏嘉甬即将开始动工，从慈溪到上海不需要再绕道杭州，而是直接跨海直达。如果建成，从慈溪到上海只需要半个小时。就能把宁波、余姚、慈溪、绍兴、杭州、嘉兴、上海一路串到一起。如果再放大一点地图，就能看到宁波东边的舟山；湖州在杭州正北边，海宁在嘉兴市的南部。

二 时代宠儿显风采

（一）锚定新方位

2020年是高水平全面建成小康社会和"十三五"规划收官、"十四五"谋篇布局之年，是"六争攻坚"行动的交卷之年，也是抗击新冠肺炎疫情的特殊之年。

针对新冠肺炎疫情带来的全球产业体系跃迁，慈溪因时而变、顺势而为，统筹经济发展和疫情防控两大"硬仗"的同时，牢牢抓住创新这条主线，打出强实体、转动能、提质效等系列转型发展"组合拳"，为"慈溪制造"锚定新方位、积攒新动能。全市上下认真贯彻上级及市委、市政府的各项决策部署，坚持稳中求进工作总基调，坚持"八八战略"再深化，瞄准产业能级提升、创新实力增强、营商环境优化等城市发展关键点，以"六争攻坚、三年攀高"行动为主抓手，开展"三争三拼，六大赶超"行动，干在实处、走在前列，着力推进实施产业集群提质、重大项目引领、动能培育提升、创新驱动提效等专项行动，牵引产业高质量发展。

百尺竿头，更进一步。2020年，慈溪市开辟了一条高质量发展的慈溪路径：先进制造业与现代服务业"双轮驱动"、前湾新区空间规划破除制约打开发展新天地、"周二夜学"提振干事创业的士气和信心、汇集天南海北慈溪人发展家乡的向心力、全域社会治理营造营商好环境、战"疫"时刻为两手硬两战赢勇担当。慈溪经济体量加速扩张的同时，区域发展质量更显优化、产业结构更趋合理。

(二) 钱袋更富足

慈溪经济发展含金量高，还可以从三个"钱袋子"里窥见一斑。

先看财政"钱袋子"。2020年全市完成财政总收入355.51亿元，增长0.8%；一般公共预算收入200.53亿元，下降0.6%，其中，市级一般公共预算收入118.58亿元，增长5.0%。在全市财政总收入中，税收收入达98.22亿元，占一般公共预算收入的85.7%。

税收收入占比是衡量财政收入质量高低的一项重要指标，可以清晰地折射出一个地区经济发展的走向与态势。税收占比高释放出我市创新实干、活力增强两大积极信号，勾勒出慈溪经济发展质量向好向优的清晰走势。

再看企业的"钱袋子"。去年，2020年1631家规模以上工业企业实现工业增加值增长6.0%；利润总额284.17亿元。其中，市级1352家规模以上工业企业增加值增长6.6%。服务业发展迅猛，以电子商务为例，根据统计数据显示，2020年全市实现网络销售额776.58亿元，位列宁波市首位、浙江省第八，全年跨境电商B2B出口（试点）总额19.04亿美元，增长21.9%。

居民的"钱袋子"更是与每个人息息相关。2020年全市城镇居民人均可支配收入达67089元，同比增长4.9%。农村居民人均可支配收入40950元，增长7.5%。

慈溪居民"钱袋子"富裕程度也可以从储蓄存款上来印证。至2020年末，全市金融机构人民币储蓄存款余额1678.85亿元，增长14.0%，按全市户籍人口计算，相当于人均储蓄存款达15.81万元。"钱袋鼓"消费足，去年全市社会消费品零售总额642.75亿元。

民生福祉继续改善。物价总体保持稳定，教育、文化、卫生、体育、社会保险、民生保障等各项事业全面发展。就业质量明显提升，2020年全市城镇新增就业 3.62 万人,其中,市级新增创业实体 2.39 万家,实现创业带动就业 7.73 万人。城镇登记失业率仅为 1.66%。全市户籍人口医保参保率为 99.2%。

(三) 发展驱动强

实体经济创新驱动再攀高。2020 年慈溪全面贯彻宁波市 "246" 万千亿级产业集群建设部署,吹响了加快培育 "123" 千百亿级产业集群的 "冲锋号"。大力建设新材料、健康生命、数字经济、人工智能等新兴产业。实施慈溪市实施 "232" 外贸双翻番行动,助力宁波打造国家制造业高质量发展示范区和新型国际贸易中心城市。

坚守实业、深耕制造业的传统,让慈溪工业优势不减:2020 年实现工业增加值 1083.82 亿元,增长 3.7%。企业热衷创新投入,全市投入工业研发费用 74.11 亿元,增长 13.4%;新产品产值增长 4.5%,新产品产值率提高到 46.6%。规模以上工业中,新材料产业、健康产业、数字经济核心产业、文化产业等新兴产业增长较快,增加值分别增长 27.2%、20.2%、13.2% 和 10.1%;人工智能产业增加值增长 15.7%;装备制造业、高新技术产业、战略性新兴产业增加值分别增长 6.9%、6.7%、1.9%。全市新增 2 家企业的产品入选省制造业单项冠军名单,至此,全市拥有国家级单项冠军企业 3 家(慈星、公牛、天生)、宁波市单项冠军企业 7 家(含国企 3 家)、宁波单项冠军培育企业 54 家、浙江省 "隐形冠军" 示范企业 2 家、浙江省 "隐形冠军" 培育企业 15 家。慈溪市深入实施人才引领创新驱动战略,通过人才引领、科技赋智、改革赋能,加快建设高水平创新型城市。其间,新入选宁波市 "3315 资本引才计划" 项目数、创建宁波市级及以上企业研发机构数均居全市首位,新增 2 家国家级博士后工作站;温医大慈溪生物医药研究院落户,中科院慈溪医工所入围首批省级新型研发机构,目前,全市共有博士后工作站总量达到 12 家,其中国家站 4 家。

三 解锁慈溪的 "幸福密码"

(一) 对于提升政府效能的信心

站在改革的前沿,政府始终有决心去探索、去改变,行政服务中心的"服务"功能越来越强大，资源得到了有效整合。"最多跑一次"让部门之间的联系更紧密了，服务效率进一步提升，改革让政府服务跑出了便民新速度，老百姓办事更方便了。智慧城管、智慧医疗……很多时候我们只要动动手指就能办完一件事。简政放权、放管结合、优化服务，使政府办事效能明显提高，群众和企业有明显的获得感。

（二）对于勾勒城市蓝图的憧憬

以前，你会觉得慈溪会是现在这般模样吗？环杭州湾创新中心，让慈溪这座城市有了新的容颜。以新城河为核心的城市新板块，正在初现雏形。交通网络正在逐步完善，曾经的短板更是让我们充满了新的期待。城市的区块功能渐渐凸显，公共服务设施建设、民生服务设施建设稳步推进，区域更加融合、集聚更加明显。创新之城，注定会变成一个充满活力的城市。我们正在让城市的自画像，变得越来越美。

（三）对于传承历史文化的肯定

慈溪向来是一个包容的城市，也是一个多元文化交融的地方。三北之地，本身就是一个交汇的地方，让我们的文化有了更加丰富的意义。上林湖后司岙遗址，破解秘色瓷千年之谜，让慈溪有了响当当的文化印记。慈孝文化，作为城市的核心精神，正在每一个慈溪人的心中传承。移民文化、围垦文化，记录和见证着慈溪的变迁与蜕变。文化的挖掘和传承，让我们可以骄傲地跟子孙后代讲述慈溪的故事。

（四）对于重塑慈溪制造的认可

早在前几年慈溪就吹响了"工业立市、实业兴市"的发展号角，全市上下着力振兴实体经济，重塑慈溪发展新辉煌。作为中国三大家电产业基地之一的慈溪，越来越多的企业用转型升级、科技创新走上了"智造之路"。奇乐电气让航母、航天等高精尖智能科技上有了慈溪元素，先锋取暖器成了特朗普访华时的网红，GOC IN C 成为当红明星们的最爱，公牛也已经不是一个简单的插座了。慈溪制造都要在哈萨克斯坦建贸易基地了，私营经济繁荣的慈溪，正在演绎二次腾飞的传奇。

（五）对于实现美好生活的向往

城市"氧吧"遍布每个角落，我们就像生活在花园里一样，走到哪儿都是一个"风景","美丽乡村"让全域旅游的脚步更近了。5分钟文化圈,让生活有了鲜艳的颜色。森林慢行绿道让出行变得更加低碳,越来越多的商业体让生活有了更多的选择。慈溪大剧院来到我们身边,看话剧都不用再跑宁波了。很爱"剁手"的慈溪人,强大的购买力总会让生活充满激情。未来的美好生活,值得期许。

四 迎接新的高光时刻

改革开放至今,萧山、鄞州等地都是县市的时候,慈溪就已经稳居浙江四大强县!从如今的整体发展来看,慈溪的优势还是很大的,比如民营经济活跃。但我们认为,慈溪未来最大的一个优势还是区位!慈溪这样一个制造业强县,未来能够30分钟到上海,并且刚好是沪杭甬的中心点。在高层的设计方面,慈溪有着更为清晰的定位!浙江宁波慈溪市交通巨变,通苏嘉甬高铁将提升慈溪市的区位优势,加速慈溪融入上海都市区、宁波都市区、苏州都市区。慈溪将会有高铁站,也会有慈溪到杭州到绍兴到宁波的高速公路。

昔日的农业小县一跃成为沪、杭、甬都市经济金三角的中心城市,这是慈溪巧借东风创造的奇迹。城市发展每一个节点的细微变化,无不回响着百万慈溪人民逐梦前行的铿锵足音。国家园林城市、全国绿色发展百强县市、全国最具幸福感城市……诸多"国"字号光环一揽入怀后,今日慈溪,站在新的历史起点上,改革不停顿,发展不止步,奋力开启建设创新活力之城——美丽幸福慈溪的新征程。

第六节 青田:以侨为媒融贯中西
——建设浙江"华侨经济文化"重要窗口

海外华侨华人是中华民族根脉在海外的延展,是民族基因的有机组成部分。在我国不同的历史发展时期,这一独特民族群体发挥着重要且无法替代的功用。他们是国家和地区发展的独特资源,是对外友好往来和交流合作的重要纽带,也是促进世界和平与发展,增进国际理解和文明互鉴的重要力量。侨居海外的华侨和华人(尤其是第一代跨国移民)

实际上同时生活在移入地和原籍地"两个世界",即一个是日常需要面对但始终感觉陌生的"他者"世界;另一个是具有空间距离但情感上近在咫尺的"自我"世界。他们在"他者"世界所承受的一切,都需要源自"自我"世界的激励;同样,在"他者"世界中所获得的一切,也需要或期待在"自我"之世界得到认可乃至褒扬。[①] 这种两个世界的互动关系模式是他们感受自身成就感的不二法门,也是他们成为中外经贸、文化、教育乃至政治交流与合作的根本原因。

青田县作为浙江著名侨乡,在利用华侨华人资源发展县域经济、促进中外经贸文化交流与合作、构建独特的华侨经济文化以及服务海外华侨华人方面取得了一些具有影响力和突破性的成绩。同时,青田县"十四五"发展规划也明确提出将青田将设成为浙江"华侨经济文化"的重要窗口。因此,本文将从青田县华侨之乡成因及历史、利用华侨优势反哺侨乡发展、侨乡整合资源维护海外华侨华人利益、华侨与侨乡合力构建独具特色的华侨经济以及将青田建设成为浙江"华侨经济文化"的重要窗口的价值和意义等方面进行内容组织和具体论述。

一 青田华侨之乡的成因

青田的华侨跨国迁移历程与华侨之乡的形成以及华侨特色经济形态的培育密不可分。青田县地处浙东南,境内多山地丘陵,占地域面积90%,河流平地则各占5%,被描绘为"九山半水半分田"。在以农业为主导的前工业社会时期,青田县自然资源匮乏,可耕地面积稀少,这是迫使青田人背井离乡出国谋求更好发展的主要动因。

根据阙立峻的研究,以中华人民共和国成立后70年为期,将青田华侨经济发展分为5个阶段,一方面展示了青田华侨海外迁移的过程和特征,另一方面也说明了青田华侨之乡的成因。这5个阶段按照时间线和主题特征如下[②]。

[①] 李明欢:*We Need Two Worlds: Chinese Immigrant Associations in a Western Society*,荷兰阿姆斯特丹大学出版社1999年版。
[②] 阙立峻:《青田华侨经济发展70年:回顾与展望》,《丽水学院学报》2020年第1期。

（一）第一阶段（1949—1977年）：移民低潮与海外华侨初创期

青田人的跨国迁移传统有近300年的历史，据《华侨经济年鉴》记载："清光绪年间，到意大利定居最早为湖北省天门人及浙江省青田人，前者贩卖纸花，后者贩卖青田石雕。"至中华人民共和国成立前，海外青田人已有16710人[①]。这一阶段的华侨以离开家乡的方式对抗贫困和资源匮乏，通过石雕和小商品贩卖逐渐在海外立足。同时，中华人民共和国成立后至改革开放前，出国审批十分严格，出国人数增长极其缓慢，处在青田华侨移民的低潮期。

（二）第二阶段（1978—1991年）：移民重启与华侨经济萌发期

改革开放政策带来的利好之一就是出入境管理逐渐宽松。基于上一个阶段的影响，青田人出国热情升温，华侨华人数量也开始平稳增加。但是，青田人的移民目的地主要在欧洲，其次是美洲和亚洲其他国家与地区。这一阶段，青田海外华侨逐渐开始改变单一的谋生方式，转型到诸如餐饮、住宿、加工等新型经济形态，熟悉了当地经营规则，积累了丰富的海外营商经验。

这种国内外的差距进一步促使青田人做出"出国脱贫致富"的选择。在批量移民中，"以亲带亲，以邻带邻"的出国模式是当地乡土宗族意识的重要体现，与此同时，族缘关系网络在海外华侨群体中得以存续和强化。这又进一步解释了20世纪90年代前后，青田海外华侨通过捐赠等形式对家乡经济建设所做出的贡献。这标志着青田县华侨经济发展的肇始。

（三）第三阶段（1992—2000年）：移民繁荣与华侨经济加速期

随着1992年邓小平南方谈话精神的贯彻执行，中国在经济发展和制度方面的思想得到了进一步解放。青田海外华侨创富故事，引发了20世纪90年代中后期海外移民又一波热潮。青田出国人数出现了爆炸式的增长，如自1996年至2000年间，青田出国人数达到10万人[②]，标志着青田移民的繁荣。这一阶段青田海外华侨华人以出国创业为主，不少人完

[①] 陈慕榕：《青田县志》，浙江人民出版社1990年版，第643页。
[②] 徐永文：《青田华侨华人与侨乡社会变迁研究》，暨南大学，2010年。

成资本原始积累，经济实力得到迅速发展。同期内，青田县域经济的跨越式发展与青田华侨华人的贡献高度相关。海外华侨回馈家乡的方式，从最初侨汇经济，无偿捐赠，到投资产业，其受益方也逐渐从亲属扩大到侨乡全体人民。

（四）第四阶段（2001—2007年）：要素回流与华侨经济调整期

历史步入千禧年之后，青田人海外移民的步伐逐渐放缓。究其原因，一方面青田适龄的海外移民群体已经基本实现全面海外移民，本县已经没有充足的存量需求；另一方面随着国内经济发展和收入水平提高，国内外的差距越来越缩小，海外移民吸引力变弱，再就是世界经济格局变化，中国成为投资、创业和致富热土。捕捉到这种变化和机遇，青田县政府紧抓海外华侨这一独特的资源，实施"华侨要素回流工程"，华侨资本、人才、技术、信息等要素回流加快，成为推进青田工业化进程、提升城市化水平、促进新农村建设和提升外贸能力的重要力量，形成"以侨资为纽带、外向型经济为主导、具有区域特色的华侨经济"[①]。

（五）第五阶段（2008年至今）：多元互动与华侨经济转型期

2008年国际金融危机和2019年以来的新冠肺炎疫情危机，进一步显示出国际经济和政治局势的变革之势。受到金融危机影响，欧盟等传统发达经济受到重创，海外华侨经济发展受到严重阻碍。前文讲到，青田人的海外住地国以欧洲国家为主，因此其在欧洲的生存空间、经营现状都与上个阶段无法比拟，投资渠道收窄，投资机会减少。疫情危机的第二轮打击更是加剧了欧洲等地的经济形势恶化。反观国内，政治稳定，经济向好，影响环境优化，从而对众多海外华侨华人具有较高的吸引力。青田县政府部门因势利导，不但提出"华侨要素回流工程"再深化和华侨总部经济打造工程，更是于2021年9月14日发布《青田县加快华侨要素回流、推进共同富裕的若干意见（试行）》吸引华侨回归创业创新，推进华侨经济集聚发展，推动浙江"华侨经济文化"窗口建设，积极探

[①] 阙立峻：《青田华侨经济发展70年：回顾与展望》，《丽水学院学报》2020年第1期。

索共同富裕"华侨路径"①。

观察五个发展阶段不难发现每个阶段的发展特征、华侨迁移行动都与国内外政治经济形势密切相关。历史上，青田海外华侨人数一直持续增长，但是第四阶段基本达到峰值，也即各类报道中常见的33万海外华侨。后续数据和社会发展形势都显示海外华侨的数量呈现下降趋势，虽然原因有很多，但是华侨回归故乡是其中一个重要因素。例如第七次人口普查显示，青田县常住人口为509053人，其中华侨人口146108人。十年间，华侨常住人口共增加26403人，增长7.85%，年平均增长率为0.76%。②

从发展历程而言，青田华侨经济有着科斯"边缘革命"的特征[3]。因地处山区，资源匮乏，青田曾非常贫穷，迫于生存压力才出走海外，以石雕售卖为起点，后延伸至服务业和国际贸易行业；完成资本积累，进而投资祖国和家乡建设，谋求自身与故乡的共同发展。发展后期，当地政府和组织积极利用华侨资源，形成独具特色的华侨经济文化。

二 华侨优势反哺侨乡发展

经过多年努力，青田的海外华侨经济实力逐渐增强，所从事的职业也逐渐从过去单以一的石雕售卖、餐馆业等向贸易、文化、科技等更高层次和更宽领域迈进。在创业过程中，海外华侨积累了资金、技术、信息、市场等各种生产要素资源，从而形成青田独特的侨乡优势。这些优势回流、反哺故乡的方式有两类：一类是政府和组织出台激励措施，引导海外华侨资源服务故乡发展；另一种属于资源主动回流，这主要是受到乡土宗族观念和族缘关系网络影响，也是"他者"成就在"自我"之世界得到认可和褒扬的需要。

（一）政府积极利用海外华侨资源

为利用好华侨优势，激活华侨资源，青田县委县政府自2003年起，

---

① 《浙江侨乡青田出台惠侨新政加快华侨要素回流》（http://www.oushinet.com/static/content/qj/qjnews/2021-09-15/887652974435119104.html）。
② 青田县统计局：《青田县2020年第七次全国人口普查主要数据公报》（http://www.qingtian.gov.cn/art/2021/7/29/art_1229392770_4695466.html）。
③ 阚立峻：《青田华侨经济发展70年：回顾与展望》，《丽水学院学报》2020年第1期。

第十一章 别样精彩的县域城市

实施"华侨要素回流工程",发展以侨资为纽带,围绕华侨做文章,培育新的经济增长点,形成具有区域特色的"华侨经济"。为此,当地政府2007年特别举办了"首次中国青田华侨大会",来自120多个国家的280余名华侨华人代表参会,为故乡发展筹谋划策。

先期的"华侨要素回流"措施有[①]:一是以服务引资,成立"侨务工作领导小组",简化护照办理手续,解决华侨子女回乡寄读问题。二是以项目引资,成立青田华侨回乡投资者协会,建设投资捐赠项目库,及时向华侨发布项目信息。三是以环境引资,建立石郭外贸工业专业区,形成"内店外厂"的模式,培育华侨外贸发展平台。四是以感情引资,开通"青田侨网",每年对100多人次老归侨进行慰问,与80多个海外华侨华人社团和2000多名华裔建立友好关系。

通过这些措施的实施,海外华侨回归家乡投资创业的热情空前高涨,侨资回流效果明显。据不完全统计,2007年,青田县在海外从事国际贸易的华侨华人5万余人,年贸易额达50多亿美元。每年从境外汇款达到10亿多美元,青田外币储蓄存款连年增幅达25%以上,居中国县级首位。2013年,侨乡进口商品城的建设标志着青田进口贸易的蓬勃发展。地方政府以此为主平台,积极引导海内外侨胞参与建设,不断聚集国内和海外的营销网络、市场信息、贸易资金、人脉网络等资源,搭建华侨和浙商的回归路,加速青田经济文化发展。

几年间,青田海外华侨注资10多亿元人民币协助城市化建设,一大批"欧陆风情"特色的商业、居住建筑不断涌现,形成了中西文化交融的城市特色。另外,华侨返乡投资领域不断延伸,已涉及城建、农业、教育、餐饮、水利、休闲等领域,投资效果显著;另外,华侨每年捐赠家乡公益资金约1000万元(见表11-1)。

由此可见,1.0版的"华侨要素回流工程"重点关注了经济建设,也在一定程度上惠及了当地民众的生活质量,丰富了文化供给。虽然,后续1.0加强版也进行了一些改进,但是还没有达到全面兼顾的层面。为充分发

---

① 《打侨牌:侨乡浙江青田实施"华侨要素回流工程"》(http://www.zg.org.cn/qjdt/200911/t20091127_17927.htm)。

挥华侨资源优势，促进华侨兴业、资本、总部、智力、安居"五大回归"，加快解决发展不平衡不充分问题，2021年8月，青田县出台了2.0版的"华侨要素回流工程"，即《青田县加快华侨要素回流、推进共同富裕的若干意见（试行）》，借此把侨乡的优势转化为发展的优势，在跨越式高质量发展中扎实推动共同富裕，努力打造浙江"华侨经济文化"重要窗口[①]。

表11-1　青田县加快华侨要素回流、推进共同富裕措施

七大方向	30个具体措施
一、打造特色商贸平台	1. 支持华侨发展进口贸易 2. 加大商铺租金补助 3. 降低企业仓储物流成本 4. 鼓励企业拓展县外市场 5. 鼓励企业积极参加各类展会 6. 鼓励企业引进国外品牌 7. 鼓励华侨参与农业平台建设 8. 鼓励华侨开展农产品贸易 9. 打造山海协作华侨版
二、发展欧陆风情体验	10. 鼓励华侨发展欧式庄园、精品民宿（侨宿） 11. 鼓励华侨投资餐饮旅游 12. 加大旅游交通补助
三、引导华侨总部回归	13. 鼓励企业总部回归 14. 鼓励外商投资较大商贸设施（5000平方米以上） 15. 开展华侨中介招商
四、促进中西文化交流	16. 保障华侨华人及其子女教育培训 17. 支持华侨参与文化事业建设
五、推进金融服务创新	18. 优化华侨财富管理 19. 加大进口代理金融支持 20. 鼓励发展跨境电商
六、强化科技人才支撑	21. 鼓励引进外资项目、科技项目和人才 22. 加强"西餐师傅"培训中心建设 23. 鼓励发展科技研发型企业、机构

---

① 青田县人民政府：《加快华侨要素回流、推进共同富裕的若干意见（试行）》，2021年8月。

续表

七大方向	30 个具体措施
七、鼓励华侨回乡安居	24. 支持华侨文化示范村建设 25. 鼓励华侨参与数字乡村建设 26. 支持华侨回乡创业 27. 打造"数智侨务"为侨服务体系 28. 实施富侨惠侨行动 29. 创新困难华侨救助模式 30. 鼓励华侨参加养老保险

(二) 海外华侨资源主动回归

当年以石雕材料和艺术为资源，离乡背井组团外出；如今，经济获得成功后带着资金回乡发展已成为诸多海外华侨的自然选择。2018 年《钱江晚报》就"10 万青田籍华侨回国投资"进行了报道。

乡土宗族观念让"走遍天下"的青田华侨，忍不住感叹"家始终在青田"，"乡愁唯有青田才能安放"。近年，青田华侨纷纷回乡投资创业，除了政府的回流政策外，外部形势和宗族观念都是海外华侨回归的因素。2014 年，侨情调查显示：回国华侨中，每 1000 人中，795 人是 2008 年以后回国的，充分说明了华侨回流的外部因素和主动性。目前，近 10 万名青田籍华侨回国投资，投资、贸易资金总规模达到了 2000 多亿元。

其实，在 20 世纪末，国内经济已经呈现出腾飞之势，部分在海外获得第一桶金的青田人便已经开始回归，出现了华侨回归的小高潮。随着国内房地产市场的火爆，海外华侨意识到国内市场的机会和机遇，开始涉足房产、小水电、公益事业、桥路等业务。2012 年起，青田海外华侨开始出现第二波回归潮。欧债危机爆发，新冠疫情冲击进一步增强了华侨回归家乡的投资意愿。据不完全统计，青田县累计引进海外及省外青商回归项目 94 个，协议引资 148.7 亿元，创办侨资侨属企业 180 家。

随着国际经济格局演变，中国越来越接近国际舞台中心，在国际社会的影响力也越来越强。海外华人群体也悄然发生变化，侨二代、侨三代已经逐渐成为海外华侨主流群体,并因其自身的多种身份,参与海外华人社会群体的再次构建。这些侨二代中,也有一部分人回归之后从事电商、网络等新兴行业。

青田华侨的回归自然会带来很多消费机会,因此而兴的侨乡进口商品城是各种进口商品的重要消费场所。青田侨乡进口商品城规划有5个市场,已建成运营的有4个市场,总营业面积6.5万平方米,市场已经吸引168家企业入驻,容纳了来自60多个国家(地区)的5万多种进口商品。侨乡进口商品城作为"青田人经济"转化为"青田经济"的一个典范,不但带动了青田进口商贸业的发展,而且为青田增添了新的旅游吸引物。从2015年1月开业至2018年10月,青田侨乡进口商品城销售额累计突破23.5亿元。

回归的侨商给青田带来了资源、信息、技术、文化和思想,同时,也吸引了无数的商品、贸易资源和合作机会。这不单是反哺家乡的愿望和获得"自我"世界认可的需要,同时也是海外华侨对家乡未来的期望和憧憬。比如,一位葡萄酒经营商带着130多家意大利葡萄酒庄来参家侨博会;一旦建成世界红酒基地,那么,在青田就可以"读懂红酒,读懂世界"。意大利西部六省一市联谊会会长叶先平同样看好中国的未来,将加大在中国的投资;同时,希望在意大利的儿子将来回青田接手他的事业。[1]

(三)华侨回归的经济社会影响[2]

大量的海外华侨是青田得天独厚的优势资源。基于上述两种原因,相当一部分青田华侨要素回流。这些既有的直接侨汇经济以及华侨回流后带来的各种机会、资源、技术等为当地社会带来经济社会甚至环境方面的影响。

其一,提升了当地消费水平,促进了服务业的繁荣与发展。侨汇是

---

[1] 《青田,跟欧洲越来越近》,2020年10月(http://www.chinaqw.com/qx/2020/10-21/273417.shtml)。

[2] 阙立峻:《青田华侨经济发展70年:回顾与展望》,《丽水学院学报》2020年第1期。

青田县城镇居民转移性收入当中的最重要组成部分。另外，大量海外华侨返乡探亲访友或商务往来产生的消费需求，也是推动当地服务业迅速发展的原动力。

其二，相当一部分侨汇用于房地产、水电、矿产、加工制造、教育、餐饮、旅游休闲等投资，不但推进了青田的工业化进程，丰富了城市业态，而且提高了当地的城市化水平。

其三，有利于当地公益和慈善事业的顺利发展。传统和文化原因，青田华侨对故土情深意切。作为一种反哺，改革开放以来，海外华侨捐资兴建了县侨联大楼、华侨历史陈列馆、瓯江大桥、太鹤大桥、中山中学、阜青公路等项目，设立了多个奖学金和基金会。

其四，有利于活跃当地的民间金融市场，为经济建设提供了大量资金支持。长期以来，大量的海外侨汇转化成人民币，有力地支持了当地经济建设，对解决建设的项目融资、中小企业的贷款等起了重要的支撑作用。同时，大量闲散的侨资也活跃了地方民间金融。

其五，数量众多的青田籍华侨熟知欧洲，对各国经济风向敏感，动员组织能力强，是中欧贸易最好的中介、最便捷的桥梁。爱国爱乡的青田华侨还要进一步直接参与中欧贸易，青田与欧洲经贸合作乃至文化交流的精彩剧情还在后头。

其六，海外华侨的回归，特别是华侨"村官"参与家乡建设，有利于优化青田人才资源结构和转变发展思想。正如时任青田侨办主任所言："华侨当村官有明显的优势。华侨见识开阔，理念新，创新意识强，除了有自身人脉以及资金的优势外，还能团结侨团侨界，资源更加丰富。另外，华侨本身经济实力不菲，不会有私欲，因此也获得了较好的群众基础。"因此，侨界的经济资源和智力资源有利于发挥侨力，服务新农村建设。

三　全力维护华侨利益

（一）服务创新，做好华侨的贴心服务员

2017年以来，青田县把推进"最多跑一次"作为深化改革的重点，在侨民投资创业、便侨惠民服务等方面因地制宜进行探索。例如，在县公安局出入境办证中心，工作人员协助市民在签注自助一体机上办理港澳签注，可将办理签注的时间从7个工作日缩短到3分钟。目前，青田县涉侨行政服务已全面实现"最多跑一次"，累计办理涉侨行政服务"最多跑一次""零跑"事项2.8万件。①

针对海外华侨办事难的问题，青田县近期又推出"涉侨不见面全球代办"服务，积极探索"互联网+政务服务"，构建"远程认证+国内代办"服务模式，通过"网络传递材料+本人视频认证"以及创新打造"警侨驿站""检侨一点通"等网上办事平台等多种方式，打通数据壁垒，实现了涉侨业务"全球通办"，进一步提升了为侨服务水平。②

不仅如此，青田还为华侨回乡投资提供政策支持与服务。这些政策包括鼓励回乡投资、回乡创业、回乡安居等要素回流政策，也包括华侨权益保护、华侨经济平台搭建等政策。表11-2对青田县部分助侨惠侨政策进行了简单梳理，包括名称、颁布时间、机构和政策目标等信息。这些措施的实施可以解除华侨投资顾虑，凝聚侨心，增加要素回流概率，并实现华侨与侨乡互惠共赢的发展目标。

表11-2　　　　　　　　　　　部分青田助侨惠侨政策

政策名称	颁布部门	时间	目的
《加快华侨要素回流、推进共同富裕的若干意见（试行）》	青田县人民政府	2021.08	发挥华侨资源优势； 促进兴业、资本、总部、智力、安居"五大回归"； 突破发展不平衡不充分问题
《关于进一步深化"百千工程"同心共促乡村振兴的实施意见》	县委统战部、县侨办、县侨联	2018.06	引导和支持海外侨胞参与乡村振兴事业； 发挥海外侨胞乡村振兴战略中的积极作用

---

① 《侨乡青田全面实现涉侨行政服务"最多跑一次"》，2018年7月（http://www.gov.cn/xinwen/2018-07/03/content_5303186.htm#1）。

② 《青田推出"涉侨不见面全球代办服务"》，2020年12月（http://paper.lsnews.com.cn/lsrb/pc/content/202012/13/content_238142.html）。

续表

政策名称	颁布部门	时间	目的
《关于促进青田华侨回乡兴业安居的若干意见》	青田县委	2018.02	加快华侨要素回流；发挥华侨资源优势；培育新引擎，建设大花园；助推"美丽青田、幸福侨乡"建设
《进一步完善涉侨纠纷多元化解决机制的实施意见》	青田法院、司法局、侨办、侨联	2018.08	探索"互联网+"调解模式；为华侨提供全面高效的服务
《关于建设华侨总部经济的若干意见（试行）》	青田县人民政府	2009.10	发展青田华侨总部经济；促进经济转型升级
《关于促进华侨要素回流的若干意见》	丽水市	2005.11	将华侨资源优势转化为发展优势；促进华侨资本、人才、技术、信息等要素回流；加快丽水市经济社会发展

（二）金融创新，当好华侨的放心"理财师"

作为丽水市唯一一个省级金融创新示范县，2015年，青田取得了全国县域经济竞争力和发展潜力"双百强"，金融服务便利指数位居全国第三的骄人成绩。同时，青田也是全国唯一一个开展多用途个人外汇贷款试点的城市，在国内最早开始探索村级外币代兑点建设工作的城市，人均外币存款量位居全国第一。这些成绩的取得离不开金融从业人员一直以来在机制创新、产品创新和服务创新等方面所做的努力。

随着时代和技术的不断推进，华侨经济呈现出一些新的特征和金融需求。因此，推进金融服务创新，服务华侨金融新需求是《加快华侨要素回流、推进共同富裕的若干意见（试行）》，金融服务优惠政策的主要内容。文件中第18—20条详细说明了金融服务创新的做法。[①]

优化华侨财富管理。按照市场化运作，设立华侨创业投资基金，为华侨回归创业提供支持；鼓励县内金融机构设立华侨理财中心，为华侨提供外汇便捷汇入、外币存储、外汇理财、理财产品定制、投资咨询、

---

① 青田县人民政府：《加快华侨要素回流、推进共同富裕的若干意见（试行）》，2021年9月。

财富保值增值等一站式金融服务；引进优质的公募基金、私募基金、资产公司等财富管理平台机构，优化和丰富财富配置渠道。

加大进口代理金融支持。年进口额在 30 万美元（含）以上的进口代理业务企业，政府性融资担保可提供上年度进口额度 20%（最高不超过 300 万元）流动资金的信用担保，担保费执行现行最优政策。

鼓励发展跨境电商。年交易量在 20 万美元以内的跨境电商企业免于名录登记手续，华侨以个人或个体工商户形式从事跨境电子商务交易，可直接以个人外汇账户办理资金入账和结汇手续。

青田县金融机构实行的资金转贷通业务、担保业务、小微企业帮扶贷款、科技助保贷、村级金融自治以及小额保险等业务，增强了县域金融实力，激活了县域金融活力，提升了县域金融的便利度。

（三）技术赋能，做好华侨利益的保护者

做好华侨权益保护工作，是侨务工作长期重要的基础内容。只有归侨侨眷的权益有保障，才能赢得海外侨心，增强海外侨胞对祖（籍）国和国家的感情与向心力，更好地推进与世界各地的交流与合作，提高区域竞争力，推动侨务资源的可持续发展和利用。同时，随着现代社会飞速发展和全球交流互动不断加深，侨民的数量会不断增加，侨民面临生存与发展问题日益复杂化，权益保护工作面临着新的挑战。这是当前侨务工作难点和关键点，应该利用当下的先进技术为海外华侨提供必要的法律服务，保护海外华侨的权益不受侵犯。

这就要求有关部门坚持"以人为本，为侨服务"的宗旨，按照凝聚侨心、集中侨智、发挥侨力、维护侨益的要求，最大限度调动归侨侨眷和海外侨胞的积性，最大限度发挥其独特优势。转变理念，形成以"权利本位观"核心价值的侨务管理新理念；改变工作模式，形成"侨力为国"和"国力为侨"互惠并重的新工作模式；改变先前权益保护不足的局面，形成"各方重视、通力协作、法制健全、体制完善、依法行政、依法护侨"的新局面。[①]

[①] 丽水市侨联：《实施"保护法"营造好环境促进华侨要素回流》（http://www.zjsql.com.cn）。

基于此，青田县 2018 年出台《进一步完善涉侨纠纷多元化解决机制的实施意见》，积极探索"互联网+"调解模式，联合司法局、侨办、侨联为归侨侨眷和海外侨胞提供全面高效的法律服务。据了解，三家单位将共建司法资源互通和共享机制，搭建综合性涉侨法律服务平台。与此同时，将 8 个海外青田同乡会调委会等纳入特邀调解组织名册，创建诉调对接机制，多元化解决涉侨纠纷。此外，三家单位还将应用移动互联网、人工智能等技术手段，借助"在线矛盾纠纷多元化解平台"，为归侨侨眷和海外侨胞参与诉讼提供便利。

立足侨乡实际，围绕"整体智治"目标，青田继续高质量推进涉侨矛盾纠纷多元化解"一件事"综合集成改革。出台《涉侨纠纷在线审理规程》，细化涉侨纠纷跨境立案、异步调解、远程庭审等程序，打造服务型涉侨纠纷多元化解体系。具体目标包括：建立"一件事"服务体系，推进涉侨纠纷高效化解；优化"掌上办"服务体验，突破涉侨诉讼时空壁垒；创新"一次办"服务协同，提升涉侨诉讼服务水平。依托"智慧微法庭"形成辐射 28 个乡镇、17 个社区的涉侨纠纷多元化解网络体系，满足多元化解纷需求。已诉前化解涉侨纠纷 2286 件，化解率为 50.1%。

四 聚力共建"华侨经济文化"重要窗口

面对世界经济危机、健康危机以及政治环境等多重挑战，散布在全球 120 多个国家的青田华侨华人群体，逐渐掀起回乡创业发展的浪潮。据不完全统计，青田回国投资的华侨已近 15 万人，侨资企业有 500 余家。其中，近 5 年回国发展的侨资企业有 270 余家，实际利用侨资 130 多亿元人民币。海外华侨华人群体无疑是青田从山区贫困县走向浙江"小欧洲"的关键因素，是形成青田独特的"华侨经济"形态的根本原因。《青田"十四五"规划》中特别提出未来五年要建成浙江"华侨经济文化"重要窗口的重大目标。要实现建成浙江"华侨经济文化"重要窗口的愿景目标需要推进以下工作。

（一）华侨经济布局与定位

华侨经济在各个领域都有着重要作用，或是投资，或是生产，或是营销，或是管理。这一点在华侨经济发展历程中也已经有所体现，即投资和经营范围越来越广，投资额度也越来越大。但是，其中跟华侨经济直接相关，且能对建设"华侨经济文化"重要窗口产生直接影响的是华侨经济文化合作试验区和中国欧陆风情旅游目的地。同时，共同富裕也具有丰富的内涵，不但有先富带后富，而且包含物质、精神、文化等不同维度的共同富裕。因此，华侨经济在共同富裕、文化振兴、精神涵育等方面也应该起着重要的作用。

（二）华侨资源梳理与优化

2021年9月，为充分发挥华侨资源优势，促进华侨兴业、资本、总部、智力、安居"五大回归"，加快突破发展不平衡不充分问题，在跨越式高质量发展中扎实推动共同富裕，努力打造浙江"华侨经济文化"重要窗口，青田县制定颁布了《加快华侨要素回流、推进共同富裕的若干意见（试行）》（以下简称《意见》）。其实，华侨要素回流工作早在2005年就已经正式开始。

《关于促进华侨要素回流的若干意见》指出，促进华侨要素回流是谋求城市跨越式发展的重要举措，是提高对外开放水平的内在要求，是构建社会主义和谐社会的现实需要。当时，对华侨要素的认知层次还较浅显，主要提及了华侨资本、人才、技术、信息等要素。

显然，2021年的《意见》所指出的五类回归更为全面、更为立体，是2005年要素的升级版。《意见》从不同视角分析了华侨要素，兼顾了侨乡和华侨两个不同主体的诉求，更多则是考虑了双方互惠共赢的场景。要确保华侨要素顺利回流，就要不断优化促进华侨要素回流的工作环境，优化营商环境、服务环境、法制环境、人才环境。①

当前，青田华侨要素回流且有效承接的一些关键项目是实现远景目标的重要抓手。这其中包括华侨经济文化合作试验区、欧洲风情街、侨乡进口商品城、华侨经济总部等实体项目，同时也包括侨博会、咖博会等重要的展览节事性活动（见表11-3）。

---

① 《侨乡浙江丽水积极促进华侨要素回流》（http：//www.chinaqw.com/news/2005/1104/68/4471.shtml）。

表 11-3　　青田华侨经济文化合作试验区重大平台

1. 侨乡进口商品城。着力"聚起来""走出去""强起来",实施扩容提质、强队壮企、展会兴市、洋货畅通四大工程,高水平建设"全球买、全国卖"的世界超市、购物天堂。
2. 世界红酒咖啡品牌中心。充分发挥侨博会、咖博会等展会经济效应,集聚世界知名酒庄、知名咖啡品牌,提升国际国内影响力。
3. 华侨(中国)农产品采购中心。推进侨乡农品城建设,设立出口食品农产品集聚区,争取农产品出口便利化政策,推动农产品走出国门、行销天下。
4. 中国(青田)欧陆风情体验区。依托环太鹤湖开发,打造世界华人华侨集聚地、华侨文化展示地和欧洲精品生活体验地。
5. 华侨创业创新基地。依托华侨总部经济大楼、青商回归创业园等总部平台,打造产城融合、智能创新"新高地";建立集成式、标准化华侨创业服务中心,服务华侨安居创业。
6. 中国石雕文化产业基地。升级石雕交易市场,打造世界石雕文化交流中心。
7. 海外系列青田华侨站。引导华侨参与海外系列站建设,构建涵盖中欧班列、物流分拨、生产加工、跨境电商等多功能为一体的华侨站。
8. 欧洲国际产业合作园。设立中欧国际产业合作园,探索在德国、意大利、西班牙等国设立离岸孵化器,推动建设青田海外中小企业产业园。
9. 华文教育合作示范区。海外建立华文学校,推广华文教育;国内开展"培根"教育等。
10. 华侨国际文化交流平台。举办世界青田人大会、世界青田"一带一路"合作高峰论坛等系列活动,创办、发展华文媒体、青田海外餐饮联盟等合作组织。

(三) 华侨服务提升与创新

前文已经提及青田为吸引华侨要素回流所进行的一些尝试性操作,比如从初期的手续简化、税收政策优惠,到后期的全方位一揽子惠侨新政。

最新的惠侨政策是通过 2021 年 9 月颁布的《加快华侨要素回流、推进共同富裕的若干意见(试行)》推向社会的,随即全面开展亲侨惠侨制度改革。

其中有单独针对华侨群体,也有适应于所有在青田居住的在籍公民。比如建立 3 岁以下婴幼儿照护服务体系,完善育儿休假制度。加快发展康复、护理、精神健康、妇女儿童保健、老年健康、临终关怀等服务，完善全生命周期、全过程服务的居民健康服务体系，构建"15分钟医疗服务圈"。这些措施对华侨和当地居民都具有积极作用，解决实际生活中面对的一些棘手问题。特别是针对父母在海外的儿童，则显得更具有社会意义。

即便如此，我们也必须意识到每个华侨需求或业务诉求的差异性，在执行这些政策时要坚持一定的灵活性原则。力争照顾到华侨经济的所有关联方的需求，努力构建和谐、健康、可持续的华侨经济关系。

（四）华侨文化凝练与译介

合适的文化理解是增进双方信任与合作的基础条件。那么，青田华侨的文化特征又是怎么样？因此，实施华侨文化基因解码工程，全面系统挖掘整理华侨文化、石雕文化、名人文化、非遗文化等资源，做到解码精准、用码谨慎，形成一批能够反映华侨时代特色，描绘人民新创造新风貌的原创文艺精品。同时，加强华侨文化理解，加快推动华侨博物馆建设，从文化维度筑牢华侨经济的本地线。

青田优秀的华侨华人文化以及相关作品都值得向全国、全球进行宣传、译介。青田华侨，往小处说，通过出走海外，实现了个人梦想，创造了个人财富；往大处说，为世界经济繁荣做出了卓越贡献，在某种程度上说，他们也是影响历史走向的一些人。故而，应该充分利用现有的国际化平台和团队，向国际社会传扬青田华侨独特的精神底蕴。

当然，作为华侨之乡，青田不只有华侨自身文化，还需要推进古村落古民居古建筑文物保护开发，传承弘扬农耕文化，办好农民丰收节等节庆活动，构筑诗情画意的乡村休闲生活。推动全国重要农业文化遗产联盟建设，持续打响"青田非遗、世界共享"品牌。实施文化侨乡译介工程，培育文化领军人才和创新团队，完善文化交流合作和传播机制，提升世界青田人大会、石雕文化节等活动传播力、影响力，不断增强全民文化自信。简而言之，这一过程可以分为文化解码、文化标识和文化译介（见图11-1）。

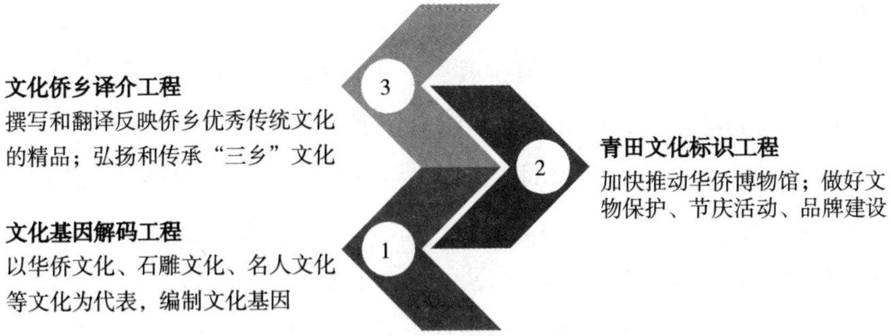

第十一章 别样精彩的县域城市

文化侨乡译介工程
撰写和翻译反映侨乡优秀传统文化的精品；弘扬和传承"三乡"文化

青田文化标识工程
加快推动华侨博物馆；做好文物保护、节庆活动、品牌建设

文化基因解码工程
以华侨文化、石雕文化、名人文化等文化为代表，编制文化基因

图11-1 弘扬和传承"三乡"文化（华侨文化、石雕文化、名人文化）

（五）华侨经济文化重要窗口的目标

作为"华侨经济文化"重要窗口，不仅应该具备上述体现华侨经济的特征，同时应该符合当前社会发展的关键指标要求，以及习总书记赋予浙江的新定位和新目标。因此，"华侨经济文化"的窗口示范效应是基于华侨经济特征的社会主义优越性的展示窗口，理应很好地体现社会主义建设的不同方面。

第七节　龙港：真正小政府大社会的县域治理样板

龙港，因改革而生，伴改革而长。从小渔村到农民城、从农民城到产业城、从产业城到撤镇设市，"无改革，不龙港"已成为龙港市的鲜明标签。龙港撤镇设市是国家新型城镇化试点的重要阶段性成果，实现了从中国第一座"农民城"到全国首个"镇改市"的历史性跨越。

一　由镇"蝶变"的经济强市

龙港市地处浙江省南部，南北毗邻苍南县和平阳县。位于鳌江入海口南岸，东濒东海，西接鳌江横阳支江、104国道、沈海高速公路和温福铁路，南依江南平原，北为鳌江干流。

2019年8月，经国务院批准，撤销苍南县龙港镇，设立县级龙港市。龙港市是全国首个镇改市以及全国首个不设乡镇、街道的县级行政区域。浙江省政府专门出台支持龙港深化改革推进高质量发展的5个方面12条政策意见。设市两年来，龙港市紧扣"大部制、扁平化、低成本、高效率"改革导向，坚持不拼政策拼改革、不建机构建机制、不增层级增协同，以体制创新推动行政提效，以综合集成推动管理服务提质。

2020年，常住人口为464695人，市地区生产总值316.40亿元，增长4.4%；财政总收入25.33亿元，一般公共预算收入17.05亿元，城乡居民人均可支配收入分别达到55298元和29656元。龙港市第一产业主要体现为海水捕捞业、养殖业和种植业，这个大农业的水产品、蔬菜、水果等农副产品资源丰富。第二产业主要为印刷工业、小包装印刷工业、纺织业以及礼品业等，2020年完成工业投资36.4亿元，增长16.4%；实施重大项目101个，完成投资91.3亿元。

龙港自建镇至设市期间先后获得联合国开发署可持续发展试点镇、全国小城镇建设示范镇、全国小城镇综合改革试点镇、温州市强镇扩权改革试点镇、全国新型城镇化试点镇、全国文明镇等荣誉称号，分别被授予中国印刷城、中国第一农民城、中国礼品城等称号。

2020年，龙港市聚焦培育新动能、建好新平台，坚定不移实施创新驱动发展战略，有力推进实体经济高质量发展。出台"人才优政"50条，引育高层次人才31人。平台建设提质升级。成功获批省级经济开发区，设立温州高新区龙港分园，省级特色小镇建设提速推进。签约共建浙江理工大学龙港研究院、北京印刷学院产业学院，推动产学研用深度融合。2021年上半年，龙港市实现地区生产总值164.76亿元，两年平均增长7.5%。

二 破冰"大部制、扁平化"县域治理

龙港市是我国第一个由经济强镇直接改制为县级市的实践案例。至2020年4月26日，龙港市全面完成"村改社区"工作，全市无农村村委会，无乡镇政府，无街道管委会，只有102个城市社区，真正实现了"大部制、扁平化、低成本、高效率"的治理模式。在大部制、扁平化、整体智治、城乡一体化四大领域，有力有序推动八项具体窗口标准、龙港特色的改革项目，探索出一系列县域治理改革成果，获评2020年度中国领军智慧县级城市，探路新型城镇化综合改革入选中国改革2020年度

50个典型案例，获批农村宅基地、城市标准化、政府购买服务、全域土地综合整治等4个国家级改革试点，改革工作受到各方关注支持。

"一枚印章管审批。"采取相对集中行政许可权改，实现全省首个全领域"一枚印章管审批"，审批人员精减20%，一般投资项目审批时间压缩50%，商事登记"企业一件事"改革落地生效。

"一支队伍管执法。"率先建立县级层面跨领域、跨部门事项最集中的执法管理体系，创建"一支队伍管执法"改革试点，探索推行"综合查一次"。

"一张智网管全域。"持续深化"一张清单转职能"改革，打造县域"多元共治"的龙港模式，首批76项政府职能转移事项有序转移给社会力量承接。

"一张清单转职能。"实施农村宅基地制度改革国家级试点，建立农村产权交易平台，全面完成111个村级股份经济合作社清产核资及审计工作。实施政务服务2.0省级试点，加快实现"门口就近办"和"居家随时办"。积极推进国有企业改革，构建"1+5"国企基本框架，市国有资本运营有限公司、市新城建设发展有限公司获2A主体信用评级。落地实施2.0版"零门槛"户籍制度改革，完成全域村改社区，加快推进公共资源和公共服务均等化，进一步凝聚人心、汇聚合力。

在龙港建市两周年的发布会上，浙江省发改委领导认为，龙港率先建立"全域城市化、农村社区化、就地市民化、服务均等化"的体制机制，探索形成由镇村到城、建设新型城市的龙港模式，为推动高质量发展和共同富裕奠定了扎实基础。龙港常住人口城镇化率从64.16%提高到96.89%。龙港推进新型城镇化改革的先行实践，对当前浙江高质量发展建设共同富裕示范区具有十分积极的意义，主要表现在以下四个方面。①

1. 先行探路全域城市化，打造区域统筹协调、城乡融合发展的县域样板

统筹优化城市空间布局，构建"一区引领、两园支撑、组团联动、全域美丽"的城市化新格局，城市开发边界90平方公里，占市域陆地面

---

① 《浙江最年轻县级市，两年已变成这样！》，浙江发布，2021年9月23日。

积的 60.1%，城市公园绿地服务半径覆盖率达 81.4%。深入推进全域基础设施一体化建设，推动交通、供水、电网、通信、燃气等基础设施统一规划、统一建设、统一维护，实现同规同网，建成市域"半小时"交通圈，城乡公交一体化率达 100%。

2. 先行探路农村社区化，打造要素自由流动、城乡共同发展的县域样板

协同推进"全域村改社区"，撤销 73 个行政村，建立 102 个社区，21 万村民转为市民，享受与城镇居民同等公共服务待遇。全面实施新一轮农村宅基地制度改革试点，推进"三权分置"，允许在全市范围内流转宅基地使用权和农房。创新承包地经营流转方式，推动社区集体经营性建设用地入市，促进城乡要素自由流动。

3. 先行探路就地市民化，打造分配格局优化、居民收入共增的县域样板

深化户籍制度改革，实现"零门槛"落户。目前，龙港常住人口 46.5 万人，其中外来人口 11.2 万人，占比达 24.1%。激发全民创业创新活力，探索产业发展与共同富裕的转化通道，提升产业人口比例，推动更多务工者成为创业者，力争实现市场主体五年新增 10 万家、居民收入十年倍增，走出创业增收新路径。

4. 先行探路服务均等化，打造公共服务均衡、品质生活共享的县域样板

健全全域统一公共服务供给制度，依托 26 个社区综合服务中心和智慧化等手段，实现 90%以上个人事项就近办理。借势借力补齐教育、医疗、养老等民生领域短板，实施 15 所学校改造提升，12 所学校与温州名校合作办学，加快建设 3 家医养综合体，打造全生命周期公共服务优质共享新模式。

作为新成立的脱胎于工业大镇的县级市，在高速发展中还存在较多困难和问题[①]，主要是：产业提质升级的动能不足，缺少具有引领性的重大项目和新兴产业；科技创新基础相对薄弱，高新技术产业和高能级平

---

① 2021 年龙港市人民政府工作报告。

台的支撑作用不强；跨越发展的要素保障不足，引才难、留才难的问题仍然突出；教育、医疗、文化、体育等公共服务品质有待进一步提升；城市形象打造和城市文明创建任重道远；政府系统干部队伍的视野格局和能力素质与现代化建设的新要求还有差距。

三 龙港市破冰之旅的制度诱因

按照发展经济学理论，经济发展得益于劳动、资本、土地三大基本要素净增加。新制度经济学提出，制度变革是经济发展的第四要素。劳动、资本、土地以及制度在龙港崛起中发挥了根本的作用，其中，制度内在变革起到至关重要的作用。有专家提出，港市的成功最大秘籍在于"要素市场化配置"[①]。

1. 关于"劳动"

突破户籍制度藩篱，让劳动的主体——劳动力，进而使人口能够做到自由流变。1983年龙港建镇之初，即打破"城镇只能是纯粹吃国家商品粮居民户的城镇"传统观念，突破长期禁锢着农民的"户籍禁区"，提出"地不分南北、人不分东西"口号，鼓励先富起来的农民自理口粮来龙港购地建房、投资经商，并简化农民进城审批手续，方便农民进城建房。这一阶段，龙港城镇化的主体力量是进城农民，包括重点户、个体户、联合体，主要通过"蓝印户口"等政策，吸引周边农民到龙港落户、建房、办厂。1991年，龙港人口比建镇时膨胀了6倍，但其中自理口粮户占城镇化人口总数的比重接近60%。1995年，龙港进一步深化户籍制度改革，按照常住地登记和就业原则，将原有农业户口、非农业户口、自理口粮户口以及其他类型的户口统一按程序登记为常住户口。到2020年，龙港户籍人口增长到38.2万人，其中城镇人口33.4万人，城镇化率达到87.5%。

2. 关于"资本"

突破资本匮乏困局，让建城的资金在单一的政府划拨之外，从市场、从社会上获取，进而使资本能够做到自由流动。龙港建镇后编制实施了城镇建设规划，将全镇分为三纵九横27个街道，按照土地的区位分等级

---

① 刘亭：《龙港城市化之最大秘籍》，来自"刘亭随笔"。

收取市政设施配套费，同时鼓励农民自带口粮进城购地建房来筹集资金，为"农民造城"开辟了一条现实主义的道路。城镇化的快速发展，促使龙港不断调整行政区划、扩大发展腹地，不断提升人口、功能和产业的空间承载力。龙港于1983年10月、1992年3月、2000年6月、2011年4月，先后4次调整行政区划，建成区面积已达20平方公里，全市辖区面积扩大到184平方公里，形成老城区和滨海新城两大板块的城镇空间格局。同时，龙港按照"谁投资、谁建设、谁经营、谁受益"的原则，将专业市场、宾馆、学校、医院等公共配套设施，以及广告经营权、公交车线路营运权、停车场、道路保洁等公共基础设施推向社会，吸引民间投资，建立多元化的投资运行维护机制。正是这种市场化的集资建城模式，龙港走出了一条"以城建城、以城养城、以城兴城"的城市化道路。

3. 关于"土地"

突破城乡分割迷思，让土地由农地基于城市化发展的正常需要便利地调整，进而使土地能够做到自由流转。20世纪八九十年代龙港城镇建设投入资金中，90%是通过土地有偿使用筹集而来。龙港镇设立后，率先在全国探索土地有偿使用制度改革，将土地作为商品来经营并收取土地征用费。龙港镇最早不过是5户渔民所在的小渔村，周边土地皆为类似滩涂或零星农耕的土地，并没有今日严格的土地性质区分。要搞建设，也没有农地必须"变性"为国有土地的硬性规定。只是因为人口居住和工作的现实需要，该搞什么建设就搞什么建设。城市建成了，土地自然而然就变成了城市国有土地。听从市场的召唤和服从政府的规划，有建设的需求（发展），又有建设的能力（资本），再加上符合政府的规划要求，建了也就建了。

在龙港建市两周年的发布会上，浙江省发改委领导认为，龙港撤镇设市两年以来，重点围绕着推动新型城镇化改革，着力提升大部制运转效率、市管社区扁平化治理效能和数字化改革成效等工作。[①]

1. 推进职能重构，实现大部制高效协同

龙港市设置党政机构15个、现有党政干部1700余人，机构数量和人

---

① 《浙江最年轻县级市，两年已变成这样！》，浙江发布，2021年9月23日。

员数量是同类县（市、区）的40%。针对大部门制存在的"一对多、多对一，承接难、运转难"的问题，通过职能重塑、流程再造，走出了"小政府、大服务"高效运转的新路子。

2. 推进党政机构有机整合

从城市管理、企业发展、个人服务等方面找准改革突破点和制度重塑点，对党政机构进行系统性集成设置。

3. 推进机关内部协同优化

全面推行大科室制模块化改革，以事项职责为"最小颗粒"进行业务梳理、拆分重组、信息共享，推动跨层级、跨科室流程再造。

4. 进政府职能有序转移

实施"一张清单转职能"改革，编制行业管理等154项政府职能目录，向各类社会机构组织有效转移。

5. 推进市管社区，实现扁平化高效治理

龙港市取消乡镇层级，全面构建市直管社区模式，变革性塑造城市治理的新机制、新格局。

"三位一体"组团式一线响应。强化社区联合党委、联勤工作站、社区综合服务中心三方联动，健全完善"社区吹哨、部门联动"、社区治理"一件事"等运行机制。

"党群连心"一站式集中服务。迭代升级"瓯江红"党群服务中心功能，建立"15分钟便民服务圈"，实现90%以上基层矛盾、事项需求就近从快得到解决。

编织一张智网。率全省之先实现5G信号全覆盖，初步建成"双千兆宽带"城市，综合运用"天上看、空中探、地上查"等前端感知系统，提升全域整体智治水平。

四 在新时代进程中留下龙港"脚印"

"无改革，不龙港"，龙港市应坚定扛起建设"新型城镇化改革策源地、高质量发展新高地、基层治理样板区"的历史使命，深入实施"一区五城"，奋力打造"示范窗口"，加快建设温州大都市区南部中心城市，国家新型城镇化综合改革示范区建设取得突出成效，各领域改革全面深化，形成一批具有"窗口"标志性成果，努力在中国改革的历史进程中留下深深"脚印"。

（一）争当新型城镇化改革的示范窗口

深入开展"改革深化年"行动，大力推进以人为核心的新型城镇化，加快实现全域城市化、农村社区化、就地市民化，全力打造全国新型城镇化改革策源地。打造县域治理现代化的全国标杆，完善低成本、高效率的政府运行模式。加快形成具有龙港特色的"一张智网管全域"数字治理模式。开展国家城市标准化综合试点，构建县域治理标准体系，提升城市建设和管理的科学化、规范化、精细化水平。

（二）推进制造业产业基础再造和产业链提升

落实重点产业链"链长制"，加快建设医疗卫生材料产业园、现代物流园区、印刷材料交易市场等强链补链项目。深入实施制造业"三百三新"行动，推动印刷包装、新型材料、绿色纺织向百亿产业集群迈进，进一步放大龙港的特色产业集群优势；精心引育新能源装备、医卫材料、通用机械等新兴产业。积极培育软件信息服务、工业设计、检测认证等生产性服务业。抓企业协同化发展，做大做强头部企业，深入实施企业培育"龙腾计划"，强化龙头企业示范带动效应。做精做优中小企业，引导中小企业专业化、特色化发展。

（三）以"规划引领"推动城市建设

高标准完成国土空间规划编制，建立"多规合一"的"一张图一平台"，形成"一区两园六组团"城市规划新格局。推动老城有机更新，启动沿江大道东段等板块拆迁，大力推进老城区沿街市场、家庭作坊出城入园、梯度外迁。开工建设下涝省级未来社区。提速龙港新城开发，加速推进龙湖生态板块、公共服务中心区建设，完善交通、供水、供电等配套设施，加快龙湖湿地公园、月湖翠湖生态廊道、启源邻里中心项目进度，打造"一轴三带、五湖十景"的城市界面。

（四）以"协同发展"提升区位能级

深度融入浙江三大科创高地和温州国家自主创新示范区建设，不断提升城市首位度。积极推动温州南部副中心规划建设和鳌江流域一体化发展，用好用活省政府关于支持龙港深化改革推进高质量发展的政策意见。以温州高新区龙港分园建设为主要载体，深化"双龙"战略合作，强化优势互补，在重大战略协同、产业承接转移、创新驱动发展、扩大对外开放等领域推动合作取得更多实质成果。加快政产学研融合发展，推动与浙江大学、浙江工业大学、杭州师范学院等校企合作，落地"浙江理工大学龙港研究院""北京印刷学院现代产业学院"，推进龙港智慧创新港等项目建设。

（五）加强龙港新市实践的国际传播

龙港撤镇设市是在新时期推进新城城镇化的重大成果，是探索"大部制、扁平化"县域治理的实践案例。在国际传播地方化与地方传播国际化相向发展新趋势下，应全方位、全视角提炼龙港科技创新促进发展的突出成就和共同富裕的生动实践案例，形成国际通用的经验集成，打造国际传播路径。

第八节 仙居：国家公园携手共同富裕示范区

"仙翁借我黄粱枕，阅尽瑶台景色奇。"古人一句诗词，道尽仙居风光如梦似幻之美。山清水秀的自然景观，曾在10000年前孕育出下汤文化，也曾在浙东唐诗之路上留下一处绝美韵脚，更在改革开放时期见证山区县谋求发展的种种探索。如今，回归高质量绿色发展的本质，仙居以建设现代化中国山水画城市为目标，致力于将山区26县的政策机遇转化为仙居的发展动力、把"不可多得"的区位优势转化为"不可替代"的发展胜势，把绿水青山的生态底色转化为金山银山的发展成效，国际知名度和美誉度不断提升。

一 以"仙人居住的地方"得名

东晋穆帝永和三年（347年），仙居立县，名乐安。北宋景德四年（1007年），宋真宗以其"洞天名山，屏蔽周卫，而多神仙之宅"，诏改仙居县。"仙人居住的地方"，实至名归。

(一) 下汤遗址：万年台州的发祥地

下汤文化遗址地处仙居永安溪河谷平原的一处台地之上，总面积近2万平方米，目前存留的高墩部分是遗址的中心。1983年，下汤文化遗址因当地平整土地而被发现。考古学者当年在遗址中发现了大量的石器和陶器，其中的石磨盘和石磨棒尤为罕见。2014年底至2015年6月，浙江省文物考古研究所对遗址进行了全面勘探和必要挖掘，发现了上山文化时期的建筑遗迹、灰坑、墓葬等，出土了大量上山文化时期的石制品，从侧面反映了当时发达的原始农业。①

2017年，浙江省文物考古研究所发表了《仙居下汤遗址勘探报告》，确定下汤遗址年代距今大约有10000年②，并力证下汤遗址属于中国乃至东亚规模最大的早期新石器时代遗址群——上山文化遗址群。

从目前已知的情况看，下汤遗址是灵江流域发现的保存最好、内涵最丰富的新石器早期遗址③，对于人们认识新石器时代早期文化的分布、各地区之间的关系及农业经济都有极其重要的意义。

(二) 小城引发"自来水"

仙居地处浙江东南、台州西部，山高路遥、交通不便，却培养了项斯、柯九思、陈仁玉、翁杰等一大批杰出人才，更吸引无数文人骚客，留下脍炙人口的诗篇。

据《赤诚新志》记载，唐朝一代台州进士仅两人：项斯、孙郃，都是仙居人，可见当时仙居是台州教化最早最发达的地区④。根据各地县志，唐朝和五代时期，仙居进士数量独步台州，项斯更是台州历史上第一位进士、第一位走向全国的诗人，成语"逢人说项"，就出自唐代文学家杨敬之《赠项斯》："平生不解藏人善，到处逢人说项斯。"项斯的诗在

---

① 中国考古网：《浙江仙居下汤遗址揭开面纱：距今已有约9000年》(http://www.kaogu.cn/cn/xccz/20170222/57198.html)。
② 浙江新闻：《仙居下汤遗址勘探结果将其历史推至万年前》(https://zj.zjol.com.cn/news/553489.html? ismobilephone=1&t=1551773079587)。
③ 中国考古网：《浙江仙居下汤遗址揭开面纱：距今已有约9000年》(http://www.kaogu.cn/cn/xccz/20170222/57198.html)。
④ 《台州晚报》：《探访仙居史上唐诗之路》(http://tz.zjol.com.cn/xw18022/sh18033/201903/t20190317_9679700_ext.shtml)。

《全唐诗》中收录了一卷计 97 首，被列为唐朝百家之一。

随着南宋政权定都临安（今杭州），大兴文治，直接推动了台州（时称辅郡）的儒学之风，晚唐著名诗人方干的八世孙方斫在仙居皤滩创办桐江书院。朱熹久闻桐江书院的严谨学风，常常应邀到桐江书院讲学，并手书"桐江书院""鼎山堂"两匾，至今尚存。相传朱熹将儿子也托付给方斫——清光绪年间《板桥方氏宗谱》还收录一首朱熹《送子入板桥桐江书院勉学诗》。

不仅如此，仙居在佛道文化中具有重要地位。东汉时，太极真人徐来勒在括苍山洞传道后，道家文化在仙居得以迅猛发展，括苍山洞成为闻名遐迩的道教第十大洞天；东汉兴平元年（194 年），佛教传入境内，在永安溪石牛村傍建石头禅院，成为江南第一古寺。

关于仙居的诗词、人物、故事成为新时代仙居文旅发展的重要素材。如今，仙居已经被纳入"浙东唐诗之路文化旅游带"规划，"云端唐诗小镇"和神仙居氧吧小镇大受欢迎。

(三) 依山傍水的旅游胜地

仙居全县森林覆盖率近 80%，有国家级风景名胜区和国家 5A 级旅游区 158 平方公里，以中国最美绿道——仙居绿道为纽带，串联起以游山为主要特征的国家 5A 级景区大神仙居景区和响石山景区，以玩水为主要特征的永安溪漂流景点，以探林为主要特征的淡竹原始森林景区，以访古为主要特征的皤滩古镇、高迁古民居、桐江书院景点和以赏月为主要特征的景星岩景区等特色景区框架。

自然资源丰富、人文底蕴深厚，为仙居发展旅游业提供了"金饭碗"。2020 年，仙居第三产业增加值为 134.96 亿元，增长 5.3%，创成全市首个国家全域旅游示范区，入选全国县域旅游综合实力百强县，成为省文旅产业融合试验区、省级文化和旅游消费试点城市。全年全县共接待游客 1449.69 万人次，神仙居景区入选"2020 年度中国旅游影响力品牌案例"，获评全省首批示范级文化和旅游 IP，文旅产业园创建获评省山海协作升级版最佳案例，花海仙境游入选中国美丽乡村休闲旅游精品线路。建成省 3A 级景区镇、景区村各 5 个；新增省等级民宿 5 家，其中白金民宿 1 家。①

二 以绿色发展闻名

仙居"八山一水一分田",有的是山水资源,而要发展现代工业,既缺土地,又缺环境容量,"先天性的不足"和"成长中的烦恼"十分典型。早期也曾因工业经济无序发展造成环境破坏。随着"绿色发展、科学跨越"成为治理理念,县委县政府通过搬迁、机器换人、园区循环化改造等途径推进现有产业整合提升,同时大力发展环境友好型、资源节约型产业,甾体药物、木制工艺礼品产量和出口量跃居全国首位。

(一) 做好绿色发展的顶层设计

2015 年,浙江省选择了 GDP 指标中游但环境资源优良的仙居县,作为全省唯一的县域绿色化发展改革试点县。同年 9 月,仙居召开县域绿色发展改革试点工作动员大会,绿色发展成为一切工作的总抓手。

在全国率先成立绿色发展改革推进办公室,组建绿色经济发展、绿色生活推广等 5 个工作组,由县四套班子领导牵头负责②;在全国率先发布《县域绿色化发展指标和评价体系》,制定由绿色经济、绿色社会、绿色环境、绿色机制 4 个一级指标、18 个二级指标和 29 个三级指标构成的县域绿色化发展指标体系,为县域绿色发展提供政策保障③;首创绿色公约、绿色货币、绿色调解"三绿"治理机制④;……

"十三五"期间,全县以绿色化发展改革统筹,推进"多规合一",加快形成从宏观到微观的绿色化发展规划体系。国民生产总值提升到 260.5 亿元,年均增速达到 6.7%。成功获评为中国绿色发展优秀城市,连续两年获评全国绿色发展百强县和投资潜力百强县。生态品牌更加响

---

① 《2020 年仙居县国民经济和社会发展统计公报》(http://www.zjxj.gov.cn/art/2021/4/14/art_1229311256_3704373.html)。

② 《中国环境报》:《产业结构变"轻"发展方式变"绿"经济质量变"优"浙江仙居打造美丽中国县域样板》(http://epaper.cenews.com.cn/html/2019-04/11/content_82483.htm)。

③ 《中国环境报》:《产业结构变"轻"发展方式变"绿"经济质量变"优"浙江仙居打造美丽中国县域样板》(http://epaper.cenews.com.cn/html/2019-04/11/content_82483.htm)。

④ 《仙居县国民经济和社会发展第十四个五年规划和二〇三五年远景目标纲要》。

亮，主要生态指标位居全省前列，GEP 持续保持高水平增长，在全国县级率先实现城乡空气质量（PM2.5）监测系统全覆盖，顺利通过国家生态文明建设示范县验收，成为全省首批大花园示范县建设单位。

"十四五"期间，仙居明确提出绿色发展全国领先、绿色发展机制全国领先的目标，加快实施有深度的绿色化改革，为高质量绿色发展凝聚更大动力。

（二）从无到有的省级特色小镇

医药产业是仙居县工业经济的主导产业之一，也是台州市培育的 7 个千亿级产业集群之一，近年来，仙居各医药企业致力于技术创新，瞄准国际医药战略前沿，开发了一批具有自主知识产权的药品，在甾体类药物、医学造影剂系列、抗病毒类药物等领域中优势明显，部分产品在国际国内市场上占有相当的份额。仙药、司太立等医药企业在主板上市，其中仙琚制药和司太立制药双双位列 2020 年中国医药工业百强榜。

医疗器械产业用地少、污染少、科技含量高，亩均税收产值高，发展空间大，且我国医疗器械市场存在大片蓝海。仙居早在"十三五"规划中，便提出建设医疗器械小镇，此后连续出台《关于促进高端医疗器械产业发展的若干意见》《仙居县高端医疗器械人才集聚政策十条》《关于加快科技创新推动高质量发展的若干意见》《仙居县人才新政三十五条》等政策。

2014 年 6 月第一家医疗器械生产企业优亿医疗正式开工建设。2017 年，规划 3000 亩的台州（仙居）医疗器械产业园落户永安溪上游白塔镇。短短几年间，仙居医疗器械产业发展到 40 多家企业，拥有了亿元以上企业和细分行业隐形冠军，医械小镇成为省级特色小镇培育对象。

目前仙居共建有浙江大学、浙江工业大学等校地合作平台 7 家，引进高端医疗器械项目 44 个，发明专利 200 余项，已成为省内创新医疗器械重要集聚地和创新人才集聚高地。今年 8 月，2021 年"启智策源·医械小镇"中国·仙居第四届全球医疗器械创业创新大赛正式启动，大赛先后在上海、杭州、深圳等地举办，累计吸引了全球近 400 个人才项目参赛，为仙居医疗器械产业发展夯实了人才基础。

（三）中国工艺礼品之都

工艺品产业是仙居另一大支柱产业。20 世纪 60 年代，仙居石雕厂拉开仙居传统工艺产业化的序幕。当时生产的叶腊石石雕和车木工艺品已在省内外小有名气。1981 年，仙居县创建仙居县工艺实验总厂，为县属工业集体企业。工艺礼品开始进入欧美市场。20 世纪 90 年代以来，民营工艺礼品加工厂相继涌现，国内外知名度越来越高。

如今，仙居成为中国最大的出口工艺礼品生产基地，产值由 1981 年的 1000 万元增加到 2018 年的近 100 亿元，产品包括木制、铁制、布制、竹制、纸制、草编、陶瓷、玻璃、金银制品等，花色品种达数万种，畅销欧洲、美洲、日本等 130 多个国家和地区，2019 年时产品出口比重高达 85%以上，被海外客商誉为"中国工艺礼品王国"。

早在 2003 年，仙居被中国工艺美术协会授予"中国工艺礼品之都"和"中国工艺礼品城"的荣誉称号，成为全国唯一的拥有两张国家金名片的出口工艺品生产基地县。然而作为低附加值的劳动密集型产业，工艺品利润越来越低，从 2008 年开始，产业发展放慢了脚步。对此，业内开始谋求转型升级。

借助电子商务打破时空界限，拓展国内市场。部分企业在义乌设立批发点，涌现出以黄良陈村为代表的一批"淘宝村"，产品由单一的观赏性逐渐发展到融实用、观赏为一体。

加大技术研发投入，加快向产业链上游攀升。着力提升自主创新能力，积极主动参与行业制造标准的制定，加快推广新材料、新工艺、新产品，推动产业向绿色环保转型，增强产品独特性和核心竞争力，提升企业国际话语权。例如浙江味老大工贸有限公司 30 年专注于竹制品制造，牵头制定了"竹砧板""炭化竹牙签"两个产品的"浙江制造"标准，树立了行业标杆。

树立创新意识和品牌意识，持续拓展产品附加值。工艺品可以成为一方文化的载体，要鼓励工艺礼品产业向文化创意产业、智慧产业靠拢，并逐步迈向高端化、品牌化、集群化、国际化。例如打造"仙居无骨花灯"等具有仙居乃至浙江特色的文创 IP。

三 以生态价值转换扬名

仙居的国际化与共同富裕实际上是相互促进的关系。一方面，国际化意味着更开放的舞台、更多样的发展机会，可以推动自身的文化、产品、产业走向国际市场；另一方面，共同富裕水平的提升增强仙居对外开放的实力和底气，使仙居有更多的内容可以"引进来""走出去"。按照目前的发展逻辑，不断拓宽"绿水青山"向"金山银山"的转化通道应该是仙居国际化与共同富裕的主要抓手。

（一）特色农业引领山区共富之路

捧着"金饭碗"，也要唱好"致富经"。仙居地产丰富，为发展特色农业、引领乡村振兴和山区共富提供了坚实保障。

目前，仙居杨梅、仙居鸡、仙居稻米创成省级示范性全产业链，仙居杨梅产业成功申报省级乡村振兴产业发展示范建设项目。成功举办仙居杨梅节、2020中国·仙居杨丰山梯田丰收节、2020中国浙江·仙居杨梅（上海）推介会和浙江省重要客商"看基地·云助农"仙居名优产品推介会等品牌活动。搭建仙居邮掌柜和"康祥·小田埂"等农副产品居民配送平台，全程实现农产品"无接触配送"。2020年，仙居农村常住居民人均可支配收入24454元，同比增长6.5%。[1]

"十四五"时期，仙居将推进乡村产业高质量发展，助推产业高质高效、乡村宜居宜业、农民富裕富足。主要方向包括夯实高效生态现代农业基础，加快特色农产品生产基地建设，发展高水平数字农业，加强农业标准体系建设，深化农产品质量安全追溯体系；深化农村产业融合发展，推进杨梅、仙居鸡、稻米、生猪、茶叶、油茶等农业全产业链建设，打造一批省级乡村旅游示范点、果蔬采摘观光示范基地、运动休闲示范基地，完善农产品预冷、储存、配送等设施建设；构筑优质现代农业平台，建设一批特色农业强镇，培育一批新型农业经营主体，构建现代农业经营体系，优化农业从业者结构等。[2]

---

[1] 《2020年仙居县国民经济和社会发展统计公报》（http：//www.zjxj.gov.cn/art/2021/4/14/art_ 1229311256_ 3704373.html）。

[2] 《仙居县国民经济和社会发展第十四个五年规划和二〇三五年远景目标纲要》。

(二) 国家公园建设"仙居模式"

国家公园体制建设是党的十八届三中全会通过《中共中央关于全面深化改革若干重大问题的决定》后，国家环保部十大改革体制中的改革任务之一。建设国家公园是我国加强生态文明建设的重大举措，对我国生物多样性保护事业具有里程碑意义。2014年3月，仙居国家公园由原国家环保部批准建立，是全国首批国际公园体制建设试点县之一。

(三) 建设现代化中国山水画城市

《仙居县国民经济和社会发展第十四个五年规划和二〇三五年远景目标纲要》明确将"初步建成现代化中国山水画城市"作为"十四五"经济社会发展的总目标，提出加快推动现代化中国山水画城市建设从"大写意"向"工笔画"转变，全面铺展仙居这座创新之城、开放之城、人文之城、生态之城、幸福之城的美丽画卷。

从"十三五"时期提出建设"中国山水画城市"，到"十四五"时期建设"现代化中国山水画城市"，仙居对于绿水青山就是金山银山理念的理解和运用更加深化，找准了地域发展最本质的特征，是现代化建设新征程在仙居的具体体现，贯通了历史、现在和未来。

围绕现代化中国山水画城市，仙居"十四五"规划提出了"五地"建设要求：努力打造特色产业智创高地、努力打造全面融杭接沪重要基地、努力打造世界级旅居目的地、努力打造温暖幸福宜居地、努力打造营商环境最优县。"一城五地"战略方位覆盖仙居经济、政治、文化、社会、生态文明建设的方方面面，必将为浙江高质量发展建设共同富裕示范区、打造"重要窗口"增添更多仙居风光。

四 小县城拥抱大世界的举措思考

(一) 优势产业提升开放型经济能级

当前，跨国贸易型经济发展已经成为推进县区经济深度发展的有力助推器。于仙居而言，特色农业、医药化工、工艺美术、橡塑、机械等传统产业已具有一定知名度，而医疗器械、智能制造、新材料等新兴产业势头正猛，要持续将这些优势做强做大，在国际上形成规模效应和品牌效应。然而，目前仙居部分产业仍然以劳动密集型为主，且大部分是小微型企业，品牌含金量、技术含量、利润率稍显不足。

对此，一要打造高质量的创新创业平台，完善在物流、仓储、科技、金融、土地等方面的服务机制，为发展腾出更多空间。有序推进经济开发区整合提升，加快打造科创带、特色小镇、产业园区、互联网服务平台等，鼓励龙头企业发挥"头雁"作用，以集聚发展引导企业升级换代，以创新驱动产业基础高级化和产业链现代化，加快形成富有生机活力的产业集群和区域特色块状经济。

二要积极营造优良营商环境，激发市场主体发展动力。借助数字化改革全面推进政府和企业数字化转型，推进要素市场化配置改革，探索建立生态产品市场交易机制，加大对企业家现代管理意识的培训培养等，有序引导企业在法律政策允许的范围内先行探索、大胆创新，既要培育标准化、品牌化、规模化龙头企业，也要培育一批"隐形冠军""专精特新""单项冠军"。

三要高水平发展开放型经济。提高对外贸易水平，借助中国（浙江）自由贸易试验区、金义综保区、台州湾等高能级平台，做大做强外贸型企业，迭代升级外贸营销模式、营销网络、优势产品；提高招商选资水平，着力拓宽招商引资渠道，推进精准招商、引进优质项目；鼓励企业"走出去"建立生产基地、研发设计中心等机构，全面融入"一带一路"和新发展格局。

（二）"文旅+"模式深度开发当地自然人文资源

借助"考古热"风潮，加快推进下汤文化遗址的研究宣传。可借鉴良渚古城遗址等在大遗址开发保护、博物院和遗址公园建设、遗址文化宣传教育等方面的成功经验，与考古研究所、高校考古专业等展开合作，科学开发、全面展现下汤文化遗址在人类历史尤其是跨湖桥文化和上山文化研究中的重要作用。

梳理仙居唐宋以来的优秀传统文化，通过引进或参与省级以上课题、项目，深度参与浙东唐诗之路，加快融入宋韵文化金名片打造，树立仙居文明地标。

进一步挖掘整合现有景区、度假区资源，尤其注重国家公园建设，加强整体开发、统筹管理，全面提升智慧旅游服务水平，争取和打造更多体验式、趣味性的国家级文体活动，使游客旅游享受不仅停留在视觉、听觉、味觉的层面，更深刻感受到仙居当地的生态理念、生活方式、历史人文韵味，增强当地旅游重游率。

通过数字技术开拓在线旅游市场，提供数字旅游景点、旅游路线、文旅产品，加快文旅产业与农业、体育、康养等产业融合，多渠道应对疫情冲击，刺激消费需求，延伸产业链价值链。

第九节　诸暨：别有志向的个性城市

诸暨人在介绍家乡时，常用36个字概括："越国古都，西施故里，原礼家乡，地灵人杰，南人北相，农业大县，工业强市，枫桥经验，好美诸暨。"这一介绍涵盖诸暨的历史人文、地理物产、经济社会等方方面面。说到底，诸暨个性有范，志存高远，别有情怀。

诸暨地貌独特。地处浙东南、浙西北丘陵山区两大地貌单元的交接带，由东部会稽山脉低山丘陵、西部龙门山脉低山丘陵、中部浦阳江河谷盆地和北部河网平原组成，有"七山一水二分田"之称。四周群山环抱，地势由南向北渐次倾斜，形成北向开口通道式盆地。东部会稽山脉主峰东白山太白尖海拔1194.6米，为境内最高峰。东白山坐落在诸暨、东阳、嵊州三县交界处，这三个县人文颇多相似之处，如诸暨与嵊县都性格刚强，嵊县人有"嵊县强盗"之称，也如同诸暨人自称"木柁"一样不以为然。东阳和诸暨人都刻苦肯读书，素有"高考状元县""千名教授同故乡"之誉，或都有赖于东白山的恩泽。诸暨西部龙门山脉，主峰三界尖海拔1015.2米，为境西部最高峰，高峰间还有五泄和"小雁荡山"之胜地。中部为河谷盆地，多沃土良田，北部为河网平原，水资源充沛，白塔湖湿地水域美不胜收。一条浦阳江纵贯南北，境内干流长67.6公里，全区域真是一派奇秀。

诸暨人文深厚。《诸暨地名志》记载，许多村落的"始祖"都是"宋室南迁"时从北方迁移过来的。这也就可以解释为何诸暨人那么注重"耕读传家"、崇尚"重儒轻商",为何诸暨人普遍性格倔强、刚烈、豪爽,"南人北相"。而且普遍喜欢喝酒,酒量不亚于北方汉子,那是有北方的血脉作为根基的。因为,在北宋朝廷崩塌大迁移的特殊历史时期,没有一定的社会地位、经济实力的人是难以实现"南迁"的,能够随着朝廷迁移的,非富即贵,大都数是"豪强士族",肯定以读书人为主。如陈洪绶的十五代远祖陈寿是北宋高官,后来迁居枫桥;王冕的祖上原住关西,十世祖王德元曾任清远节度使,九世祖王琳担任过统制官,亦迁居枫桥。周恩来和鲁迅的远祖也是宋时从开封迁到诸暨牌头一带的,周氏这一脉一直在诸暨生活发展。直到第七代周澳才由诸暨南门迁往绍兴周家桥,成为周家桥周氏始祖。北京大学校长蔡元培祖居诸暨陈蔡,陈、蔡两姓均在宋时由河南上蔡迁居而来,蔡元培先祖在明末时由陈蔡迁往山阴。这一段"宋室南迁"文脉渊源,对诸暨后世影响之巨实在难以估量。

另外,在吴越文化当中,"耕读传家"是诸暨特有的历史积淀。但是,就诸暨人自身普遍硬气的特性来说,还存在以下两个文化现象:"文章珠玑",从躬耕陇亩到学而优则仕,字字珠玑,把诸暨人耕读传家、文风昌盛描绘得淋漓尽致!难怪诸暨人杰地灵,人才辈出。

诸暨个性鲜明。二千多年前,诸暨曾是越国古都,历史悠久,越王勾践,美女西施,商圣范蠡,传为美谈。一方山水养育一方人,独特的民风已固化了千百年。南宋祝穆编撰的《方舆胜览》称:"诸暨民性,敏柔而慧。"《浙江通志》载:"民性质直而近古,好斗而易解。"隆庆《诸暨县志》述:"诸暨从山广川,故民之生,刚矣而近懦,柔矣而实悍。"诸暨人南人北相、率真耿直、求真务实,自强不息,敢于拼搏,勇于争先而又聪慧机警的个性,当代人则概称为"木柁"精神。诸暨精神渊源于越国先民精神:见义勇为,创强争先,崇尚耕读,正直豪爽。

一方水养一方人,一方人讲一方话。方言往往能从侧面反映出一地人的性格脾气,诸暨人的脾气和江浙一带地区人很大的不同就是——硬。就像诸暨本地话一样,"三不相信试试看""石板道地掼乌龟""小布衫里脱出"听起来特冲,感觉很凶,这也体现出诸暨人敢闯敢冒、勇于挑战;实打实、硬碰硬;大气担当、大局为重的精神。但除了"硬气"外,还有更多的可贵的精神流淌在诸暨人的血液中。诸暨人喜欢自嘲"诸暨木柧",其实这四个字几乎概括了主流诸暨人的性格。诸暨人说话直接,做事说一不二,在外人看来有点"傻气"。一根筋的诸暨人在其他人眼里,很"耿直"。诸暨人讲义气,就体现在团结和说话算话上。仗义、正直,乐于助人,为了朋友可以两肋插刀。诸暨人要面子,讲尊严,争强好胜。所以组织上一直非常喜欢诸暨,这种个性脾气的人,常常会被委以重任。

诸暨方言味道。问你是哪里的,诸暨人总会骄傲地介绍自己:"伢诸暨宁……"诸暨不大,只有2216平方公里,可用土地更少。但在诸暨人眼里却是宇宙第一。诸暨人就是这样,会把"诸暨人"作为一种衡量标准,如果发现一个诸暨人不太靠谱,便会说"他不像诸暨人",甚至说"他不是诸暨人",这话是很重的,有一种把他"除名"的味道,表明以后"不要凑队(做伴)"了。如果一个外地人非常投缘,个性很合得来,便会赞扬"他像诸暨人",或者说"他也是诸暨人",一旦说出"他比诸暨人还诸暨人",则是最高评价了。

诸暨人才辈出。自古至今,诸暨文教昌盛,人文荟萃,耕读传家之风久盛不衰,明朝名臣商辂在《诸暨学记》中赞誉:"山川清淑,士生其间,伟然秀出。"《嘉泰会稽志》记述:"民勤俭好学,笃志尊师,择友弦诵,比屋相闻。"《乾隆绍兴府志》载:"其士率砥砺名节,能建立。"1977年恢复高考以来,诸暨每年有大量学子"跳出农门"跨入高等学府,成为"天之骄子"。近三十余年间,常有"大学生出去时一专列,回乡时一客车"之"怪事"。大量的诸暨优秀人才分布在全国各地,或成为权倾一方的高管,或成为一领域一行业一企业的主导。特别是在京城,省会城市,均有一大批诸暨优胜学子在里面工作和奋斗。在省会杭州市,真有"撑起三分之一厅局"之现象。在2000年前后,在浙江省委常委班子里最多时居然有4个是诸暨人。在省委常委班子里有两三个诸暨人也一直是很普遍的。现代高层领导人如陈敏尔、黄其凡、张仕波、蒋巨峰、葛慧君、胡祖才等都是诸暨优秀人士。在京城担任处长级以上领导干部更多。

诸暨重教尚武。诸暨人向来重视教育，无论是古代文人，还是现代中国，每个家庭都是把教育放在第一位，让孩子读书求学走仕途，诸暨出了很多将军，都是受过中等、高等教育的子弟。在当代，诸暨也出了不少省部级领导干部，大都受到高等教育。诸暨人总是那样直直地往前冲，所以，诸暨人打仗特别勇敢，英雄豪杰频出。全市近代、现代涌现的批量将军，更是诸暨人最值得自豪的事情之一。西施殿的一块牌匾上写着"耕读传家"四个大字，受益于这一传统，诸暨的读书人特别多，每年都有大量步入高等学府的学子。譬如诸暨三贤杨维桢、王冕、陈洪绶等文人墨客即是其中杰出代表。他们以"隐居""侨寓""醉狂"的方式来应付乱世，并不约而同地采取了"不屑""不就""拒之"的态度来面对权贵，这样的秉性成就了其书文画作不拘一格、高古清逸的风格。当然，还有更多的普通文人，即便生计维艰，或屡试不第，或学而不仕，却仍能苦志力学、不受通家之惠、坚拒师友之携，清操自励，洁身自好，体现出诸暨文人共同的风骨。

在近代，历经反侵略、求新生的革命战争，诸暨共涌现了150多位少将军衔以上的将帅之才，诸暨的烈士占到了浙江全省的1/7。在国民党和共产党两个阵营中均有多位诸暨人位居高层，在国民革命军中有150多位高级将领，人数多、资格老、影响大、有功有过，如"三蒋"：蒋鼎文、蒋伯诚、蒋尊簋。在中国共产党阵营中的高级将领更是数不胜数，张秋人、俞秀松、钱希均、钱之光、冯文彬、金诚等，浙江"三华"：宣中华、何赤华、汪寿华都是诸暨人。在当代科技界，如两院院士：赵忠尧、金善宝、吴中伦、毛汉礼、徐承恩等。九寨沟就是吴中伦发现并推向世界的。在教育界：有何燮侯、金海观、郑鹤声、斯霞等。

诸暨开创盛世。改革开放以来，诸暨市委市政府适时提出了国有企业、集体企业、乡镇企业和个私企业"四个轮子一起转"的发展方针，走"一镇一品"的产业培育道路，硬是让诸暨从一个"农业大县"转变成为一个"工业强市"，在历年全国百强工业强（县级）市排位中名列前茅。2020年位列全国百强县市中第14。目前全市有六大主导产业，产业结构比较合理。其中有二大特色产业，一是拥有"国际袜都"美称的大唐袜业，每年生产的袜子总量占全国的 2/3 强，全球的 1/3 强。二是山下湖珍珠产业，华东国际珍宝城坐落在山下湖镇上，每年产 2000 多吨淡水珍珠，占世界淡水珍珠产量的 80%以上，一个"珠光宝气"的美丽时尚产业正在逐步形成。其他"四大主导产业"分别是铜加工与新型材料业、智能装备制造业、环保新能源业和纺织服装产业。世界铜管制造生产规模最大的企业浙江海亮股份有限公司坐落在诸暨经济强镇店口镇。近年来智能装备制造业异军突起，世界先进水平的智能化一体电脑袜机、智能化电脑绣花机、伸臂式 360 度旋转高端汽车内饰缝纫机、服装自动开袋（贴袋）缝纫机等高端针纺织机械在诸暨大地上诞生，产品供不应求。另外，诸如珍珠纤维、无染锦纶长丝、高端特种氨纶长丝等新材料产业茁壮成长。农业农村有机垃圾处理、城市污水处理等环保先进设备走在全国行业前列。高科技引领全市工业高质量发展趋势越来越明显。

第十节 浦江：以文化传承创新推进高质量发展

浦江古称丰安，山川灵秀，人文荟萃，素有"天地间秀绝之区"和"小邹鲁"之称。浦江文化底蕴深厚，素有"书画之乡""文化之邦""诗词之乡"的美称，拥有"万年上山、千年郑义门、百年书画兴盛地"的美誉，是世界稻作文明最早的起源地之一，是儒家家族文化的重要遗址地之一，也是书画文化的集中地之一，其中国家级非物质文化遗产保护项目 6 项。正是深厚的文化积淀，成就了丰安大地丰富的人文底蕴。在提升文化软实力的新时期，以文化传承创新推进文旅富县，以产业转型升级和融入大都市圈为着力点推进高质量发展。

一 上山文化：中华古文明的最早见证

上山遗址位于浦阳江上游、浦江县黄宅镇境内，面积 2 万多平方米，是全国重点文物保护单位。在已出土的文物中，有 80 件陶器。此外还出土了大量石球、石磨盘等。浦江上山遗址代表了一种新发现的，更为原始的新石器时代文化类型，2006 年这种新颖的地域文化被命名为"上山文化"。上山文化是迄今中国境内乃至东亚地区发现的规模最大、分布最为集中的早期新石器时代遗址群，是中国最早的初级村落，是世界稻作农业的重要起源地。第一，上山文化将中国古文明从八千年推到了一万年。据考古发现，在钱塘江流域，从五千年良渚至七千年河姆渡，是比较早的中国古文明。上山文化的发现，则直接将浙江的文化历史推进到万年前，从八千年跨湖桥到万年上山。"上山文化"既是"万年浙江"之源，亦是人类文明起步阶段的重要例证。第二，早期的稻作文化向世人展示了比较悠久的农耕文明。研究人员采集了上山遗址地层和灰坑中的水稻植硅体进行了分析，发现上山文化时期双峰型植硅体，被判断为驯化稻，说明当地原始农业已经初具规模。第三，先民们农耕与制陶的痕迹表明了定居生活与手工工具的进步。一方面，一万年前的上山先民已经开始了稻的耕种，是人们生活稳定的象征；另一方面，上山遗址所发现的"大口盆"残片——夹炭陶的出现表明了较早的人们已经开始定居生活。陶器的存在，尤其是体积较大并不方便携带的大型陶器的出现，充分体现了上山居民在原始工具加工方面已经有很大进步。大口盆"石煮法"可以用来烧水或流食，说明先民们早在万年前就已结束了"茹毛饮血"的生活。

图 11-2　浦江"上山文化"遗址

二 家规文化：和谐有序、生生不息

浦江自建县以来，由于特殊的地理原因，之前和之后迁居于此的家族达上百家。为"厚人伦""美教化"，这些家族都制定了许多切实可行的家规、家训，既形成了比较具有地方特色的家规文化，也对家族维系和整个浦江社会的安定和谐发挥了巨大的作用。而且，不少家族经过多年的励精图治，发展成闻名海内的大家族，如檀溪陈氏、清塘陈氏、白沙陈氏、吴溪吴氏、仙华方氏、建溪戴氏、迪塘钱氏、柳溪傅氏、长陵祝氏、海塘洪氏、浦阳周氏、赵氏、于氏、朱氏以及"江南第一家"郑氏，等等。在这些家族的繁衍过程中，家族的训诫、规矩起到了重要的作用。即使一些人口不多、迁居浦江历史不长的家族，亦有自己的家规、家训，用以教育子弟、维系家门。各个家族在家规、家训的编撰上，常常与族谱的编撰合为一体。家规的特点主要是反映封建父系社会的社会关系，但是也有很多家族编撰了独立的家训和家规，其中成为一个完整体系、具有很强实践操作性的，就是郑氏家族的《郑氏规范》。它是浦江历史上第一部由专家学者和家族长者依据儒家理论、总结生产实践，为适应家族合居共食而编撰的家族成员行为规范。家规文化所呈现出来的则是一种文明有序的生活状态。

三 书画文化：修身养性、融通古今

浦江是著名的"书画之乡"。首先，书画文化历史悠久。浦江历来书画之风昌盛，书画名家辈出，是享誉海内外的书画之乡。千百年来形成了书画文化与民间工艺相互影响的独特发展轨迹。书画依赖于民间工艺的兴盛而得以发展，民间工艺则由于书画的发展而得以不断创新。浦江的出土文物也多以著名书画为主，其艺术造诣在书画界被认为是始祖，当地也因诸多的文人墨客一直被世人所传为美谈。其次，浦江书画名人辈出堪称一绝。据史书记载，自宋代以来，有一定造诣的书画人物达250多人。北宋于正封书法，时人称可与颜真卿相比；元代柳贯擅楷书，明代宋濂祖孙三代书法俱佳，有作品藏于北京故宫博物院；明清之际的倪仁吉精书画，其发绣作品被视为珍品；清代东渡日本的东皋心越，书画篆刻俱佳，被称为日本篆刻之父。即使到了当代，浦江依然活跃着数以千计的书画家和书画爱好者。因此，20世纪80年代以后，浦江被文化部命名为"中国书画艺术之乡"；2000年5月16日，浦江县被国家文化部正式命名为"中国民间艺术（书画）之乡"。最后，浦江近现代书画文化依然长盛不衰。20世纪20年代后张书旂、吴茀之、张振铎、郑祖纬等享誉画坛，解放后方增先、吴山明、张世简、张岳健、柳村、袁飞、洪瑞等成绩卓著；现今还有一大批青年画家活跃在全国各地，每年有数以百计的书画新苗考入全国各地美术院校。

上山文化、家规文化、书画文化源远流长，绵延古今，不仅将古文明之风传承到当代，成为浦江链接四海、走向国际化、现代化的重要桥梁和纽带。"万年上山"包含着开天地之先河的理念，成为在基层治理中"敢为人先、敢叫日月换新颜"精神的历史写照。家规文化为浦江形成良好社会风气、基层治理中讲求公平正义以及社会和谐有序提供了规范性支撑。守规矩、讲法治的精神流芳千古。书画文化流传至今，也将浦江古代的文化风气以书法、绘画传统传承下来，成为当代人追求卓越、以文化武的重要载体。人文荟萃的地域文化也为浦江高质量发展、提升地域发展品质的浦江精神提供了力量之源。

四　以文化传承创新推进高质量发展

（一）发挥自然与人文资源优势，打造"文旅富县"

充分发掘浦江丰富的自然、生态、历史、人文资源优势，进一步将"绿水青山"变成为人民群众的"金山银山"，致力成为浙江旅游的耀眼明珠。一是巩固环境治理成果，加快构建绿色发展新格局。积极发展低碳经济、循环经济，加速构建生态产品价值核算评估体系、生态产品价值实现制度体系以及生态产品价值实现路径。提高全民生态环境意识，加快形成节约、低碳、循环的绿色生活方式。积极探索绿色信贷、绿色保险，推动绿色资源资本化。二是深化文化遗产传承保护和开发利用，加快培育新型文化业态和文化消费模式。着力打造"万年上山"系列文创产品公共品牌，加强"江南第一家"廉政文化宣传教育阵地建设，推进书画小镇、书画交易中心等重点项目建设。完善文化产业扶持政策，以健全的出精品、出人才、出效益体制机制，促进文化产业提升，做大做强数字文化产业。三是盘活文化资源，提升旅游产业品质。梳理挖掘特色农业、特色制造业、传统手工业、民俗风情、地方美食、非遗等地方特色文化，推动更多文化资源转化为旅游产品，促进文旅深度融合。充分发挥核心景区的辐射带动作用，做好整体条线规划，完善旅游配套设施，真正让旅游成为经济增长点。

（二）推进产业高质量转型升级，强力打造"工业强县"

浦江决心以实体经济作为根本，借助于制度创新和科技创新"双轮驱动"，以"数字赋能"为着眼点，持续推进产业转型升级，通过质量、效率、动力等变革加快构建新发展格局。一是通过外引和自主培养等渠道广聚人才，做好人才文章。深化与大院名校合作模式，协同开展校地科技成果转化应用，构建阶梯式培育平台。全面统筹产业、研发、金融等力量，整合技术、资金、人才等要素，形成创新链、产业链、资金链、人才链、服务链闭环模式。加快科技创新平台建设，提高平台承载能力，创新打造省级高新技术产业园。二是加强产业结构布局规划，构建现代产业体系。做好水晶、绗缝、挂锁、服装等传统产业转型升级；培育光电光伏、高端装备制造、智能硬件、新材料、生物医药等新兴产业；超前谋划生物工程、电子芯片等未来产业，力争在重点产业若干细分领域形成具有高度竞争力的产业集群。强化数字经济引领，大力发展数字贸易、智慧物流、智能装备等数字产业，加快全链条数字化改造，加快培育"无人车间""物联网工厂""5G+工业"等新模式。做大做强龙头企业，大力支持企业上市，引导企业通过兼并重组、上市融资等方式发展壮大，实现浦江上市企业零的突破。三是以高质量供给适应创造新需求，畅通双循环发展路径。优化现代服务业发展格局，加速生产性服务业向专业化、高端化转换，加速生活性服务业向高品质、多样化转换，推动现代服务业同先进制造业、现代农业深度融合。增强消费对经济发展的基础性作用，提升传统消费，培育新型消费，适当增加公共消费。增强线下消费活跃度，发展夜间经济，扩大假日消费和乡村消费规模。积极融入国内大循环，鼓励引导传统外贸企业开辟国内市场，增强抗风险能力。提高国际循环参与度，多元化开拓国际市场，积极融入义甬舟、义新欧开放大通道现代物流体系，加快发展跨境电商，积极布局海外分市场、海外物流中心和海外仓。

（三）主动对接都市圈，抓住浦江高质量发展机遇

坚持开放发展、合作共赢理念，加快推进浦义深度融合发展，畅通浦杭合作大通道，加速融入长三角一体化战略布局，构建区域发展新格局。一是完善物流基础设施布局体系，培育经济增长新空间。依托省级战略通道、重点项目建设，加快推进浦义渠道；畅通全县各乡镇之间交通网络，促进交通运输与旅游、现代农业、制造业等产业深度融合。二是优化顶层设计，全方位融入金义都市圈。积极争取中国（浙江）自由贸易试验区金义片区、义乌国际贸易综合改革试验区的辐射联动，推动浦江制造与义乌市场全面对接。实现优势长板互补，推进服务同城，加快教育、医疗、文化、学术等社会公共服务一体化发展，逐步实现公共服务资源互联共享。三是融入杭州都市圈。推动科创衔接。推进浦江（杭州）科创中心运行，主动承接杭州都市圈科创技术的转化应用和溢出产业的转移需求，提高浦江产业发展张力。

第十二章　传承创新的千年镇村

第一节　浙江千年古镇的包容与开放

一　浙江古镇的历史脉络和复兴起航

习近平总书记在浙江工作期间，走遍全省各县市区，留下了关心古镇文化遗产工作的身影，同时也树立了浙江重视遗产、复兴遗产的优秀传统。2006年6月10日是我国第一个"文化遗产日"，习近平同志专题调研浙江文化遗产保护工作，并强调：文化遗产是民族智慧的结晶，是民族文化的见证。要利用"文化遗产日"等各种时机和通过展示、演出与媒体等各种载体，向人民群众尤其是青少年进行文化遗产保护的宣传和教育，倡导珍爱文化遗产的文明之风，努力形成全社会共同参与文化遗产保护的良好氛围，进而更好地熟悉中华历史，传承中华文明，弘扬中华文化，不断激发民族自豪感和爱国热情。[①]

古镇天然具有文化遗产的属性，其内涵包括：遗产或文物古迹较为集中；能较为完整地反映某一历史时期的传统文化、历史风貌、地方特色或者民族风情；具有较高的历史、文化、艺术价值或者革命纪念意义。拥有丰富的古镇资源是开展古镇保护与开发、资源创新利用的基础。数

---

① 《习近平与浙江文化遗产二三事》，《中国文化报》2015年6月15日。

据显示，浙江地区多古镇。

究其原因有三：一是历史上江南地区较少战乱，相对安定，百姓得以安居乐业；二是浙江地区多山，旧时地理位置相对封闭，传统村镇得以较好留存；三是古镇以明清时期为主，彼时南方正是商贸兴、人口密，达官士子、富商巨贾云集，因此而产生的传说吟咏、街谈巷议形成的古村镇知名度和影响力，至今犹存；四是浙江经济较为发达，传统村镇保护实践较早得到重视。

江南水乡占有国家级历史文化名镇的半壁江山，正是历史奠定的基础。浙江全域属于江南的重要区域，江南风韵尤为明显，尤其在古镇聚落方面，由于特有的地理环境，山水相隔，数量庞大的古镇聚落得以保存。根据国家住建部和国家文物局的评选结果，截至2019年，我国拥有历史文化名镇名村799个，其中浙江一个省份就达到了111个，占到全国总数的13.9%。

随着农耕文明向现代文明的转型等因素的影响，昔日繁华的古镇逐渐衰落，如今沦为小城镇甚至是村庄。早在2003年9月，时任中共浙江省委书记的习近平明确提出："作为省会城市，杭州应在保护文化遗存、延续城市文脉、弘扬历史文化方面，发挥带头作用，做得更好。"[①] 2004年，杭州便启动历史文化街区和历史建筑保护工程。近年来，浙江经济加速发展，国际化程度的不断加深，浙江古镇的传承和创新工作持续推进，这既是浙江经济发展到一定阶段的必然选择，也是浙江推进以人为本新型城镇化的创新探索。

二 浙江省关于古镇传承和创新

浙江省委省政府历来对历史文化名城、古镇、古村落的保护与管理，传承与创新高度重视，紧跟国家政策和相关专项行动。多年来，不但出台了一系列针对性很强的文件，推出了一系列专项的古镇发展行动，而且形成了古镇文化遗产传承与管理利用创新的浙江路径。

为了加强历史文化名城、街区、名镇、名村的保护与管理，继承优

[①]《标准赋能 规范保护 杭州力推历史建筑保护利用再上新台阶》，《杭州日报》2020年12月。

秀历史文化遗产,根据国务院《历史文化名城名镇名村保护条例》,2012年9月28日浙江省《浙江省历史文化名城名镇名村保护条例》,要求历史文化名城、街区、名镇、名村的保护与监督管理工作由各级人民政府负责,并将此项工作历纳入国民经济和社会发展规划,所需资金纳入本级财政预算。根据有关情况,该条例于2020年经由浙江省人代会进行了修改,对主管部门、规划资质等进行了修正。该条例及其修正案为古镇古村落的保护和管理提供了立法依据,奠定了坚实的法律保护基础。

2015年省民政厅发布《关于开展"浙江省千年古镇(古村落)地名文化遗产"认定工作的通知》(浙民区〔2015〕74号),接着浙江省民政厅、省住建厅、省文化厅、省旅游局、省文物局等五部门联合开展了地名文化遗产认定工作,于2016年12月30日公示了浙江省第一批"千年古镇""千年古村落"地名文化遗产认定名单。

2020年5月,浙江省民政厅、浙江省住房和城乡建设厅、浙江省文化和旅游厅、浙江省文物局联合发布《关于开展第二批"浙江省千年古镇(古村落)地名文化遗产"认定工作的通知》,浙江全省各地申报古镇(古村落)共计71家,其中古镇29家,古村落42家。经认定小组专家反复查阅史料、现场鉴别考证后,满足条件的第二批浙江省千年古镇地名文化遗产分别为西兴街道、临浦镇、寿昌镇等10个镇,入选单位在时间性、珍稀度、纪念性、亲和力、吸引力等方面都有其各自的特色和优势。浙江立足新发展阶段于2021年2月启动为期五年的千年古城复兴计划。

浙江文化底蕴深厚,许多城镇曾是历史上州府县衙所在地,是名副其实的"千年古城"。历尽千年沧桑,这些曾经地位显赫的古城,尽管保留有不少历史风貌或遗迹,但许多已经沦落为地位没落、经济式微的普通城镇。省发改委有关人士认为,复兴"千年古城",就是要促传统文化复兴,重现古城历史辉煌。目前,浙江已公布了第一批11个"千年古城"复兴试点的名单。文化底蕴深厚、历史风貌保存较为完整是浙江首批试点城镇的共同点。如位于杭州西部的富阳区新登镇,已有近1800年置县史，历来是杭州西南要塞，素有"千年古镇、罗隐故里"之称。同样的建德市梅城镇从三国吴黄武四年（225年）始，作为县城也有近1800年历史，唐、宋、元、明、清时均为州治所在地。

这些城镇大都是旧时的王城或郡治、州府、县衙所在地，通过"千年古城复兴计划"，浙江将在一定周期内打造一批"人文荟萃，底蕴深厚，融贯古今的文化复兴标杆"和"环境优美，设施完善，幸福宜居的百姓宜居标杆"。同时，有关职能部门也强调：千年古城复兴是浙江推进以人为核心的新型城镇化的一项创新性探索，主要是对文化挖掘、文物保护、非物质文化遗产传承设施进行保护性开发修缮，避免千城一面。[①]

三 新时代背景下推进浙江古镇传承与创新发展的思路

（一）建立健全古城历史遗存保护开发体系及发展机制

保护古城风貌，传承非物质文化遗产，构筑个性鲜明的古城文化标识，建设充满活力的历史文化街区，完善功能齐全的古城复兴标志性成果展示馆。依托古城复兴标志性成果展示馆、博物馆、纪念馆、非物质文化遗产展示馆，组织开展主题教育、社会实践等活动，加大非物质文化遗产保护与传承发展力度。

（二）加快历史文化与现代产业相互促进

推动特色产业复兴，助力新业态培育，提升古城经济实力，建设景区镇。完善现代交通基础设施，提高古城通达通畅水平，提升古城区位优势和经济发展优势。依托古城历史文化优势，加快推动传统产业转型升级，大力发展文化旅游产业，积极培育健康养老、教育培训、文化创意等特色产业，探索发展新兴产业，切实增强经济新动能，加快形成特色产业竞争优势。最终，促成历史文化与现代产业互相促进的发展格局。

（三）推进历史文化与未来生活有机融合

加快城市有机更新和未来社区建设，建立畅通便捷的出行转换系统，完善高品质的城市基础设施和公共服务设施。未来社区主要是提供了一

[①] 《浙江启动千年古城复兴计划》（http://news.cyol.com/gb/articles/2021-03/22/content_PajlYux0d.html）。

种统筹性眼光,以人民美好生活向往为中心,注重人的全面发展需求,融合了社区里硬性设施标准与社会治理服务。今后古镇传承与利用过程中,需要把历史文化融入未来社区概念,全面注重未来社区价值内涵提升,主动对标老百姓幸福感需求。既体现"未来",又力求"朴素",严禁追求外观上的"未来"和"新潮",以质朴实在,让老百姓在彰显社会主义制度优越性的未来社区治理环境中,体验生活方式转变的好处。①

(四) 实现文化遗产保护与文化自信有机融合

在历史长河中,中华民族形成了伟大民族精神和优秀传统文化,这是中华民族生生不息、长盛不衰的文化基因,也是实现中华民族伟大复兴的精神力量,要结合新的实际发扬光大。每一种文明都具有独特性,这是文化自信之源。要坚定文化自信,本着对历史负责、对人民负责的精神,传承历史文脉,处理好城市改造开发和历史文化遗产保护利用的关系,切实做到在保护中发展、在发展中保护。

要通过古镇文化复兴,向全世界讲好中国历史故事。要运用我国古镇保护与创新成果,通过对外宣传、交流研讨等方式,向国际社会展示博大精深的中华文明,讲清楚中华文明的灿烂成就和对人类文明的重大贡献,让世界了解中国历史、民族精神,从而不断加深对当今中国的认知和理解,营造良好国际舆论氛围。②

(五) 促进数字化技术在古镇保护和利用场景的应用

数字化是近几年的核心关键词,古镇的可持续发展需要现代科技的聚集和引领,尤其是数字化在古镇的合理发力。数字化智慧化走进古镇的日常生活,一方面体现在古镇保护与管理的数字化,另一方面体现在数字化技术为古镇生活提供便利,技术赋能古镇社区,还有就是通过数字化实现古镇传承与创新成果的域外分享与互鉴。深入推进数字化改革,着力优化数字赋能治理方式,推进"一件事"改革,简化办事流程,为企业和群众提供优质服务。

---

① 李璇:《浙江:未来社区以人为本》,《瞭望生活周刊》2018年第18期。
② 习近平总书记2020年9月28日在第十九届中央政治局第二十三次集体学习时的讲话。

四 浙江复兴古镇概览

(一) 杭州市富阳区新登镇

新登镇位于杭州市富阳区西部，与桐庐县、杭州市临安区接壤，是杭州市富阳区的副中心、浙江省首批小城市培育试点镇。历来是杭州西南的雄关要塞，素有"千年古镇、罗隐故里"之称，历史文化积淀深厚。新登镇历史悠久、人文荟萃，地处"三江一湖"黄金旅游线上，原为新登县政府所在地，是富阳西部地区的经济、文化和商贸的中心。近年来，新登镇着力于打造古韵时尚宜居城市，不断完善城市基础配套，构建现代化管理体系，加快体制机制创新。2020年7月29日，新登镇入选2017—2019年周期国家卫生乡镇（县城）命名名单。

(二) 建德市梅城镇

梅城镇是浙江省杭州市建德市下辖的一个千年古镇，地处建德市东部，富春江、新安江、兰江三江汇合处，是古严州府治所在地，地处于建德市东部，自三国吴黄武四年（225年）置县以来，作为县城已有近1800年的历史。唐、宋、元、明、清时均为州治所在地。梅城镇地域面积154.9平方公里（2017年），人口4.25万人（2017年），辖13个行政村、5个社区。全镇配套设施完善，基础功能齐全，区位优势明显，先后被评为国家千强镇、浙江省首批中心城镇、东海文化明珠及浙江省历史文化名镇等。

(三) 宁波市江北区慈城镇

宁波市江北区慈城镇慈城具有丰富的历史文化底蕴，历代名人辈出，是江南极少数保存较为完好的县城，保存了完整的传统生活结构方式，保留下来的传统建筑中不但有大量的民居建筑，还有孔庙、会馆、牌坊、古井等公共建筑、构筑物。慈城镇域面积102.57平方公里（2017年），下辖8个社区、37个行政村和4个撤村建居股份经济合作社，常住人口10.09万人（2017年）。慈城先后被授予中国历史文化名城、中国首个慈孝文化之乡、中国年糕之乡、全国文明镇、全国特色小镇、联合国教科文组织亚太地区文化遗产保护荣誉奖等国字号荣誉。慈城既有千年古城的灵秀，又有现代都市的开放。慈城是宁波市卫星城之一，也是浙江省小城市培育试点之一，享有部分县一级的经济社会管理权限。

（四）永嘉县枫林镇

永嘉县枫林镇是浙江省级历史文化名镇，位于国家级旅游风景名胜区楠溪江中游东岸，距离县城38公里。西与岩头镇隔江相望，东与乐清市芙蓉镇接壤，为省级历史文化名镇，是楠溪历史上的经济、政治、教育文化中心，素有"楠溪第一村"和"小温州"之称。枫林古镇的历史悠久，新石器时代就有人类居住。东晋时期，就有中原士族迁入开发枫林这片土地。初唐时期，枫林村落已经初具规模，村西就是楠溪江中游重要的水运码头昭浦，航运的发达促成浦亭街的繁荣，进而吸引许多名门望族来此居住，共同开发这片肥沃的土地。

目前枫林镇留有大批名人遗迹与古建筑，有圣旨门、御史祠、徐定超故居与墓、建于民国初年的天主教堂、木待问墓、七宅房、醉经堂等。

（五）德清县乾元镇

乾元镇地处德清县中部，杭嘉湖平原西部，兼有平原、山川之胜，始建于唐朝天授二年（691年），1994年前置县治于此。有杭宁高铁、杭宁高速、09省道、京杭运河过境，交通优势明显。全镇区域面积66.9平方公里（2017年），常住人口5.88万人（2017年），辖5个社区、10个行政村。2000年以来先后获全国小城镇综合发展千强镇，浙江省文明镇、卫生镇、教育强镇、体育强镇、文化强镇、森林城镇、小城镇环境综合整治样板镇，东海文化明珠乡镇，湖州市小康镇、十强镇、示范教育强镇等称号。乾元镇自古就是德清的工业重镇，形成了电光源制造、新型建材、精细化工、丝绸服装、食品饮料、饲料加工六大优势产业。德清县乾元镇德清的人文根脉在乾元，这是一座有着1300多年县治历史的千年古镇。它历代名人辈出：有高僧学士赞宁，有地理学家胡渭，有朴学大师俞樾、戴望，有现代电影艺术家夏衍、沈西苓，有"红学"大师俞平伯等等。修吉堂国学图书馆、清溪书院、文史馆、左顾亭……这些都为乾元增添了一张"书香金名片"。

（六）海宁市盐官镇

海宁市盐官镇盐官以悠久历史、丰厚的文化底蕴和壮观的"天下奇观海宁潮"而闻名于世。盐官之名始于西汉,盖因汉武帝元狩四年(119年),吴王刘濞煮海为盐,在会稽郡海盐县西境置盐官(司盐之官)。明《一统志》载:"本汉海盐县地,吴王濞于此立盐官,三国吴因置盐官县。"从此沿作地名。盐官之名至今已有 2100 余年历史。盐官镇位于中国长江三角洲南端,沪苏杭的中心位置。东濒钱塘江,南部靠近杭州,是中国历史文化名镇、观潮旅游胜地,盐官观潮景区是国家 4A 级景区。盐官是良渚文化重要发源地之一,是吴越文化的交汇地,孕育了宋代政治家张九成、清朝相国(宰相)陈元龙、民国国学大师王国维等众多名人。公元前 196 年,吴王刘濞所置司盐之官于此,地以官名。

(七)桐乡市崇福镇

崇福镇位于杭嘉湖平原心腹地带——浙江省桐乡市西南部,距离杭州市 50 公里,距离嘉兴市 60 公里。总面积 100.08 平方公里(2017 年),总人口 14.24 万人(2017 年)。京杭大运河、320 国道横贯镇区,沪杭高速公路穿越境南。桐乡市崇福镇崇福古称语溪,是一座有着 6000 多年文明史和 1020 年建县史的江南古镇,也是杭州至嘉兴运河故道上唯一的古城。该镇地处杭嘉湖平原腹地、临杭经济圈接口点,是全国重点镇、全国综合实力百强镇、中国皮草名城、浙江省历史文化名镇、浙江省首批小城市培育试点镇。

(八)绍兴市上虞区丰惠镇

丰惠镇位于浙江省绍兴市上虞区东南部,东邻东方大港宁波,西毗省会城市杭州,南连民营经济高地温州,北望国际大都市上海,交通便捷,区位条件十分优越。镇域面积 118 平方公里,辖 27 个行政村、3 个居委会,先后被评为全国文明镇、全国千强镇、省级生态镇、省级卫生镇、省教育强镇、省旅游城镇、省民政工作先进镇、省体育强镇、东海明珠工程、全国创建文明村镇先进单位。丰惠古镇原名上虞城,直到宋朝才更名丰惠。丰惠镇历史悠久,文化底蕴深厚,至死不渝的"梁祝化蝶"、两袖清风的"孟尝还珠"、归隐山野的"范蠡入湖"都发生在这片土地上。街河古桥、老街深巷、名人旧宅……这些老县城的缩影,拂去历史的尘埃,仍依稀折射出千百年人文岁月的光亮,见证着古城新旧交融的变迁。

（九）永康市芝英镇

芝英镇位于浙江省金华市永康市中部，距市区 12.5 公里，背枕五峰，面临华溪碧水，历称"灵源福地"，是永康农村一大集镇。芝英镇人多地少，种植业以粮食为主，兼种蔬菜、瓜果、茶叶、油菜，有少量的珍珠养殖。畜牧业较兴旺，主要有猪、牛、羊、鸡、鹅、鸭、兔、蜂。隔塘村是永康灰鹅的传统养地。副业较发达，下徐店粉干、上徐店索面、芝英冰模和铁皮箱、前舒酒曲、亳塘竹编等传统副业，较有名气。芝英中心村里主要是应氏居民聚族而居，是全国少见的应氏大自然村，街巷的主要布局为八纵九横，八纵为正街。芝英民俗文化独具特色，传统民间活动丰富多彩。

（十）丽水市莲都区碧湖镇

碧湖镇位于丽水市莲都区西南部、瓯江中游，是丽水四大古镇之一、莲都区第一大镇。始建于南朝萧梁天监四年（505年）的世界灌溉工程遗产——通济堰位于碧湖镇，千百年来守望着一方水土。除了千年古堰，镇域内河道众多，全镇共有64段河道，滋养着这里的土地和人民。碧湖镇南通福建，北上衢州，东与青田县章村乡交界，南与大港头镇毗邻，西与高溪乡、松阳县裕溪乡相连，北与南明山街道相交，由原新合乡、石牛乡、平原乡、联合乡和原碧湖镇撤并而成，撤并后碧湖镇总面积215.99平方公里，耕地面积2633.35公顷，是莲都区第一大镇。

（十一）松阳县古市镇

松阳古市镇位于松阳县西北部，松古平原腹地。镇内老城区中宽，南北窄，传统老街巷众多，呈网状布局，街区内有布店、药店、染坊、猪行、烟行、南货店、箍桶店、锤铁店、理发店等。每逢农历四、九是集市，本地人、外地商客都会来镇里赶集，这个传统习俗至今还保留着。古市镇位于松阳县西北部，松古平原腹地，南邻县城11公里，距丽水80公里；北邻遂昌县城15公里，距龙游76公里。建镇始于东汉四年（199年），县置于此，距今已有1800余年。古市镇是丽水市最古老的集镇。全镇总面积36.07平方公里（2017年），辖30个行政村、5个居委会，

21155人（2017年），为松阳县北部五乡一镇的经济、文化和商贸中心，是松阳县第二大镇。古市镇建置于东汉建安四年（199年），距今已有1800余年历史，是丽水市最老的集镇之一，居浙南四大古镇之首，素有"历史重镇""处州粮仓"之美称。

第二节 浙江千年名村的保护与彰显

在当今城市化进程日益加快，散居在都市的名村、古村文化虽历尽沧桑，却依然还保留着历史的沧桑、诉说着曾经的过往。伴随着都市化、现代化的脚步，古村落的价值和发展就成为人们躲不过的话题。

一 浙江古村基本特征

浙江是我国古村落保有数量较多的省份之一。经省农办认定的历史文化村有1123个，文物保护单位共有4357处，其中，国家级文物保护单位375处。

浙江的古村落大多利用山河湖畔，依山或依水而建，既能适应复杂的自然地形，节约耕地，又能创造良好的居住环境。这些村落往往依据当地的气候特点，融入许多科学元素，使村落能够经久保存而不至于被自然所破坏。浙江古村落除了其建筑特色、科学元素还有与自然和谐相生之外，还有其他的特征，使其成为引人入胜的追思景观，更成为中外游人神往的地方。主要有以下特征。

景观独特。浙江的古村落普遍以这样一种格局存在着：外形基本一致的四合院，街区之间四通八达的水道，碎石铺地、街巷幽深的里弄小巷，古朴庄重并具有中国古文化特征建筑群落，具有浓厚科举文化特征和官宦等级的街坊牌楼，等等。另外，每个四合小院也大致会有开放宽敞的前厅、方正的天井、悠远通畅的廊道等形式，折射出古村落饱含历史丰蕴，具有独特的景观价值。这种街区与四合院的融合，既使村落的内外空间显得错落有致，也使各种建筑的布局之间显得既有联系又有分割，从而构成一个整体通透、敞亮的布局，而各种组成材料之间，包罗其中的加工手法，也给人一种朴素的自然美。既体现就地取材，也能体现艺术加工之功力。

内涵丰富。浙江民居村落属于相对久远的前朝建筑，既体现地域特征，也有着丰富的时代内涵。由于特殊的气候原因，再加上地域环境特色，使得浙江人在生活习俗上有别于全国其他地方，因此在古村落的存在特征上也有自己的风格。一是重视院落的风水等自然风貌，具有整体性和顺天应人的设计考量。无论是依水而建的水乡民居，还是依山而建的山地村落，都隐含着理性秩序，而且能体现依照地势布局的理念。在建筑的朝向、院落的布局、楼宇桥榭的布置都可以体现出各建筑实体之间的关系，并以此作为考量家族是否兴旺、功名是否成就的依据，所体现的主要是自然与人的生命之间的和谐关系。这种讲究风水的特征，不仅在实际体现上让人们感到环境优美，还可以从建筑之间的关系体现错落有致的风彩。二是比较强调家族的聚居生活，传统的纲常礼制在村落设置上也有比较多的体现。村落以家族血缘关系为纽带形成了聚居，构成团块式空间布局风格，进而形成了以宗祠为核心、以血缘为纽带，宗族群居的村落格局。这种宗族聚居的态式，对家族的凝聚力、向心力、和睦相处具有一定的黏合作用。长而且厚重的围墙则将一姓之家、一族之有紧紧黏合在一起，对外是划分族群的分界线和心理界限；对外则履行着"长幼有序、内外有别"的基本原则，将古代宗法社会的礼制秩序和纲常伦理通过村落布局体现得淋漓尽致。

人文荟萃。每个村落各个公共场所基本上都有开放的空间，每个空间的门上都有对仗工整的对联，体现着家族的威严和规训；许多的厅堂都有题匾用以命名，并且有名家书画题写在上面，散发着人文精神，体现出许多教化、礼制、规矩等色彩。一方面尽显诗书传家、耕读为业的家族门风；另一方面则体现中国儒家的家国情怀，即"修身、齐家、治国、平天下"的立家理念，也体现出封建宗法制度和家族组织的力量。在宗族精神的传承上，在村落的建筑上更以浓墨重彩予以呈现。浙江村落一般都比较采用严格的对称布局，包括大门、仪门、正厅、后寝等建筑群，而祠堂则成为比较正式的、以传承宗族精神为目的的重要场所。依照宗法观念以及相关制度，宗祠在祭祖、宗族活动方面发挥着不可取代的作用，既可为人们生产生活提供方便，也可以体现那个时代人们的精神生活，是一个家族人文精神的象征。

浙江作为改革开放的前沿，乡村在城镇化过程中积极走在前列，走出了具有浙江特色的城镇化发展之路。浙江着力提升中等城市，积极培育小城市，推进大城市优质资源向中小城镇乃至中心村延伸，鼓励农民向中小城镇集聚，多数农民就地创业安居，把中小城镇培育成为与大中城市互为补充、有效带动社会主义新农村建设的城市化发展新平台。[1] 由此，浙江的城市化在推动原有城市不断升级的情况下，促进广大农村城市化、城镇化，并将社会主义新农村建设作为带动城市化发展的平台。城市化规模不断拓展，农村规模和农村村落不断减少，农村的基本面貌也得到了不断改观。

二 浙江古村保护的主要做法

在现代化进程中，不仅要推进城市化进程，更要注重传统文化的保护，使得城市发展与乡村振兴能相辅相成。

1. 规划先行，抓好村落保护

在村落保护过程中，浙江省率先制定了比较系统的乡村发展规划，以配合浙江城市化进程。1996 年，浙江省开始编制《浙江省城镇体系规划（1996—2010）》，1999 年经国务院批准实施，成为全国第一个批准实施的省域城镇体系规划。针对浙江经济快速发展和资源环境的尖锐矛盾、社会发展地区差距逐步扩大等问题，尤其是针对城乡协调发展、统筹兼顾的任务被提出来的，把城市人口规模扩大、覆盖范围拓展为目标；在广大的农村，则主要使农村地区形成为中心村、一般村两个层次的居民点体系。

2. 明确发展，强力推进村落发展与保护

统筹推进，城乡共进。2004 年 3 月，时任浙江省委书记的习近平同志在蹲点调研时曾主持召开全省统筹城乡发展座谈会，提出了要在全国率先走出一条"以城带乡、以工促农、城乡一体化发展"的路子。几个

---

[1] 吴可人：《坚持浙江特色城市化之路》，《浙江经济》2013 年第 3 期。

月后，浙江率先出台了《浙江省统筹城乡发展推进城乡一体化纲要》，强调要通过城乡空间一体化规划，进一步实施"千村示范、万村整治""千万农民饮用水"等工程，加快农村社区建设。2014年浙江省制定并出台了《美丽乡村建设规范》，成为全国第一个美丽乡村建设的地方标准。

投入重金，予以保护。2001年浙江省设立了历史文化名城名镇名村保护专项基金，下大力度进行修复、抢救、维护等工作。2012年浙江省人大常委会第三十五次会议通过了《浙江省历史文化名城名镇名村保护条例》，将历史文化名城名镇名村的保护纳入了国民经济和社会发展规划，并揭开了以法律形式予以保护的新篇章。2006年出台了《关于进一步加强文化遗产保护的意见》，要求严格贯彻"保护为主、抢救第一、合理利用、加强管理"的物质文化遗产保护方针和"保护为主、抢救第一、合理利用、传承发展"的非物质文化遗产保护方针，正确处理文化遗产保护与经济社会发展的关系，充分调动全社会保护利用文化遗产的积极性，形成文化遗产保护合力，推动浙江文化遗产保护工作再上新台阶。[1] 2020年浙江省财政厅、住建厅、文物局等部门联合印发《浙江省历史文化名城名镇名村保护专项资金管理办法》，以提高资金使用绩效，促进历史文化名城名镇名村、街区、历史建筑保护和管理工作。[2]

3. 制度规范，促进落实到位

一是出台古村落文物保护相关政策法规，推动名村保护工程。2000年，浙江省委颁布《浙江省建设文化大省纲要（2001—2020）》，通过文化名村保护，促进农村各项事业有序推进。2003年，浙江省政府出台了《关于进一步加强文物工作的意见》；同年又明确提出实施《浙江省民族民间艺术保护工程》；2004年，省政府办公厅就非文化遗产保护专门下发《关于加强民族民间艺术保护工作的通知》，对古村落文化遗址保护提出了具体的举措。2005年，省委做出《关于加快建设文化大省的决定》；同

---

[1] 《浙江省人民政府关于进一步加强文化遗产保护的意见》（浙政发〔2006〕33号）（http：//wwj.zj.gov.cn/art/2006/8/9/art_ 1676175_ 37808910.html）。
[2] 《浙江省历史文化名城名镇名村保护专项资金管理办法》（http：//czt.zj.gov.cn/art/2020/1/16/art_ 1164176_ 41732388.html）。

年 11 月，浙江省人大常委会通过公布《浙江省文物保护管理条例》；2006 年《浙江省非物质文化遗产保护条例》又被省人大、省政府列为一类立法项目。启动了"浙江省文化保护工程"，通过立法方式确定了文物保护的具体办法，使古村落保护有了法律依据。为加强对文化遗产保护工作的领导，省政府专门成立了省历史文化遗产保护管理委员会；2016 年，还专门出台《浙江省人民政府办公厅关于加强传统村落保护发展的指导意见》，从政府层面加大传统村落和民居保护力度，传承和弘扬优秀传统文化。

二是以政府为主，引导社会资金投入。在建立健全文化遗产保护协调组织和管理机构的同时，加大文物保护"五纳入"的落实力度，以保障文化遗产保护的经费投入；省财政每年安排专项资金用于文化遗产保护；在政府投入为主的前提下，积极引导民间资金进入文化遗产保护领域。在每年 6 月的第二个星期六精心组织"文化遗产日"，通过举办各种活动，提高人们的文物保护意识，强化社会成员共同参与。"文化遗产日"活动期间，市、县各级国有表演艺术团体要举办公益性民族民间艺术演出，以各种形式提高人民群众对文化遗产保护重要性的认识，增强全社会的文化遗产保护意识，形成保护文化遗产的良好氛围。

三　部分名村概况

1. 杭州市龙井村

龙井寺历史悠久，文化遗存丰富。龙井村出产龙井茶。龙井寺有山水之胜、林壑之美，集泉文化、茶文化、佛文化于一景。建筑主体区块精美古典，依泉而建的听泉亭、可登高远眺的翠峰阁、设施齐全的御书楼、秀翠堂、清虚静泰等都是游人茗茶赏景、寻古问今的佳境。为使龙井村更加整洁，上级政府在对该村进行保护的基础上进行了系列整治。龙井村按照"拆违清障、显山露水"的理路开展保护和整治，主要工程包括拆除搭建在溪流上的违章建筑和违章搭建的附房、棚架，对农居建筑立面按传统民居形式进行改造整治，加固溪流驳岸和增设桥梁、护栏等。同时，将全村的生活和生产污水全部纳入城市污水管网，输电线路也将全部埋入地下，以有效地改善村里的环境。现在环境好了，游客就多了，前期改造的投资早已收回。

2. 衢州市衢江区高家镇盈川村

盈川村历史上名人辈出，杨炯、杨万里等诗人留下众多诗文著述。拥有众多民间故事传说，人文旅游资源丰富，是浙江省历史文化名村，第一批浙江省千年古镇（古村落）地名文化遗产。盈川古石桥、古码头、古井、杨炯祠、古墓葬等历史遗迹保存完好，民俗风情浓郁，有太平钓月、龙井云生、鹰潭渔坊、城隍暮鼓、双渡秋波五大古景，有传承千年的杨炯出巡祭祀、城隍庙会等民俗活动，拥有杨炯祠等遗迹。盈川村为打造"古韵盈川"，唱响"古韵盈川"的村庄旅游品牌，已针对环境精美工程、体验精致工程、设施精良工程、运营精细工程实行了一系列改造提升，村庄宜居风貌实现质的飞跃。

3. 丽水市庆元县濛洲街道大济村

大济村历史文化底蕴深厚，文物普查资料显示，该村有文物古迹51处。2010年，大济村获住房和城乡建设部、国家文物局授予的第五批"中国历史文化名村"称号。2007年、2009年，"大济古村落传统营造技艺""卢福神庙会"分别被列入第二批、第三批浙江省非物质文化遗产保护名录。为了更好地保护与利用大济古村，庆元县政府编制了一系列关于大济古村的保护规划。2004年10月，委托编制了《大济历史文化保护区保护规划》；2008年3月，委托编制了《大济古村落旅游区修建性详细规划》，现在这些规划已经得到实施，并成为人们游览观光的重要去处。

4. 金华市浦江县白马镇嵩溪村

嵩溪村有800多年历史，由村中徐姓始建。始祖徐处仁，大宋之太宰，随驾南渡，始居于浙。嵩溪村以溪得名。源出于鸡冠岩的嵩溪分前后两溪穿村而过，在村南的桥亭汇成一流，溪水澄碧，小桥林立。嵩溪村附近有嵩溪徐氏宗祠、嵩溪石灰窑群遗址、嵩溪建筑群、土库、柳宅柳氏宗祠等旅游景点。2019年12月25日，入选第一批国家森林乡村名单。

5. 波市鄞州区洞桥镇沙港村

沙港村是浙东名人全祖望的故乡，风景秀丽，文化底蕴深厚。沙港村附近有全祖望故居、惠明桥、洞桥、乌金碶、天一阁·月湖景区等旅游景点，有宁波汤团、宁波刺绣、苔菜拖黄鱼、鄞西草席、彩熘全黄鱼等特产。全祖望故居西侧原有朝南三开间全氏祖堂一进，今堂已坍，留有堂匾"齿德堂"一块。

沙港村是浙江省首批千年古村落地名文化遗产之一。连接唐代水利工程它山堰的南塘河穿村而过，逶迤奔流。如今的沙港村，除了高档住宅区，全祖望故居、甬上名人陈列馆沙港分馆、谢山书院、双韭山房等一个个地标性建筑成为乡贤文化的重要组成部分。

6. 丽水市缙云县新建镇河阳村

村落历史悠久，文化渊源深厚，既有贾而好儒的商旅文化，又有秉持"崇尚礼教、耕读传家""忠孝廉洁、循规映月""尊祖睦族、善行义举"的民族文化。同时，村落格局保存完整，众多古建筑分布在150米长的古街周边，计有祠堂15座，古庙6座，传统古民居1500多间，古桥1座，墓葬、古井、古碑、店铺等多处。2012年12月，河阳村被住房和城乡建设部、文化部、财政部公布为第一批中国传统村落。2020年8月，入选第二批全国乡村旅游重点村名单。

附录一：地方首部城市国际化工作立法
——《杭州城市化国际化促进条例》解读

2018年6月12日，杭州市第十三届人民代表大会常务委员会发布了《杭州市城市国际化促进条例》（市人大常〔2018〕13号）。杭州率先以地方立法的高度，全面实施城市国际化战略、提高城市国际化水平，自2018年8月1日起实行。

一　立法背景

杭州市第十三届人民代表大会常务委员会高度重视支持杭州城市国际化工作，曾在全国率先颁布实施《杭州市旅游国际化条例》，市人大主要领导主持召开城市国际化专题工作会议。2016年初，市人大主要领导与市委主要领导形成高度共识，加快探索杭州城市国际化立法，从法制上明确主要任务和主体责任，从法制保障上确保城市国际化各项战略部署得以实现。

2016年，市人大将《杭州市城市国际化促进条例》列为立法调研项目。2017年，市人大已将《杭州市城市国际化促进条例》作为正式立法项目。2017年11月15日，经市政府第十一次常务会议讨论原则通过；2017年12月27日，市人大常委会对"促进条例"进行了第一次审议。2018年4月27日，杭州市第十三届人民代表大会常务委员会第十一次会议审议通过的《杭州市城市国际化促进条例》，已于2018年5月31日浙江省第十三届人民代表大会常务委员会第三次会议审议批准。

杭州市发改委（市国推办）结合工作实际，认为杭州市城市国际化立法有现实基础和长远规划，需要以行政法制保障推进城市国际化各项工作，尤其对城市发展的改革创新举措，需要以法制作保障。

一是当前国内城市国际化发展仍受制于国家层面的政策制约，杭州必须通过改革创新取得突破。城市国际化的本质是国内外资源要素的融通和融合，是响应中央关于构建开放型经济新体制、落实中央城市工作会议精神的具体举措和工作抓手。受制于长期以来对外开放体制的束缚和影响，国内外资源要素的融通和融合十分艰难。国家在上海等地设立自贸区，在北京等地深化服务业对外开放，在杭州等地开展服务贸易试点和跨境电商综合试验，无一不是着力推动商品、服务、资金等加快国际流动和规范交易。设置改革创新这个章节，就是要鼓励我市各地各部门和各行业努力向中央争取试点、争取最大红利的改革政策，来突破限制我市国际化发展的原有政策规定。

二是当前杭州城市国际化发展的路径尚处于探索和试验阶段，需要通过示范引领由点到面逐步确立。从城市化到城市国际化，杭州走在全国多数城市前列。应当看到，我国具有较高国际化水平的大城市还很少，杭州的城市国际化仍处于初级阶段。如何搞好城市国际化，杭州还有很漫长的路程要走。在这个阶段，应当把示范引领作为本法规的重大制度创设固定下来，通过树立标杆、确定典范引导各地各部门和各行业学习参照，从而提高国际化的整体水平。从区县市、社区街区、产业园区和具体项目四个层面设置国际化示范，做到点面结合、覆盖经济社会。

城市国际化示范的过程，就是确立导向、明确标准、吸引资金、完善政策的过程，就是国际化中的"化"的过程。把示范引领确定为法规性制度，有利于杭州在国际化发展道路上明确重点、精准发力，避免眉毛胡子一把抓，把一切工作都往国际化的框子里装；有利于全市上下心往一块想、劲往一块使，齐心协力踏踏实实做好国际化的具体工作；有利于形成稳定的政策预期，引导民间资本和国际资本在杭州城市国际化领域（特别是示范区和示范项目）加大投资力度。

《全面提升杭州城市国际化水平若干意见》提出，要形成党委统一领导、党政齐抓共管、人大政协有效发挥作用的城市国际化工作领导格局，为立法提供了政策依据，也为立法文本奠定了现实基础和提供了立法内容。

二 立法内容

《杭州市城市国际化促进条例》主要内容分为五部分，依次为总则、产业国际化、城市环境国际化、公共服务国际化、文化国际交流融合和保障措施，具体内容主要源于《全面提升杭州城市国际化水平若干意见》，又汇集了各部门的工作职责和任务目标，立法核心内容如下。

（一）总则

本部分按照立法的一般范式，确定了立法目的、实施范围、立法原则、部门职责等。第三条规定，本市实施城市国际化战略。第六条规定，本市设立的城市国际化推进工作委员会（以下简称推进工作委员会），研究决定城市国际化推进工作中的重大事项。市发展和改革部门承担推进工作委员会的日常工作。区、县（市）人民政府应当明确相应的工作机构，负责本地区的城市国际化促进工作。第十条规定，每年9月5日为"杭州国际日"。市和区、县（市）人民政府应当在此期间组织开展国际经贸科技文化交流等促进城市国际化的活动。

（二）产业国际化

第十四条规定，规划建设创新园区、产业园区、国际合作园区等，建设国家自主创新示范区。第十五条建设中国（杭州）跨境电子商务综合试验区，推进世界电子贸易平台建设，建设国际网络贸易中心和"网上丝绸之路"重要枢纽城市；在技术标准、知识产权、贸易方式、政府监管等方面加强国际合作。第十六条规定，建设国际化、现代化、智慧化的综合保税区，推动开放型经济发展，提升对外开放水平。第十七条规定，发展数字经济，建设具有全球影响力的"互联网+"创新创业中心，形成国际一流的云平台和大数据平台，构建国际前沿和高端产业集群，建设全球领先的信息经济科创中心，培育具有国际竞争力的创新型领军企业。第二十一条规定，市人民政府应当制订实施旅游国际化行动计划，推进旅游国际化，建设国际重要的旅游休闲中心。第二十二条规定，市和区、县（市）人民政府应当完善国际化消费环境，建设特色街区和特色商品展销中心，推进国际化商圈和进口商品展示交易中心建设，建设国际消费中心城市。

（三）城市环境国际化

第二十七条规定，市和区、县（市）人民政府应当通过编制和实施城市设计，加强对城市景观风貌的规划设计和控制引导。城市设计应当保护自然山水格局和历史文化遗存，体现地域特色、时代特征、人文精神和艺术品位。城市核心区、重要沿山滨水区、历史风貌区等区域，可以划定为城市景观风貌重点管控区域。

（四）公共服务国际化

第三十二条第三款规定，市人民政府应当建设全市统一的涉外咨询和服务平台，为外籍人员在本市工作、生活、旅游等提供便利。第三十四条规定，市和区、县（市）人民政府应当建立国际人才引进制度，为引进人才在居住、医疗、子女教育等方面提供便利。鼓励和支持建设国际人才创新创业园。市和区、县（市）人民政府应当建立外籍专家人才库，完善工作机制，为创新创业企业提供人才支持；创新人才培养模式，鼓励开展本地人才海外培训、国际交流活动。第三十五条规定，鼓励和支持开展教育国际交流与合作；支持学校聘请境外教师，加强培训和管理；鼓励境外学生来杭州学习、实习。引进国内外著名高校来杭州与本地高校合作办学；根据外籍人才居住和引进等情况，合理规划建设外籍人员子女学校。第三十七条规定，制订并实施国际化示范社区建设计划，完善社区周边教育、医疗、休闲、文化等配套设施，建设具有本市特色的国际化街区和社区。第四十条规定，加强公共法律服务体系建设，完善涉外律师、公证、司法鉴定、仲裁等法律服务，为外籍人员和在杭国际组织、企业等提供法律服务。

（五）文化国际交流融合

第四十一条规定，本市坚持精致和谐、大气开放的城市人文精神，培育开放包容、多元共融的城市文化，塑造东方文化品牌，建设东方文化国际交流重要城市。第四十二条规定，市和区、县（市）人民政府应当依法保护西湖文化景观、大运河世界文化遗产，推进跨湖桥、良渚、南宋皇城、西溪湿地等文化遗址保护与开发，传承非物质文化遗产和优秀传统文化，展示丝绸、茶叶、中医药、金石篆刻等特色文化。培育时尚文化，发展文化创意产业。第四十五条规定，市和区、县（市）人民政府应当建立对外宣传和城市国际形象推广机制，加强与国内外主流媒体合作，讲好"杭州故事"，提升杭州国际知名度和影响力。本市可以聘请有关人员担任"杭州国际形象大使"，加强本市对外宣传和推介；对本市经济社会发展和国际交流做出突出贡献的境外人员，可以依法授予"杭州市荣誉市民"称号。第四十六条规定，市人民政府应当构建国际友好城市网络，加强与国际友好城市的交流与合作。第四十七条规定，市人民政府鼓励以社会力量为主体的城市国际交流合作，拓展民间对外交往。

（六）保障措施

第四十八条规定，市和区、县（市）人民代表大会常务委员会加强对城市国际化促进工作的监督。市和区、县（市）人民政府应当每年向本级人民代表大会或者其常务委员会报告城市国际化促进工作情况。第五十条规定，本市基础设施和公共服务领域依法对外开放。禁止制定有碍市场开放和公平竞争的政策与规定。第五十一条规定，市人民政府建立城市国际化专家咨询机制，对城市国际化发展中的重大问题提供咨询意见。第五十二条规定，市人民政府建立并公布城市国际化评价指标体系，定期开展城市国际化水平评估。评估报告应当向社会公布。第五十三条规定，市发展和改革部门应当会同区、县（市）人民政府和有关部门，编制城市国际化发展规划，经推进工作委员会批准后组织实施。第五十五条规定，市和区、县（市）人民政府应当建立城市国际化目标责任制和考核评价制度，将目标完成情况作为对负有城市国际化促进工作职责的部门及其负责人、下级人民政府及其负责人考核评价的重要依据。第五十七条规定，鼓励开展城市国际化探索实践。在发展开放型经济、提升科技创新能力、增强区域国际包容性、加强社会治理与公共服务、推进国际交流合作、塑造国际形象等方面起到示范引领作用的区域和项目,可以认定为"城市国际化示范区(项目)"。第五十八条规定,对城市国际化促进工作有突出贡献的单位、个人和项目,由市人民政府按规定予以表彰。

附录二：首个特大城市国际化发展规划
——《宁波市城市国际化"十四五"发展规划》解读

进入"十四五"发展新时期，宁波市委外办、市发改委联合印发《宁波市城市国际化发展"十四五"规划》（以下简称《规划》）。《规划》提出，到2025年，形成与现代化滨海大都市相适应的贸易功能、产业结构、创新能力、基础设施、人居环境、文化软实力，打造出一批展现宁波"重要窗口"模范担当的城市国际化建设标志性成果。[①] 该规划是宁波历史上第一次推进城市化国际化工作的专门规划，具有里程碑意义。根据规划，到2025年，宁波将大幅提升交通国际通达力、贸易国际辐射力、产业国际竞争力、文化国际影响力、品质国际吸引力，形成一批展现模范生担当的城市国际化建设标志性成果。

一 规划凸显三个"非常优势"

一是门户节点优势非常明显。宁波地处长江流域黄金水道和中国大陆东南沿海黄金海岸的"T"形交汇处，紧邻国际主航道，是亚洲和中国面向环太平洋的重要门户。在经济全球化和区域一体化浪潮中，依托世界一流深水良港，宁波在全球资源配置体系中的地位不断提升，已经成为连接国际国内两种资源、两个市场的重要门户和节点。到去年末，宁

[①] 《〈宁波市城市国际化发展"十四五"规划〉解读》，《潇湘晨报》2021年5月7日，潇湘晨报官方百家号。

波舟山港已与 190 多个国家（地区）的 600 多个港口建立了贸易通道，货物吞吐量连续 12 年保持全球第一，集装箱吞吐量继续位列全球第三。

二是开放合作非常扎实。宁波对外开放时间早、领域宽、层次深，在开放型经济发展、国际交流合作、国际化基础设施建设和环境营造方面成效明显，为全面提升国际化水平奠定坚实基础。以开放型经济为例，去年，宁波外贸出口额占全国比重达 5.16%，对"一带一路"沿线 65 国进出口额占全国比重达 2.95%。此外，宁波获批全国首个中国—中东欧国家经贸合作示范区，中国—中东欧国家博览会上升为国家级展会，浙江自贸区试验区宁波片区和梅山、北仑港、前湾综合保税区也已获批建设。

三是国家战略导向非常明确。国家一直把推进宁波城市国际化、提升宁波城市国际竞争力作为战略导向。《全国主体功能区规划》明确提出宁波要发挥港口优势，打造成为长江三角洲南翼经济中心和国际港口城市，突出了宁波国际化城市的目标定位。《长江三角洲城市群发展规划》提出长三角打造亚太地区重要国际门户的目标定位，并把宁波摆上长三角区域性中心城市的重要位置，深化了宁波城市国际化的方向与重点。《浙江海洋经济发展示范区规划》进一步明确了宁波作为海洋经济核心示范区的战略地位，重要任务就是要发挥宁波港口带动、开放引领、民营经济等综合优势，加强国际合作交流，构筑"三位一体"港航物流服务体系，提升经济发展的综合实力和国际竞争力。

宁波首次出台城市国际化发展五年专项规划，目的就是顺应国际化发展的大势，抢抓国际化发展的机遇，以国际化的视野、国际化的思维、国际化的标准，加快城市国际化、产业国际化、人才国际化、文化国际化进程，让宁波更有国际范和竞争力。

二　明确打造硬核标志性成果

依据规划，未来五年，宁波将大幅提升"五种能力"，即交通国际通达力、贸易国际辐射力、产业国际竞争力、文化国际影响力、品质国际吸引力。在交通方面，港口硬核实力显著提升，世界一流强港加速建成，海港、空港、陆港和信息港"四港"联动格局基本形成，通达全国、连接世界的交通优势进一步彰显。宁波舟山港货物吞吐量继续保持全球第一位置，集装箱吞吐量突破 3500 万标箱，保持全球前三；宁波栎社国际机场年旅客吞吐量超过 2000 万人次，航空货邮吞吐量突破 30 万吨。在贸易方面，浙江自贸试验区宁波片区探索形成一批首创性、集成性、差别化改革成果，"225" 外贸双万亿行动目标高质量完成，投资贸易便利化水平大幅提升，建成新型国际贸易中心城市。实现外贸进出口总额 2 万亿元，跨境电商、服务贸易、数字贸易进出口额均达到 2000 亿元。

产业是城市国际化的基础。《规划》明确，要推进产业链与创新链"双向融合"，促进产业链具备更强的高端链接能力和自主可控能力，形成一批具有国际影响力、拥有自主知识产权的创新型企业和产业集群。高技术制造业增加值占规上工业增加值比重达到 14%，PTC 国际专利申请量突破 1000 件，累计新增境外中方投资总额达 100 亿美元。文化是一座城市的根与魂，是独特魅力所在。根据《规划》，未来五年，我市河姆渡文化、海丝文化、阳明文化、浙东佛教文化等品牌国际影响力将显著提升，文化、会展、赛事、旅游等领域国际合作全面推进，具有国际影响力的交往活动显著增加，东方文明之都的国际影响力显著提升。年均举办国际会展 40 次、国际体育赛事 10 次。

《规划》明确，到 2025 年，宁波的医疗、卫生等公共服务国际化水平将不断提升，人居环境、营商环境等软环境持续优化，城市国际知名度、辨识度和美誉度显著提升，成为国内国际友人和宁波本地市民共同创新创业、宜居宜业的幸福家园。外籍常住人口超 1 万人，新增国际友好城市和友好交流城市 30 对以上。

宁波将成为国际性综合交通枢纽、国际贸易枢纽、国家重要战略资源配置中心、全球先进制造业基地和长三角世界级城市群的高品质都市区。

三 国际化升级新路径

城市国际化事关宁波高质量发展和现代化滨海大都市建设，既要做到全面推进、逐步实施，也要注重在关键领域重点突破。为此，《规划》立足我市现实和基础，提出的六大举措都带有鲜明的"宁波特色"，树立了宁波城市国际化发展的风向标。具体来看，六大举措包括彰显国际化宁波特色优势、增强科技创新国际竞争力、推动产业迈向全球价值链中高端、建设具有国际影响力的东方文明之都、增强国际化综合服务功能、提升城市形象国际知名度。

国际化城市，一般要求具备较强的全球资源配置能力、经济综合实力和核心竞争力。就宁波而言，今后一个阶段要坚持走基于城市特色竞争优势的国际化发展道路，立足区位、港口、贸易、开放等资源和优势，塑造国际化城市特色功能，融入和服务国内国际双循环新发展格局，打造好国内国际双循环枢纽城市，尤其是建设好"一带一路"枢纽城市，使宁波成为中国—中东欧双边贸易首选之地、产业合作首选之地和人文交流首选之地。

建设国际化先进城市，一项基础性工作就是要打造好城市这个"大容器"，以增强对国际性人才、技术、资本等要素资源的吸引力。这恰恰是宁波城市国际化建设的薄弱环节，也是今后努力的主攻方向。《规划》对此提出了一些细化指标和任务。比如，探索建设一批小型高标准国际社区和国际化人才公寓，落户至少3家国际医疗机构，国际知名院校（中外合作办学机构和项目）达到50家。

完善的法律体系、高效的政府服务、良好的人文素养，是成为国际化大都市的重要标志。宁波在城市化"硬实力"建设上，已经逐步与国际先进城市接轨，未来将持续加大"软实力"的建设。比如，完善多语种政务服务，优化在甬外籍人士网上政务服务。提升涉外信息服务中心功能，提供外籍友人生活到商务的一站式服务。

后　　记

共富浙江，心向往之。浙江是中国革命红船起航地、改革开放先行地、习近平新时代中国特色社会主义思想重要萌发地。浙江城市开放与可持续发展的丰富实践，为新时代高质量发展共同富裕示范区建设提供了路径与策略，尤其为全国走向共同富裕提供经验借鉴，为中国增强国际话语权提供浙江案例实践。

凝练经验，探索新路。作为扎根于浙江大地的高校新型智库，一方面，我们构建了城市开放与可持续发展的测度指标体系，开展实证分析与比较，展示浙江城市发展的特色与亮点；另一方面，阐述与透视各城市发展特色与路径，凝练城市与产业转型发展模式。两方面互为支撑，形成表里，我们力图提出浙江城市发展带动城乡融合一体化、实现共同富裕的路径及内在机理，提炼城市发展引领共同富裕示范区建设的浙江路径，回答好在通往共同富裕道路上浙江做了什么、示范了什么、传播了什么。

本书启动于2021年6月，9月成稿，10月定稿。在成稿过程中，我们得到了浙江外国学院城市国际化研究院、中国社科院城市与竞争力研究中心、浙江大学区域协调发展研究中心等机构的大力支持，纳入浙江外国语学院2021年度博达教师科研提升专项计划高端智库培育项目。我们得到了一批权威专家和知名学者的鼎力帮助，尤其是浙江大学黄先海教授、黄祖辉教授、董雪兵教授，南京大学甄峰教授，浙江理工大学胡

后 记

剑锋教授，浙江外国语学院宣勇教授、张环宙教授、张健康教授，浙江省发展规划研究院朱李鸣研究员，浙江农业科学院胡豹研究员，浙江省委党校石洪斌教授，杭州国际城市学研究中心李明超研究员，省市党政系统的李虹先生、吴熔先生、沈金华先生、戴国琴女士等。

  回顾过去，展望未来。尽管我们用心了、努力了，但相对于各界期待，本书应有的高度等尚有待提高，尤其限于我们知识、能力、时间及条件，本书还存在一定的不足甚至缺陷。作为丛书的编者，我们将会在后续的工作中，牢记初心与使命，秉承真实与执着，竭力改进与完善。作为致力于凝练、提升与传播浙江城市与产业发展实践案例的新型智库，我们期待更多的批评与支持，期待更多的合作与共进。

编写组

2021 年 10 月 10 日